新金融実務手引選書

# 貸出先支援の手引

黒木正人［著］

一般社団法人 金融財政事情研究会

# はじめに

　筆者は地方銀行の十六銀行に30年間勤務し、その半分以上の期間を本部で債権管理・回収、事業（企業）再生支援、融資審査業務に従事した。その後、協同組織金融機関である飛騨信用組合で9年余り、融資伸長、地域企業の本業伴走支援、さるぼぼコイン等による地方創生に勤しんだ。金融機関を離れた後も中小企業庁よろず支援拠点で中小企業・小規模事業者の課題解決、創業、経営改善、事業再生、事業承継、廃業支援等さまざまな相談に乗っているほか、信用金庫の顧問として本部顧客支援担当者、支店長、渉外担当者らに同行し、取引先の本業支援を行うなど、いまでも金融の第一線の現場で仕事をしている。

　そんななか、2024年6月に金融庁より「地域銀行による顧客の課題解決支援の現状と課題」というレポートが公表された。そのレポートは、金融仲介を取り巻く環境変化が地域銀行（協同組織金融機関を含む）による顧客の課題解決支援に与えた影響を分析し、企業のライフサイクルごとに支援の現状と課題を整理したものである。

　企業のライフサイクルは大きく創業期、成長期、成熟期、衰退期に分か

図表　企業のライフサイクルと支援

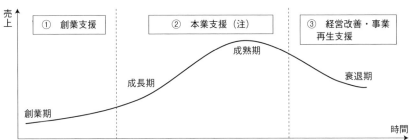

（注）　「M&A・事業承継」「SDGs」「経営コンサル全般」「DX・IT」等の非金融のソリューション提供。
（出所）　金融庁「地域銀行による顧客の課題解決支援の現状と課題（令和6年6月）」（https://www.fsa.go.jp/news/r5/ginkou/20240628-1/02.pdf）

れ、創業期には創業支援、成長期・成熟期には本業支援、衰退期には経営改善・事業再生支援を行う。

　いうまでもなく金融機関の金融仲介機能の第一は融資であるが、時代の大きな変化に伴い、顧客の経営課題解決も重要度を増している。レポートでは現状と課題を整理してあるが、その具体的解決方法までは詳しく記されていない。

　そこで本書は、貸出先に対する支援を創業支援・本業支援・経営改善支援・事業再生支援・事業承継支援・廃業支援の六つのフェーズに分け、貸出先支援を実施するうえでの基本的な考え方、必要な知識・スキルなどその背景から実践的方法まで幅広くカバーし解説することにした。

　本書を活用することで、金融機関職員が貸出先支援についての理解を深め、日々の業務である貸出先の経営課題解決に役立てていただけたら幸いである。

　また本書の出版にあたっては、その企画から編集、校正、そして出版に至るまで、すべての面において金融財政事情研究会の平野正樹氏に力を借りた。心から感謝し厚く御礼申し上げたい。


　2025年2月

黒木　正人

**【著者略歴】**

**黒木　正人**（くろき　まさと）

1959年2月16日生まれ。1982年3月、明治大学法学部法律学科卒業。1982年4月、株式会社十六銀行入行。事業支援部部長、十六信用保証株式会社常務取締役を歴任。2012年4月、飛騨信用組合入組。融資部長、常務理事、専務理事、理事長を歴任。2021年6月、黒木正人行政書士事務所所長、TACT高井法博会計事務所会長補佐、すみれリビング株式会社・すみれ地域信託株式会社取締役、ミネルヴァ・サービサーシニアアドバイザー、中小企業庁岐阜県よろず支援拠点コーディネーター、信用金庫顧問ほか。

[取得国家資格]
行政書士・宅地建物取引士・管理業務主任者
[著作]
「金利のある世界で預貸ビジネスと取引先メイン化推進に強くなる講座」（通信講座テキスト、共著、金融財政事情研究会、2025年）
「融資取引先との金利交渉に強くなる講座」（通信講座テキスト、共著、金融財政事情研究会、2024年）
『新しい経営者保証Q&A』（経済法令研究会、2023年）
『企業の持続性を見極める決算書の読み方と業種別のポイント』（ビジネス教育出版社、2023年）
『融資渉外キヅキ旅』（近代セールス社、2022年）
『新しい融資債権管理・回収の進め方』（近代セールス社、2020年）
『支店長が読む　融資をのばすマネジメント』（近代セールス社、2017年）
『〔新訂第2版〕担保不動産の任意売却マニュアル』（商事法務、2013年）
『事例で学ぶ　取引先再建のための資金繰り改善アドバイス」（近代セールス社、2012年）
『地域の企業再生の実務』（共著、三協法規出版、2011年）
『債権保全と回収の実務〜金融円滑化の考え方と対応』（三協法規出版、2010年）
『担保不動産と管理・回収の実務』（商事法務、2009年）
『事業承継の相談事例』（商事法務、2007年）
『わかりやすい融資実務マニュアル』（商事法務、2007年）ほか多数

# 目　次

## 第1章　創業支援

**第1節　創業ニーズの発掘**…………………………………………………2

  1　創業塾・創業スクール………………………………………………2

  2　創業者間のコミュニティ・創業フォーラム……………………3

  3　士業やコンサルタントからの紹介…………………………………3

  4　インキュベーションオフィス………………………………………4

  5　シェアオフィス・レンタルオフィス………………………………5

  6　商工会議所・商工会…………………………………………………5

  7　信用保証協会との協調………………………………………………6

  8　日本政策金融公庫との協調…………………………………………7

  9　取引先の経営者からの紹介…………………………………………7

  10　創業者からの紹介……………………………………………………8

  11　青年会議所（JC）の名簿……………………………………………8

  12　自行庫での創業セミナーの実施……………………………………8

**第2節　創業者と事業を理解するためのヒアリング**……………………9

  1　創業における四つのステージを理解する…………………………9

  （1）　第1ステージ「創業イメージがまだ漠然としている段階」（支援ツール：創業セミナー、個別相談カルテ）……………………9

  （2）　第2ステージ「やりたいことが明確になった段階」（支援ツール：創業塾・創業スクール、事業分析シート）……………13

  （3）　第3ステージ「創業内容が具体化してきた段階」（支援ツール：創業計画書の活用）………………………………………16

  （4）　第4ステージ「行動に移す段階」（支援ツール：個別相談）………25

  2　創業者と事業のヒアリングの進め方………………………………26

(1)　創業者の悩みに寄り添う・・・・・・・・・・・・・・・・・・・・・・・・・・・・・・・・・・・・・・・26

　(2)　創業融資のヒアリングポイント・・・・・・・・・・・・・・・・・・・・・・・・・・・・・26

　(3)　創業者の資質・・・・・・・・・・・・・・・・・・・・・・・・・・・・・・・・・・・・・・・・・・・・・・・・27

　(4)　販売先の確保の悩みに対するヒアリング・・・・・・・・・・・・・・・・・・28

## 第3節　創業支援事例・・・・・・・・・・・・・・・・・・・・・・・・・・・・・・・・・・・・・・・・・・・・・30

　1　本部専担部署との連携による創業支援成功事例・・・・・・・・・・・・・・・・・・・・・30

　(1)　支援先企業の概要・・・・・・・・・・・・・・・・・・・・・・・・・・・・・・・・・・・・・・・・・・30

　(2)　創業者の概要・・・・・・・・・・・・・・・・・・・・・・・・・・・・・・・・・・・・・・・・・・・・・・30

　(3)　創業者からの相談内容（課題や悩みなど）・・・・・・・・・・・・・・・・・・31

　(4)　金融機関からのアドバイスや具体的な支援策・・・・・・・・・・・・・・・31

　(5)　支援のプロセスとポイント・・・・・・・・・・・・・・・・・・・・・・・・・・・・・・・33

　(6)　創業後の状況・・・・・・・・・・・・・・・・・・・・・・・・・・・・・・・・・・・・・・・・・・・・・・33

　(7)　アフターフォロー・・・・・・・・・・・・・・・・・・・・・・・・・・・・・・・・・・・・・・・・・33

　2　本部専担部署との連携による創業支援失敗事例・・・・・・・・・・・・・・・・・・・・・34

　(1)　支援先企業の概要・・・・・・・・・・・・・・・・・・・・・・・・・・・・・・・・・・・・・・・・・・34

　(2)　創業者の概要・・・・・・・・・・・・・・・・・・・・・・・・・・・・・・・・・・・・・・・・・・・・・・34

　(3)　創業者からの相談内容（課題や悩みなど）・・・・・・・・・・・・・・・・・・34

　(4)　金融機関からのアドバイスや具体的な支援策・・・・・・・・・・・・・・・35

　(5)　支援のプロセスとポイント・・・・・・・・・・・・・・・・・・・・・・・・・・・・・・・35

　(6)　創業後の状況・・・・・・・・・・・・・・・・・・・・・・・・・・・・・・・・・・・・・・・・・・・・・・36

　(7)　アフターフォロー・・・・・・・・・・・・・・・・・・・・・・・・・・・・・・・・・・・・・・・・・36

## 第4節　貸出先の第二創業事例・・・・・・・・・・・・・・・・・・・・・・・・・・・・・・・・・・38

　1　事業承継をきっかけとする第二創業の貸出先支援成功事例・・・・・・・・・・38

　(1)　支援先企業の概要・・・・・・・・・・・・・・・・・・・・・・・・・・・・・・・・・・・・・・・・・・38

　(2)　第二創業者の概要・・・・・・・・・・・・・・・・・・・・・・・・・・・・・・・・・・・・・・・・・39

　(3)　第二創業者からの相談内容（課題や悩みなど）・・・・・・・・・・・・・39

　(4)　金融機関からのアドバイスや具体的な支援策・・・・・・・・・・・・・・・40

　(5)　支援のプロセスとポイント・・・・・・・・・・・・・・・・・・・・・・・・・・・・・・・41

　(6)　第二創業後の状況・・・・・・・・・・・・・・・・・・・・・・・・・・・・・・・・・・・・・・・・・41

目　次　5

⑺　アフターフォロー･･････････････････････････････････････････････41

　2　事業承継をきっかけとする第二創業の貸出先支援失敗事例･･････････42

　　⑴　支援先企業の概要･･････････････････････････････････････････42

　　⑵　第二創業の概要･･･････････････････････････････････････････42

　　⑶　第二創業者からの相談内容（課題や悩みなど）･･･････････････････43

　　⑷　金融機関からのアドバイスや具体的な支援策･･･････････････････43

　　⑸　支援のプロセスとポイント･･････････････････････････････････43

　　⑹　第二創業後の状況･･･････････････････････････････････････････44

　　⑺　アフターフォロー･････････････････････････････････････････44

**第5節　企業価値担保権**･･･････････････････････････････････････････46

# 第2章　本業支援

**第1節　本業支援の基本**･･････････････････････････････････････････50

　1　本業支援とPDCA･･･････････････････････････････････････････50

　2　貸出先本業支援にあたってのPDCAの回し方･･･････････････････50

　3　PDCAの回し方の具体例･･････････････････････････････････････52

　4　効果的な支援の方法･･･････････････････････････････････････････53

　　⑴　プッシュ型・プル型コミュニケーション･･･････････････････････53

　　⑵　ビジネスは模倣である･･････････････････････････････････････54

　5　ミドルリスク先の本業支援･･･････････････････････････････････55

　　⑴　ミドルリスク先とは何か･･･････････････････････････････････55

　　⑵　どんな企業を支援するか･･･････････････････････････････････56

**第2節　ビジネスモデル俯瞰図とクロスSWOT分析**･･･････････････58

　1　ビジネスモデル俯瞰図･･･････････････････････････････････････58

　　⑴　ビジネスモデル俯瞰図とは何か･･････････････････････････････58

　　⑵　飲　食　業･････････････････････････････････････････････････58

　　⑶　宿　泊　業･･････････････････････････････････････････････････61

（4）建 設 業………………………………………………………64
　2　クロスSWOT分析………………………………………………66
　　（1）SWOT分析…………………………………………………66
　　（2）クロスSWOT分析から本業支援へ結びつける事例〔ガラス製
　　　　造業〕…………………………………………………………70
第3節　本業支援における条件変更………………………………………76
　1　本業支援における条件変更……………………………………76
　　（1）条件変更とは何か…………………………………………76
　　（2）具体的な条件変更の手法…………………………………77
　　（3）条件変更手数料の徴収……………………………………77
　　（4）条件変更先追加融資………………………………………77
　　（5）条件変更先の簡易モニタリング…………………………78
　　（6）さらに一歩進めた条件変更先のモニタリング…………78
　2　条件変更と借換え………………………………………………79
　　（1）新借換保証制度（コロナ借換保証）の終了……………79
　　（2）条件変更と借換え…………………………………………79
第4節　貸出先支援に資する融資…………………………………………81
　1　経常運転資金とは何か…………………………………………81
　2　短期継続融資とは何か…………………………………………81
　3　ABLと短期継続融資の親和性…………………………………82
　4　日本政策金融公庫の資本性ローン……………………………83
第5節　金融機関の本業支援メニュー……………………………………85
　1　人材仲介支援……………………………………………………85
　　（1）金融機関の人材紹介業務…………………………………85
　　（2）地域金融機関における特徴的な取組み（金融庁ウェブサイトよ
　　　　り）……………………………………………………………85
　　（3）先導的人材マッチング事業………………………………87
　　（4）レビキャリ（REVICareer）………………………………87
　　（5）プロフェッショナル人材戦略拠点………………………88

2 クラウドファンディング‥‥‥‥‥‥‥‥‥‥‥‥‥‥‥‥‥‥‥91

(1) クラウドファンディングとは何か‥‥‥‥‥‥‥‥‥‥‥‥91

(2) 「投資型」クラウドファンディング‥‥‥‥‥‥‥‥‥‥‥92

(3) 「購入型」「寄付型」クラウドファンディング‥‥‥‥‥93

3 ビジネスマッチング‥‥‥‥‥‥‥‥‥‥‥‥‥‥‥‥‥‥‥‥‥93

4 デジタル化支援‥‥‥‥‥‥‥‥‥‥‥‥‥‥‥‥‥‥‥‥‥‥‥94

5 補助金申請支援‥‥‥‥‥‥‥‥‥‥‥‥‥‥‥‥‥‥‥‥‥‥‥95

(1) 補助金申請支援の意義‥‥‥‥‥‥‥‥‥‥‥‥‥‥‥‥‥95

(2) 補助金申請の流れ‥‥‥‥‥‥‥‥‥‥‥‥‥‥‥‥‥‥‥96

6 SDGs支援‥‥‥‥‥‥‥‥‥‥‥‥‥‥‥‥‥‥‥‥‥‥‥‥‥99

(1) SDGsとは何か‥‥‥‥‥‥‥‥‥‥‥‥‥‥‥‥‥‥‥‥99

(2) SDGs金融への対応‥‥‥‥‥‥‥‥‥‥‥‥‥‥‥‥‥‥100

(3) SDGs金融商品‥‥‥‥‥‥‥‥‥‥‥‥‥‥‥‥‥‥‥‥100

(4) なぜ企業はSDGs金融を活用するのか‥‥‥‥‥‥‥‥‥102

第6節 外部専門家の活用‥‥‥‥‥‥‥‥‥‥‥‥‥‥‥‥‥‥104

1 外部専門家と支援機関‥‥‥‥‥‥‥‥‥‥‥‥‥‥‥‥‥‥‥104

2 外部専門家を使った貸出先支援に際して注意すること‥‥‥‥104

3 よろず支援拠点‥‥‥‥‥‥‥‥‥‥‥‥‥‥‥‥‥‥‥‥‥‥‥105

(1) よろず支援拠点とは何か‥‥‥‥‥‥‥‥‥‥‥‥‥‥‥105

(2) 利用・申請方法‥‥‥‥‥‥‥‥‥‥‥‥‥‥‥‥‥‥‥105

(3) 岐阜県よろず支援拠点の事例‥‥‥‥‥‥‥‥‥‥‥‥‥106

4 中小企業基盤整備機構のハンズオン支援‥‥‥‥‥‥‥‥‥‥106

(1) 中小企業基盤整備機構とは何か‥‥‥‥‥‥‥‥‥‥‥‥106

(2) 中小機構の支援サービス‥‥‥‥‥‥‥‥‥‥‥‥‥‥‥107

(3) ハンズオン支援（専門家派遣）とは何か‥‥‥‥‥‥‥107

(4) 中小機構のハンズオン支援を活用した支援事例‥‥‥‥110

5 顧問税理士との連携による貸出先支援‥‥‥‥‥‥‥‥‥‥‥113

(1) 顧問税理士との連携‥‥‥‥‥‥‥‥‥‥‥‥‥‥‥‥‥113

(2) 事業性評価融資推進における連携‥‥‥‥‥‥‥‥‥‥114

⑶　顧問税理士がTKC会員であれば、TKCモニタリング情報サービスを活用する……………………………………………114

　⑷　経営改善計画書策定支援における連携……………………115

　⑸　資金繰り表作成支援……………………………………………116

　⑹　取引先の資金繰り安定のための連携：税理士連携短期継続保証……………………………………………117

　⑺　事業承継支援での連携…………………………………………118

6　信用保証協会による保証先支援………………………………119

　⑴　信用保証協会による支援の強化……………………………119

　⑵　信用保証協会向けの総合的な監督指針……………………119

　⑶　信用保証協会における事業再生の取組み…………………121


# 第3章　経営改善支援

**第1節　経営改善計画**……………………………………………124

1　どのように不良債権になっていくか…………………………124

2　経営改善計画の要件……………………………………………125

3　合実計画とは何か………………………………………………126

4　中小企業と経営改善計画………………………………………128

5　経営改善計画による貸出先支援………………………………130

　⑴　なぜ金融機関が貸出先の経営改善を支援するのか………130

　⑵　金融機関はどのような企業をピックアップするのか………130

　⑶　経営改善計画の主体者は貸出先の経営者…………………131

6　経営改善計画策定支援…………………………………………131

　⑴　経営改善計画策定支援ステップ……………………………131

　⑵　策定の時期……………………………………………………136

7　経営改善計画書記載事項………………………………………136

8　経営改善計画策定支援事業（405事業）の活用………………139

目　次　9

## 第2節 経営改善支援ツール………………………………………………140

　1　資金繰り表………………………………………………………………140

　2　認定経営革新等支援機関………………………………………………141

　3　早期経営改善計画策定支援事業（ポストコロナ持続的発展計画事
　　　業）………………………………………………………………………143

　4　経営改善計画策定支援事業（405事業）……………………………143

　5　「収益力改善支援に関する実務指針」………………………………146

　6　「業種別支援の着眼点」（金融庁）の活用…………………………150

　7　『業種別審査事典』（金融財政事情研究会）………………………152

　8　ローカルベンチマーク…………………………………………………153

　9　知的資産経営報告書の活用……………………………………………160

　10　「経営デザインシート」………………………………………………161

　11　「金融機関向け事業再生支援高度化の手引き」……………………161

　12　ミラサポplus（プラス）………………………………………………166

## 第3節　コンサルティングツール………………………………………171

　1　アンゾフの成長マトリクス……………………………………………171

　2　ランチェスターの法則…………………………………………………175

　3　貸出先の利益改善アドバイス…………………………………………176

　4　キャッシュフロー改善4原則…………………………………………179

## 第4節　モニタリング………………………………………………………180

　1　貸出先支援を念頭に置いたモニタリングのしかた…………………180

　2　モニタリングで確認する主なポイント………………………………181

　　⑴　売上計画のモニタリング……………………………………………181

　　⑵　費用計画のモニタリング……………………………………………181

　　⑶　利益計画のモニタリング……………………………………………182

　　⑷　キャッシュフローのモニタリング…………………………………183

　　⑸　返済計画・資金繰り計画のモニタリング…………………………184

　　⑹　計画の進捗が芳しくないとき………………………………………184

　3　訪問活動でのモニタリングと留意点…………………………………185

(1) 社長のモニタリング……………………………………………185

(2) 事務所のモニタリング…………………………………………186

(3) 工場・倉庫のモニタリング……………………………………187

(4) 在庫のモニタリング……………………………………………188

(5) 企業の技術力・販売力（営業力）のモニタリング………………189

# 第4章　事業再生支援

## 第1節　事業再生の歴史……………………………………………192

1　バブル経済…………………………………………………………192

2　不良債権問題………………………………………………………192

3　バブル崩壊…………………………………………………………193

4　不良債権処理と制度改革…………………………………………194

5　リレーションシップバンキング…………………………………195

6　リーマンショック…………………………………………………196

7　信用保証協会等による緊急保証制度……………………………196

8　民主党への政権交代………………………………………………197

9　企業再生支援機構…………………………………………………197

10　中小企業金融円滑化法施行………………………………………197

11　東日本大震災………………………………………………………198

12　事業性評価融資……………………………………………………199

13　「経営者保証に関するガイドライン」……………………………201

14　「金融行政方針」の公表……………………………………………201

15　「金融仲介機能に向けたプログレスレポート」の公表…………202

16　新型コロナウイルス感染症対応…………………………………202

17　金融検査マニュアル廃止…………………………………………203

18　過剰債務に苦しむ中小企業への事業再生等支援………………203

19　経営者保証なしの融資の本格化…………………………………204

目　次　11

20 貸出先支援のターニングポイントになる金融庁監督指針改正⋯⋯⋯206
　⑴　貸出先支援は資金繰り支援から経営改善・事業再生のフェー
　　　ズへ⋯⋯⋯⋯⋯⋯⋯⋯⋯⋯⋯⋯⋯⋯⋯⋯⋯⋯⋯⋯⋯⋯⋯⋯⋯⋯⋯⋯206
　⑵　再生支援の総合的対策⋯⋯⋯⋯⋯⋯⋯⋯⋯⋯⋯⋯⋯⋯⋯⋯⋯⋯⋯⋯209

## 第2節　事業再生の機関⋯⋯⋯⋯⋯⋯⋯⋯⋯⋯⋯⋯⋯⋯⋯⋯⋯⋯⋯⋯215

1 中小企業活性化協議会⋯⋯⋯⋯⋯⋯⋯⋯⋯⋯⋯⋯⋯⋯⋯⋯⋯⋯⋯⋯215
　⑴　中小企業活性化協議会とは何か⋯⋯⋯⋯⋯⋯⋯⋯⋯⋯⋯⋯⋯⋯215
　⑵　協議会事業のポイント⋯⋯⋯⋯⋯⋯⋯⋯⋯⋯⋯⋯⋯⋯⋯⋯⋯⋯⋯215

2 地域経済活性化支援機構（REVIC）⋯⋯⋯⋯⋯⋯⋯⋯⋯⋯⋯⋯⋯220
　⑴　地域経済活性化支援機構（REVIC）とは何か⋯⋯⋯⋯⋯⋯⋯220
　⑵　地域経済活性化支援機構（REVIC）活用事例⋯⋯⋯⋯⋯⋯221
　⑶　地域経済活性化支援機構（REVIC）の活用によるメリット⋯⋯221

3 事業再生ADR⋯⋯⋯⋯⋯⋯⋯⋯⋯⋯⋯⋯⋯⋯⋯⋯⋯⋯⋯⋯⋯⋯⋯224
　⑴　事業再生ADRとは何か⋯⋯⋯⋯⋯⋯⋯⋯⋯⋯⋯⋯⋯⋯⋯⋯⋯224
　⑵　事業再生ADRを利用するための条件⋯⋯⋯⋯⋯⋯⋯⋯⋯⋯⋯225
　⑶　事業再生ADRのメリット・デメリット⋯⋯⋯⋯⋯⋯⋯⋯⋯⋯225
　⑷　事業再生ADR手続の流れ⋯⋯⋯⋯⋯⋯⋯⋯⋯⋯⋯⋯⋯⋯⋯⋯226

4 事業再生ファンド⋯⋯⋯⋯⋯⋯⋯⋯⋯⋯⋯⋯⋯⋯⋯⋯⋯⋯⋯⋯⋯227
　⑴　事業再生ファンドとは何か⋯⋯⋯⋯⋯⋯⋯⋯⋯⋯⋯⋯⋯⋯⋯227
　⑵　事業再生ファンドの形態⋯⋯⋯⋯⋯⋯⋯⋯⋯⋯⋯⋯⋯⋯⋯⋯228
　⑶　事業再生ファンドの投資形態⋯⋯⋯⋯⋯⋯⋯⋯⋯⋯⋯⋯⋯⋯229
　⑷　官民一体型事業再生ファンド⋯⋯⋯⋯⋯⋯⋯⋯⋯⋯⋯⋯⋯⋯229
　⑸　官民ファンドの具体例⋯⋯⋯⋯⋯⋯⋯⋯⋯⋯⋯⋯⋯⋯⋯⋯⋯230
　⑹　貸出先支援における官民ファンドの活用⋯⋯⋯⋯⋯⋯⋯⋯⋯233
　⑺　官民ファンド活用のメリット⋯⋯⋯⋯⋯⋯⋯⋯⋯⋯⋯⋯⋯⋯235
　⑻　イグジットにおける金融機関のビジネスチャンス⋯⋯⋯⋯⋯236
　⑼　リファイナンス⋯⋯⋯⋯⋯⋯⋯⋯⋯⋯⋯⋯⋯⋯⋯⋯⋯⋯⋯⋯⋯237

5 サービサー⋯⋯⋯⋯⋯⋯⋯⋯⋯⋯⋯⋯⋯⋯⋯⋯⋯⋯⋯⋯⋯⋯⋯⋯237
　⑴　サービサーとバルクセール⋯⋯⋯⋯⋯⋯⋯⋯⋯⋯⋯⋯⋯⋯⋯237

（2）　サービサーによる事業（企業）再生‥‥‥‥‥‥‥‥‥‥‥‥‥239

**第3節　事業再生に関するガイドライン**‥‥‥‥‥‥‥‥‥‥‥241

　1　私的整理ガイドライン‥‥‥‥‥‥‥‥‥‥‥‥‥‥‥‥‥‥241

　　（1）　私的整理ガイドラインとは何か‥‥‥‥‥‥‥‥‥‥‥‥241

　　（2）　私的整理ガイドラインの対象となる企業の要件‥‥‥‥‥242

　　（3）　私的整理ガイドラインを活用した事業再生のメリット・デメ

　　　　リット‥‥‥‥‥‥‥‥‥‥‥‥‥‥‥‥‥‥‥‥‥‥‥‥243

　2　中小企業事業再生ガイドライン‥‥‥‥‥‥‥‥‥‥‥‥‥245

　　（1）　中小企業事業再生ガイドラインとは何か‥‥‥‥‥‥‥‥245

　　（2）　中小企業事業再生ガイドラインの内容‥‥‥‥‥‥‥‥‥247

　　（3）　中小企業事業再生ガイドラインの目的‥‥‥‥‥‥‥‥‥247

　　（4）　中小企業事業再生ガイドラインにおける具体的な事業再生の

　　　　取組み‥‥‥‥‥‥‥‥‥‥‥‥‥‥‥‥‥‥‥‥‥‥‥249

　　（5）　第三部「中小企業の事業再生等のための私的整理手続（中小

　　　　企業版私的整理手続）」‥‥‥‥‥‥‥‥‥‥‥‥‥‥‥‥250

　　（6）　中小企業事業再生ガイドライン事例集‥‥‥‥‥‥‥‥‥253

**第4節　事業再生の手法**‥‥‥‥‥‥‥‥‥‥‥‥‥‥‥‥‥257

　1　資本性借入金（DDS）‥‥‥‥‥‥‥‥‥‥‥‥‥‥‥‥‥257

　　（1）　資本性借入金（DDS）とは何か‥‥‥‥‥‥‥‥‥‥‥257

　　（2）　前提としての経営改善計画策定‥‥‥‥‥‥‥‥‥‥‥‥259

　　（3）　資本性借入金の効果‥‥‥‥‥‥‥‥‥‥‥‥‥‥‥‥259

　　（4）　DES‥‥‥‥‥‥‥‥‥‥‥‥‥‥‥‥‥‥‥‥‥‥259

　2　第二会社方式‥‥‥‥‥‥‥‥‥‥‥‥‥‥‥‥‥‥‥‥‥260

　　（1）　私的整理と債権放棄‥‥‥‥‥‥‥‥‥‥‥‥‥‥‥‥260

　　（2）　第二会社方式による債権放棄‥‥‥‥‥‥‥‥‥‥‥‥261

　　（3）　第二会社方式のメリット・デメリット‥‥‥‥‥‥‥‥‥262

　　（4）　経営者の交代と保証債務の整理‥‥‥‥‥‥‥‥‥‥‥263

　3　事業再生型の特定調停スキーム‥‥‥‥‥‥‥‥‥‥‥‥‥265

　　（1）　事業再生型の特定調停スキームが運用されるに至った経緯‥‥‥265

目　次　13

(2) 事業再生型特定調停スキームの特徴……………………………………265

(3) 事業再生型特定調停スキームの手続……………………………………266

4 事業再生と貸倒引当金……………………………………………………266

# 第5章 事業承継支援

## 第1節 「事業承継ガイドライン」……………………………………………270

1 「事業承継ガイドライン」とは何か………………………………………270

2 「事業承継ガイドライン」策定の背景・目的……………………………270

3 改訂の主なポイント………………………………………………………271

## 第2節 「経営者のための事業承継マニュアル」…………………………273

## 第3節 「中小企業経営者のための事業承継対策」………………………274

## 第4節 事業承継時に焦点を当てた「経営者保証に関するガイドライン」の特則………………………………………………………………275

1 前経営者、後継者の双方からの二重徴求の原則禁止…………………276

2 後継者との保証契約………………………………………………………277

3 前経営者との保証契約……………………………………………………278

4 貸出先への説明内容………………………………………………………279

## 第5節 事業承継特別保証制度……………………………………………280

1 事業承継特別保証制度とは何か…………………………………………280

2 事業承継特別保証の特徴および申込資格要件…………………………280

3 事業承継特別保証制度の推進方法………………………………………281

## 第6節 事業承継の諸問題…………………………………………………283

1 複数の後継者に事業承継できるか………………………………………283

2 後継者教育とは何か………………………………………………………284

3 自行庫の「次世代経営塾」の活用方法…………………………………285

4 どうしても後継者が見つからない場合…………………………………287

## 第7節 事業承継・引継ぎ支援センター…………………………………289

1 事業承継・引継ぎ支援センターとは何か················289

2 主な五つの支援業務内容····························289

　⑴ M&Aよろず相談······························289

　⑵ 小規模案件相談、セカンドオピニオン取得··········290

　⑶ 従業員承継のアドバイス························290

　⑷ 相手が決まっている際のアドバイス··············290

　⑸ 候補先の紹介································291

## 第8節 M&A················································292

1 M&Aとは何か··································292

2 「中小M&Aガイドライン」························293

3 M&A支援機関登録制度··························297

4 中小PMIガイドライン··························298

## 第6章 廃業支援

## 第1節 廃業への対応········································300

1 廃業の状況····································300

2 清算・廃業への対応····························301

　⑴ 清算・廃業に至る社長の気持ちを汲んで対応する······301

　⑵ 継続・承継の可能性も探り外部機関の活用を検討する····302

3 パターンにより異なる清算・廃業への対応··········302

4 会社と個人財産ですべての債務弁済ができる場合······303

5 会社と個人の財産を処分してもすべての債務弁済ができない

　場合········································304

　⑴ 中小企業の事業再生等に関するガイドラインの活用······304

　⑵ 特定調停スキームの活用························308

　⑶ サービサーの利用····························310

## 第2節 倒　　産············································312

目　次　15

1 社会保険料倒産……………………………………………………312

2 コンプライアンス違反倒産………………………………………313

　(1) 粉飾決算の増加…………………………………………………313

　(2) 決算書を渡す前に自身で念入りに確認する…………………314

　(3) 条件変更をするためにバンクミーティングを開きたいといっ

　　　たら拒否された…………………………………………………314

# 第1章

## 創業支援

# 第1節 創業ニーズの発掘

　創業者と出会うためには、情報のアンテナを高くして張りめぐらす必要がある。闇雲に創業希望者との接点を求めるのは非効率であり、創業希望者が集まる場所がどこであるかを考えなければならない。

　創業希望者と接点をつくることができる場所には、創業塾・創業スクール、創業者間のコミュニティ・創業フォーラム、士業やコンサルタントからの紹介、インキュベーションオフィス、商工会議所、公的金融機関からの紹介、創業者からの紹介などがある。

## 1　創業塾・創業スクール

　創業塾・創業スクールとは、商工会議所、商工会が行っている創業希望者に対する創業に必要な知識、知恵、ノウハウ等を教える場所である。具体的には、会社設立のための手続、事業のビジネスプランの立て方、事業を運営する実務知識、資金計画と創業融資制度、補助金・助成金の申請手続、過去の創業成功事例、成功の秘訣など創業に関する幅広い知識を身につける場所である。また創業という同じ目的をもった人が集まり、講義、勉強、互いの交流を通して創業知識の吸収をしながら切磋琢磨していく場所でもある。

　基本的に将来的に創業を考えている人たちが参加するが、創業を勉強したい人、創業を検討している社会人、学生、主婦など幅広い人たちが参加する。これに参加すると必ず起業しなければならないというものではないので、創業の知識を得るために金融機関職員が気軽に参加してもよい。創業希望者とともに勉強しながら、名刺交換をしてつながりを保つことや、銀行員として創業融資の説明やアドバイスをすることで接点をつくれる。創業塾で一緒に勉強したという連帯感もあるので、接点ができれば実際に創業すると

2　第1章　創業支援

きに創業支援ができる確率がかなり高くなる。

　また、参加者はそれぞれいろいろな創業を考えているので、さまざまな創業ニーズを掴むことができる。これは自分の将来の創業支援にとって大きな情報源になる。

## 2　創業者間のコミュニティ・創業フォーラム

　創業者間のコミュニティ・創業フォーラムとは、創業を考えているもののどうしたらよいかわからない、創業したものの軌道に乗っていない、とにかくいろいろな情報がほしい、創業後成功した事例を知りたいなどさまざまな創業に係るニーズをもった人が集まる場所である。商工会など公的なところが開いている場所や民間のコンサルティング会社が開いている場所がある。両者の大きな違いとして、公的なところは参加料が無料か実費程度ですむが、民間の場合は相応の参加料を支払わなければならない。

　ここでの接点のつくり方は交流会・懇親会への参加である。大体は勉強会と交流会・懇親会がセットとなっているので創業の勉強と人脈づくりの両方が可能となる。懇親会ではお酒が入るので、より深い接点を得ることができる。一方であまり深入りしすぎて、守秘義務違反とならないように注意が必要である。

　コミュニティでは人とのつながりが重要である。一度信頼関係が構築されれば将来にわたって大切な人材資産や顧客となる可能性が高いといえる。

## 3　士業やコンサルタントからの紹介

　関係する士業には、税理士・公認会計士、弁護士、弁理士、司法書士、社会保険労務士、行政書士、中小企業診断士、宅地建物取引士などがある。

　まずは創業希望者が各士業にどんな相談をするかを整理する。

　税理士・公認会計士は会計や税務申告・届出、開業資金の資金調達の相談、創業融資の相談ができる。また今後の会社運営のパートナーとしての役目も担う。

　弁護士は各種法律関係の相談ができる。

弁理士は特許や商標の相談、特許手続の依頼の相談ができる。

司法書士は会社設立登記の相談ができる。

社会保険労務士は労務の専門家である。各種社会保険・雇用保険の加入手続や労災の相談、助成金（主に厚生労働省関係）の申請相談、また就業規則をつくったりする相談ができ、創業相談には必要な士業である。

行政書士は許認可関係の相談および手続、知的資産報告書の作成相談ができる。

中小企業診断士は創業一般、経営の相談ができる。なかには創業支援を中心に行っている人もいる。その実績が多ければ多いほど、そこには多くの創業希望者のクライアントがいる。地元の創業塾・創業スクールで活躍している中小企業診断士がいるので、そこの講師がだれかを調べれば地元で信用されている中小企業診断士がわかる。

士業は金融機関職員と同じく守秘義務を背負っているので、クライアントの紹介を積極的にしてもらうことは困難かもしれない。そこで士業に対する接点の切り口として、自行庫の創業融資商品の説明や保証協会や政府系金融機関の創業融資の説明から入っていくのが効果的である。各種士業のクライアントが金融機関に創業資金の相談に来るという図式をつくれば、実質的に士業からの紹介になる。

また、士業との関係で全般的に気をつけることはギブアンドテイクの精神を忘れないことである。

# 4　インキュベーションオフィス

インキュベーションオフィスとは、起業・創業をするために活動する人が入居するオフィスである。インキュベーションのもともとの意味が「卵の孵化」であることから、単なる場所の貸出だけでなく、創業サポートサービスを兼ね備えたところにその特徴がある。その最大のメリットは、安価にスペースが借りられることと、常駐している専門家（インキュベーションマネージャー）からさまざまなアドバイスを受けられ相談に乗ってもらうことができることであり、創業希望者は積極的にインキュベーションオフィスに

入居する。運営主体としては公的機関が多いが、民間が経営しているところもある。

インキュベーションマネージャーは、経営計画のアドバイス、経営のノウハウなどの知識はあるが、一般的に銀行の法人口座開設、資金調達など金融機関取引についての知識は乏しいので、そこに接点をつくるチャンスがある。

## 5　シェアオフィス・レンタルオフィス

インキュベーションオフィスと似たものにシェアオフィスやレンタルオフィスがある。シェアオフィス・レンタルオフィスとは、個室や机などの専用スペースがあり、会議室等は他者と共有し、受付・電話代行、郵便物受取りのサービスがあるオフィスのことである。シェアオフィス・レンタルオフィスは単なるスペースの賃貸で、インキュベーションオフィスとの大きな違いは、創業や経営のサポートサービスがないことである。

ここには創業の検討中の人のほか、創業したばかりの人も多く入居している。預金の勧誘ということで、気軽にドアノックできる場所でもある。

## 6　商工会議所・商工会

商工会議所・商工会は、地域ごとに事業者をサポートする公益団体である。商工会議所と商工会との違いは、商工会議所は市の区域に設立された公的団体、商工会は町村部に設立された公的団体であり、その地域性に違いがある。

商工会議所や商工会には多くの創業希望者が集う。なぜなら商工会議所・商工会では創業・経営・経理・税務・法律に関することまで無料で相談に乗ってもらえるからである。特に資金調達の相談ができる、補助金や助成金に関する相談ができる、経営の相談に乗ってもらうことができるところに強みがある。したがって商工会議所・商工会には多くの創業に関する情報が集まることになる。

商工会議所や商工会には経営指導員がいる。経営指導員は、窓口や巡回で

第1節　創業ニーズの発掘　5

経営相談を行い、それに加えて所属団体の事業に関する業務（創業支援事業、経営革新支援事業、ビジネススクール事業、定例相談、セミナーなど）を行っている。

経営指導員と接点をもつには、商工会議所・商工会を直接訪問し面談をする、商工会議所・商工会の主催するセミナーに参加することである。できる限り積極的に話しかける姿勢が大切である。

創業希望者からの経営相談員に対しての相談は資金調達に関するものが特に多い。したがって、自行庫の融資商品のパンフレットを配布する、創業セミナーを企画している経営指導員に対しては「創業融資商品の説明をしますよ」「創業融資の成功事例のお話もできますよ」などのアプローチをするとよい。

## 7　信用保証協会との協調

信用保証協会は、中小企業・小規模事業者が金融機関から事業資金の融資を受ける際に公的な立場から保証人となって金融機関の融資を円滑にする役割を担っている。

信用保証協会には創業に関する制度融資がある。信用保証協会は金融機関へ融資の保証をする立場なので、直接融資を実行することはない。したがって、創業者が信用保証協会へ相談に行った後は必ず金融機関に相談に来ることになる。その意味では、自行庫が創業に関して積極的であることを信用保証協会の担当者にアピールしておく必要がある。

信用保証協会は国の政策として創業融資への保証にはかなり力を入れている。たとえば創業支援資金では、新規開業者・事業歴1年未満の者を対象に融資保証限度額運転1億円（うち運転資金4,000万円）、返済期間（据置期間）運転7年（1年）、設備15年（1年）、貸付金利年1.2%（固定金利、返済期間10年超の場合は、年1.6%）などの大口の創業資金も準備されている（2024年10月時点）。

信用保証協会の担当者と接点をもって創業融資の紹介を受けることは重要なことである。

## 8　日本政策金融公庫との協調

　日本政策金融公庫は100％政府出資の金融機関で、創業融資といえば日本政策金融公庫が真っ先に頭に浮かぶ。国民生活事業、農林水産事業、中小企業事業の3本の柱があるが、創業は国民生活事業の範疇に入る。創業企業を積極的に支援しており、日本政策金融公庫が直接融資を行う。

　日本政策金融公庫との接点のつくり方は、国民生活事業の支店長・課員への挨拶から始めることである。そこで、自行庫は創業に関して融資を含めて積極的に関与する体制にあるので創業融資案件があったら自行庫との協調融資を検討してもらえないかをアピールする。

　また日本政策金融公庫ではさまざまな形で創業セミナーを行っているので、各地域のセミナーに参加してみるのも接点をつくる機会になる。

## 9　取引先の経営者からの紹介

　取引先の経営者は常にアンテナを張っているのでさまざまな情報が集まる。そのなかには当然に創業に関する情報も入ってくる。

　そのような取引先の経営者に創業者の紹介を受けるには、まずは経営者との十分なコミュニケーションを図れる関係になることが重要である。これは訪問や集金などの機会を通じて地道につくるしかない。もし十分なコミュニケーションがとれている社長がいたら、どんどん創業者の紹介について話してみる。ただし、士業のところ（本節3）でも述べたが、ビジネスでの情報のやりとりはギブアンドテイクの関係が基本となる。創業者情報の提供（テイク）を受けるからには、経営者に何か（ギブ）をもっていく必要がある。

　金融機関の担当者がもっていく「ギブ」は、やはりビジネスマッチングに関する情報である。また、紹介を受ける際は自行庫の創業に対する支援体制、創業融資商品、創業後の支援体制をわかってもらわないとスムーズな紹介が受けられない。そうした情報については積極的に開示する必要がある。

## 10　創業者からの紹介

　創業者の周りには自然と創業希望者が集まってくる。たとえば筆者は取引先の第二創業を支援したことがある。それは地域に屋台村をつくるという案件だった。そうした案件の周りには屋台村の店舗数だけ創業案件がある。創業相談に乗り創業融資を絡めることで、それに付随する創業案件を一手に獲得することができる。

## 11　青年会議所（JC）の名簿

　青年会議所の名簿には地域における次世代の経営者がずらりと並んでいる。次世代経営者は新しい発想をもっているほか、前世代の父親を超えたいとの欲求があることから、第二創業（業態転換や新事業・新分野を展開すること）の案件が数多く潜んでいる。

　名簿を頼りに事業所を訪問して次世代経営者と面談し語ることで、そのニーズを引き出すことができる。

## 12　自行庫での創業セミナーの実施

　金融機関独自で創業セミナーを開催しているところも多い。そうした創業セミナーは本部が担当することが多いが、本部にはそれを営業店の担当エリアで開催してもらうように交渉してみる。そして、セミナーには交流会・懇親会の場を必ず設けてもらう。そこに担当者も積極的に参加し、セミナー参加者との交流を通じて地域の創業案件を獲得することができる。

## 第2節 創業者と事業を理解するためのヒアリング

### 1 創業における四つのステージを理解する

創業希望者がいつかは創業したいと思い始め実際に開業に至るまでには、いくつかのステージがある。中小企業基盤整備機構「支援者のための創業サポートブック」(https://www.smrj.go.jp/supporter/tool/guidebook/guidebook1/fbrion000000206n-att/sougyou_supportbook.pdf) では、それを四つのステージに分けている。四つのステージとは、「第1ステージ：創業イメージがまだ漠然としている段階」「第2ステージ：やりたいことが明確になった段階」「第3ステージ：創業内容が具体化してきた段階」「第4ステージ：行動に移す段階」である。ここでは、各ステージにおける創業希望者のマインドと課題をあげ、具体的な支援ツールと支援のポイントを解説する。

#### (1) 第1ステージ「創業イメージがまだ漠然としている段階」(支援ツール：創業セミナー、個別相談カルテ)

第1ステージは、いつか創業したいと思いつつも、どういう事業で創業すればよいのか、まだ明確になっていない状態と定義されている。

この段階の創業希望者から営業店の担当者が相談を受けた場合は創業セミナーへの参加をアドバイスする。なぜなら、創業セミナーは創業者の掘り起こしや創業マインドの向上を主な目的としているからである。一般的な創業セミナーは1日単位で行われ、その内容は創業に関する基本的なことや特定テーマ（創業者の体験談、創業の心構え、創業成功の秘訣、タイムリーな話題など）であり、講義形式で行われる。創業セミナーを受講して漠然としている創業イメージを少し具体化するように話してみる。

個別相談カルテ（図表1－1）とは、創業希望者の略歴や創業の動機など

図表1－1　個別相談カルテ（フェースシート）

（様式1）

## 個別相談カルテ
## （フェースシート）

最新記入日：○年○月○日

### ◆相談者の概要

| 相談者概要 | 相談者氏名 | |
|---|---|---|
| | 相談の<br>きっかけ | |
| | 相談者の<br>やりたいこと | |
| | 相談者の<br>略歴 | |
| | 相談者の<br>思い | |
| 「やりたいこと」と<br>「略歴」の関連性 | | |
| その他、特記事項 | | |

### ◆相談者の情報

| 年齢 | | 資産等 | |
|---|---|---|---|
| 家族<br>構成 | | | |
| | | 負債等 | |
| 過去の<br>事業<br>経験 | | 取得<br>資格 | |
| 趣味<br>特技 | | 健康<br>状態 | |

### ◆創業のステージ、相談者のタイプ

| 創業のステージ | | 相談者タイプ | |
|---|---|---|---|

（出所）　中小企業基盤整備機構「支援者のための創業サポートブック」（https://www.
smrj.go.jp/supporter/tool/guidebook/guidebook1/fbrion000000206n-att/sougyou_
supportbook.pdf）

を把握し整理するシートである。相談者の概要、相談者の情報、創業のステージ・相談者のタイプ、相談シート（図表1－2）の四つのカテゴリで構成されている。

相談者の概要では、相談のきっかけ（なぜ相談に来たか）、相談者のやりたいこと（これから何をしたいか）、相談者の略歴（いままでどんな仕事に携わってきたか）、相談者の思い（新しく始めたい事業にどんな思いをもっているか）をヒアリングする。

ここでは「したいこと」と「略歴」との関連性を見つけることがポイントとなる。創業の多くは過去の職歴・経験の延長上にあるので、その関連性があるかどうかは創業の成功確率が高くなることにつながる。

もっとも、突拍子もない創業話であっても否定してはならない。この段階では、自分でその実現可能性を判断するのではなく相談者の夢を聞き取り、創業する気持ちを後押しするというスタンスで臨む。

相談者の情報では、年齢、家族構成、過去の事業経験、趣味特技、資産等、負債等、取得資格、健康状態についてヒアリングする。あまりプライベートなことに深入りしないように気をつける。

「創業のステージ、相談者のタイプ」という欄があるが、そこに深入りする必要はない。相談者のタイプは「支援者のための創業サポートブック」では、創業希望者の性格や行動・思考など八つのタイプ（逡巡型、思い込み型、自己アイデア陶酔、一攫千金、ボランティア型、片手間型、勉強型、依存型）に分けてその特徴・助言のポイント・助言例が記載してあるが、それはあくまでプロのコンサルタントのためのものである。金融機関の担当者としては、参考までにとどめておくほうが無難である。

個別相談カルテを使ってヒアリングをした後は、一緒に創業をどう具現化するかを考えていく。そのポイントは創業する気持ちを後押しすることである。

「面白いアイデアですね。それが実現したらきっと楽しいでしょうね」「こんな商品が世の中に出たら、びっくりするでしょうね、助かるでしょう」などのトークで肯定するところから始めるのがポイントである。

第2節　創業者と事業を理解するためのヒアリング　11

図表 1 - 2　個別相談カルテ（相談シート）

（様式 2 ）

## 個別相談カルテ
## （相談シート）

カルテNO　○　　　相談回数：○回目　　　　　　　　　相談日　○年○月○日

| 相談者名 | | 連絡先<br>（携帯等） | |
|---|---|---|---|
| 相談対応者名 | | 相談時間 | ○時○分～○時○分 |

| 相談内容 | アドバイス内容 |
|---|---|
| | |

| 次回相談予定日 | ○年○月○日(○)　○時～ | 現在の創業ステージ | |
|---|---|---|---|

（出所）　中小企業基盤整備機構「支援者のための創業サポートブック」（https://www.smrj.go.jp/supporter/tool/guidebook/guidebook1/fbrion000000206n-att/sougyou_supportbook.pdf）

12　第 1 章　創業支援

次は、実行力のアドバイスである。考えているだけでは創業は生まれない。とにかく創業を実行しないと前には進まない。トライして駄目だったらまた次のことを考えればよいのであり、ある意味で創業に失敗はつきものである。成功している創業者も初めからうまくいったわけではない。担当者としては、過去に携わった創業の事例などを噛み砕いて話してあげるとよい。

## (2)　第2ステージ「やりたいことが明確になった段階」（支援ツール：創業塾・創業スクール、事業分析シート）

　第2ステージは、こういうジャンル（事業・テーマ）で創業しようと自分なりに明確に決めたものの、まだ詳細な内容までには詰めていない状態と定義されている。

　この段階の創業希望者から相談を受けた場合は創業塾・創業スクールへの参加をアドバイスしたらよい。なぜなら、創業塾・創業スクールは創業に関する幅広い実践的な知識の習得、具体的なビジネスプランや創業計画の作成、創業や事業運営に伴う各種手続、資金調達など実務ポイントの習得を主な目的としているからである。そこでは創業支援経験が豊富で実務に精通したコンサルタントや中小企業診断士の指導が受けられる。

　一般的な創業塾・創業スクールは3日から12日程度で行われ、その内容は創業全般やビジネスプラン等について講義・個人ワーク・グループ討議形式で行われる。

　第2ステージの創業予定者に使用するツールには、まだ具体化していない事業アイデアをより具体的に詰めてもらうための事業分析シート（図表1－3）がある。

　事業分析シートは、「1．事業のテーマ（事業コンセプトを一言で）」「2．事業コンセプト（誰に、何を、どのようにして）」「3．強み、市場性」「4．独自性、実現性」の四つのカテゴリに分かれている。

　担当者のスタンスは、あくまで創業予定者に寄り添うことなので、事業分析シートも一緒になって考えるという気持ちで取り組むとよい。そのポイントを整理する。

第2節　創業者と事業を理解するためのヒアリング　13

図表1-3　事業分析シート

（様式3）

## 事業分析シート

1．事業のテーマ（事業コンセプトを一言で）

2．事業コンセプト

○誰に（顧客ターゲット・ニーズ）

○何を（商品・サービス、顧客価値）

○どのようにして（提供方法・ノウハウ・技術・価格など）

3．強み、市場性

4．独自性、実現性

（出所）　中小企業基盤整備機構「支援者のための創業サポートブック」（https://www.
　　　　smrj.go.jp/supporter/tool/guidebook/guidebook1/fbrion000000206n-att/sougyou_
　　　　supportbook.pdf）

14　第1章　創業支援

a 「事業のテーマ（事業コンセプトを一言で）」

　創業アイデアを一言で表すキャッチフレーズを考える。ここではワクワクするフレーズを、創業希望者と一緒になって考える。

b 「事業コンセプト（誰に、何を、どのようにして）」

　事業コンセプトは、ビジネスモデルの基本となるものである。事業性評価融資に取り組む際にビジネスモデル俯瞰図をつくったことがあるだろう。そのビジネスモデル俯瞰図を簡単に言語化したものが事業コンセプト（誰に、何を、どのようにして）である。

　「誰に」とは、顧客ターゲットのことである。聞き取りでは以下のように聞くとよい。

- 　「誰にお店に来てほしいのですか」
- 　「誰にこの商品を買ってもらいたいのですか」
- 　「誰にこのサービスを提供したいのですか」
- 　「男女どちらをターゲットにしているのですか」
- 　「どの年代の人をターゲットにしているのですか」
- 　「どんなライフスタイルの人をターゲットにするのですか」

　「何を」とは、具体的な商品・サービス、顧客価値のことである。以下のようなことを聞き取り、事業分析シートに記入する。

- 　「お店でどんなメニューを提供したいのですか」
- 　「お店でどんな商品を売りたいのですか」
- 　「お客様のどんな悩みを解決したいのですか」
- 　「お客様にどんな価値を提供したいのですか」
- 　「お客様にどんな高品質を提供したいのですか」
- 　「お客様にどんな商品ラインアップをそろえたいのですか」

　「どのようにして」とは、提供方法・ノウハウ・技術・価格のことである。以下のようなことを聞き取り、事業分析シートに記入する。

- 　「リアルな店舗をつくるのですか。それともネット販売にするのですか」
- 　「どこに店舗を出店したいのですか」

○ 「他者と差別化できるノウハウとは、どのようなものですか」

○ 「どのような技術でお客様のニーズを満たすのですか」

○ 「この商品の価格はいくらにするのですか」

○ 「どのようにしてお客様にPRしますか」

○ 「どのような販促ツールを使って販売促進をしますか」

c 「強み、市場性」

　事業性評価融資を行うときに、SWOT分析を行うケースがあるだろう。

　「強み」についてはむずかしく考えないでよいと思われる点を見つけて記入する。SWOT分析のS（強み）を見つける感覚で探し出す。これは小さな強みでも構わない。できるだけよいところを見つけ出し、数多くあげるようにする。

　「市場性」については、SWOT分析のO（機会）の部分である。外部環境における市場機会を数多く見つけ出す。

d 「独自性、実現性」

　画期的なビジネスモデルなどそうは存在しない。ビジネスは模倣から始まるといわれるように、他社（者）の模倣であっても創業しようとする地域にとっては独自性があるものかもしれない。また、差別化できるものかもしれない。こうしたものを小さなことでもよいので数多く見つけ出すのがポイントである。

　次に、実現可能かどうかも検討しなければならない。人・物・金の部分で実現可能な創業であるかを検討する必要がある。

(3)　第3ステージ「創業内容が具体化してきた段階」（支援ツール：創業計画書の活用）

　第3ステージは、創業事業内容が具体的にイメージできており、ビジネスプランがすでにできあがっているか、いつでも作成できる状態と定義されている。事業分析シートをもう少し発展させ創業計画書を作成するステージである。

　創業に関する新規融資を取り扱う際に、顧客の作成した創業計画書を一度はみたことがあるだろう。数多くの創業計画書があるが、スタンダードなも

16　第1章　創業支援

のとして日本政策金融公庫の創業計画書のシートがあるので、それを使うように創業希望者には伝えるとよい。これから事業を始めようとする者が日本政策金融公庫に融資を申し込む場合、提出する書類のなかにこの創業計画書があり、これは融資の可否に大きな影響を及ぼす大変重要な書類という位置づけである。中小企業基盤整備機構ウェブサイトでも創業計画書が掲載されている（図表1－4）が、中小企業基盤整備機構「支援者のための企業サポートブック」では、その創業計画書について「日本政策金融公庫の様式を参考にしていますので、同公庫への融資相談時の資料としても準用下さい」と説明されている。

　創業計画書は、これから創業にあたってどんな事業を行い、どのように実現させていくかを記入する計画書である。金融機関から融資を受けるために提出するだけでなく、親族や支援者への説明資料でもあり、何より自身の創業を客観的に振り返る（実現可能かどうか、どんな課題があるのか、その課題を解決するためには何をすべきかなど）ための資料にもなるので、創業にあたり必ず作成すべき書類である。

　創業計画書作成にあたってのポイントについて説明する。

a　「創業の動機（創業されるのは、どのような目的、動機からですか）」

　ここには創業希望者がなぜ創業をしたいのか、創業に向けてどのような経験を積んできたのかについて具体的に記載する。

　記入にあたっては、このように質問すると創業の動機がみえてくる。

　　○　「あなたは、なぜこの事業をやりたいのですか」

　　○　「あなたが創業をすることで、何を実現させたいのですか」

　　○　「あなたは過去どんな経験のもとでこの事業をやろうと思ったのですか」

　　○　「あなたは創業にあたってどんな準備（人・物・金・情報）をしてきましたか」

　　○　「あなたはなぜ人生のリスクを背負ってまで創業したいのですか」

b　「経営者の略歴等」

　経営者の略歴は、履歴書を書く要領と同じである。いつからいつまで、ど

第2節　創業者と事業を理解するためのヒアリング　17

## 図表1-4　創業計画書

**創業計画書**　　　　　　　　　　　　　　　　　　　　　　〔　　年　　月　　日作成〕

お名前 _____

**1　創業の動機**（創業されるのは、どのような目的、動機からですか。）

| | 公庫処理欄 |
|---|---|
| | |
| | |
| | |

**2　経営者の略歴等**（略歴については、勤務先名だけではなく、担当業務や役職、身につけた技能等についても記載してください。）

| 年　月 | 内　容 | 公庫処理欄 |
|---|---|---|
| | | |
| | | |
| | | |
| | | |
| | | |

| 過　去　の事　業　経　験 | □事業を経営していたことはない。<br>□事業を経営していたことがあり、現在もその事業を続けている。（⇒事業内容：　　　　　　　　）<br>□事業を経営していたことがあるが、既にその事業をやめている。（⇒やめた時期：　　年　　月） | |
|---|---|---|
| 取　得　資　格 | □特になし　□有（　　　　　　　　　　　　　　　　番号等　　　　　　　　） | |
| 知的財産権等 | □特になし　□有（　　　　　　　　　　　　　□申請中　□登録済　） | |

**3　取扱商品・サービス**

| 取扱商品・サービスの内容 | ①　　　　　　　　　　　　　　　　　　　　　　（売上シェア　　％） |
|---|---|
| | ②　　　　　　　　　　　　　　　　　　　　　　（売上シェア　　％） |
| | ③　　　　　　　　　　　　　　　　　　　　　　（売上シェア　　％） |

| | | 公庫処理欄 |
|---|---|---|
| セールスポイント | | |
| 販売ターゲット・販売戦略 | | |
| 競合・市場など企業を取り巻く状況 | | |

**4　取引先・取引関係等**

| | フリガナ<br>取引先名<br>（所在地等（市区町村）） | シェア | 掛取引の割合 | 回収・支払の条件 | | 公庫処理欄 |
|---|---|---|---|---|---|---|
| 販売先 | （　　　　　　　　） | ％ | ％ | 日〆 | 日回収 | |
| | （　　　　　　　　） | ％ | ％ | 日〆 | 日回収 | |
| | ほか　　社 | ％ | ％ | 日〆 | 日回収 | |
| 仕入先 | （　　　　　　　　） | ％ | ％ | 日〆 | 日支払 | |
| | （　　　　　　　　） | ％ | ％ | 日〆 | 日支払 | |
| | ほか　　社 | ％ | ％ | 日〆 | 日支払 | |
| 外注先 | （　　　　　　　　） | ％ | ％ | 日〆 | 日支払 | |
| | ほか　　社 | ％ | ％ | 日〆 | 日支払 | |
| 人件費の支払 | 日〆 | | | 日支払（ボーナスの支給月　　月、　　月） | | |

（出所）　中小企業基盤整備機構「支援者のための創業サポートブック」（https://www.
tbook.pdf）

18　第1章　創業支援

☆この書類は、ご面談にかかる時間を短縮するために利用させていただきます。
　なお、本書類はお返しできませんので、あらかじめご了承ください。
☆お手数ですが、可能な範囲でご記入いただき、借入申込書に添えてご提出ください。
☆この書類に代えて、お客さまご自身が作成された計画書をご提出いただいても結構です。

## 5　従業員

| 常勤役員の人数<br>（法人の方のみ） | 人 | 従　業　員　数<br>（3カ月以上継続雇用者※） | 人 | （うち家族従業員）<br>（うちパート従業員） | 人<br>人 |
|---|---|---|---|---|---|

※創業に際して、3カ月以上継続雇用を予定している従業員数を記入してください。

## 6　お借入の状況（法人の場合、代表者の方のお借入）

| お借入先名 | お使いみち | お借入残高 | 年間返済額 |
|---|---|---|---|
|  | □事業　□住宅　□車　□教育　□カード　□その他 | 万円 | 万円 |
|  | □事業　□住宅　□車　□教育　□カード　□その他 | 万円 | 万円 |
|  | □事業　□住宅　□車　□教育　□カード　□その他 | 万円 | 万円 |

## 7　必要な資金と調達方法

| 必要な資金 | | 見積先 | 金　額 | 調達の方法 | 金　額 |
|---|---|---|---|---|---|
| 設備資金 | 店舗、工場、機械、車両など<br>（内訳） | | 万円 | 自己資金 | 万円 |
| | | | | 親、兄弟、知人、友人等からの借入<br>（内訳・返済方法） | 万円 |
| | | | | 日本政策金融公庫　国民生活事業<br>からの借入 | 万円 |
| | | | | 他の金融機関等からの借入<br>（内訳・返済方法） | 万円 |
| 運転資金 | 商品仕入、経費支払資金など<br>（内訳） | | 万円 | | |
| 合　計 | | | 万円 | 合　計 | 万円 |

## 8　事業の見通し（月平均）

| | | 創業当初 | 1年後<br>又は軌道に乗った<br>後（　年　月頃） | 売上高、売上原価（仕入高）、経費を計算された根拠をご記入ください。 |
|---|---|---|---|---|
| 売　上　高 | ① | 万円 | 万円 | |
| 売　上　原　価<br>（　仕　入　高　） | ② | 万円 | 万円 | |
| 経費 | 人件費（注） | 万円 | 万円 | |
| | 家　　　賃 | 万円 | 万円 | |
| | 支　払　利　息 | 万円 | 万円 | |
| | そ　の　他 | 万円 | 万円 | |
| | 合　計　③ | 万円 | 万円 | |
| 利　益<br>①－②－③ | | 万円 | 万円 | （注）個人営業の場合、事業主分は含めません。 |

## 9　自由記述欄（追加でアピールしたいこと、事業を行ううえでの悩み、欲しいアドバイス等）

|  |
|---|

ほかに参考となる資料がございましたら、併せてご提出ください。

（日本政策金融公庫　国民生活事業）

smrj.go.jp/supporter/tool/guidebook/guidebook1/fbrion000000206n-att/sougyou_suppor

第2節　創業者と事業を理解するためのヒアリング　19

こでどのような職業に携わっていたかを記入する。

　内容の欄には、卒業した学校、勤務した会社、職務の内容、経験等を具体的（最終学歴、学校名、何を学んだか、配属された部署、経験した業務と年数など）に記入するようアドバイスする。特に配属された部署、経験した業務について、何をやってきたかを具体的に詳しく記入するのがポイントである。

　過去の事業経験の欄は、事業を経営したことがあるかないか、該当するものにチェックする。

　取得資格の欄には保有している資格（中小企業診断士、社会保険労務士、行政書士、宅地建物取引士、危険物取扱主任者、調理師、自動車整備士等の公的資格・民間資格など）があれば記入する。

　知的財産権等の欄には保有している特許・商標等があれば「有」にチェックを入れ、その名称を記入し、申請中か登録ずみかにチェックを入れる。

c　「取扱商品・サービス」

　事業分析シートで整理したことをふまえて、創業する商品やサービスをだれに何をどのようにして提供するかを具体的に記入する。

　取扱商品・サービスは、売上構成が高いと予測される上位三つの商品・サービスについてその内容と売上構成の割合を記入する。

　セールスポイントの記入にあたっては、顧客に本当に求められているものか、他社と比べて優位性があるかといった観点で記入する。

　記入にあたっては、以下のように質問すると商品・サービスの内容がみえてくる。

　　　○　「あなたが一番売りたい商品・サービスは何ですか」
　　　○　「あなたが一番売れそうだと思う商品・サービスは何ですか」
　　　○　「あなたが売れると思う商品・サービスを三つあげてください」
　　　○　「あなたが売れると思う三つの商品・サービスは、どのくらいの割合で売れると思いますか」
　　　○　「その商品・サービスを誰に提供するのですか」
　　　○　「その商品・サービスをどのように提供するのですか」

20　第1章　創業支援

○　「その商品・サービスの強みはなんですか」

　　○　「その商品・サービスは、消費者目線でどんなニーズがありますか」

　　○　「商品の販売単価はいくらですか、それをどれくらい売りたいので
　　　　すか」

　　○　「その商品・サービスの1カ月当りの売上は、どれくらいを想定し
　　　　ていますか」

　　○　「その立地を選んだ理由は何ですか」

### d　「取引先・取引関係等」

　取引先名は、販売先・仕入先・外注先について予定が決まっている先を記
入する。取引先名、シェア、掛取引の割合、回収・支払の条件を記入する
が、担当者は普段みている決算書の付属明細にある受取手形、売掛金、支払
手形、買掛金を思い浮かべると記入のアドバイスができる。

　また、創業予定者と販売先・仕入先・外注先になんらかの関係性がある場
合は、それを記入することでより有利な条件で創業ができることがわかり、
アピールポイントとなる。

　一般消費者が販売先の場合は「一般個人」と書く。そして、たとえば40代
女性をターゲットにするなど、その詳細も記入する。

　人件費の支払の欄は給料を支払うサイクル、すなわち何日で締めて何日に
払う予定であるか、ボーナスの支給月はいつかを記入する。

### e　「従業員」

　各項目の人数を記入する。従業員数のところは、就業する家族の人数も記
入する。

　飲食業・小売店などはパート・アルバイトの効果的な活用が必要となる。

### f　「借入れの状況（法人の場合、代表者の方の借入れ）」

　過去の事業、個人の生活のために借入れをしているものがあれば、事業、
住宅ローン、教育ローン、その他消費者ローンなど、借入残高・年間返済額
も含めてすべて記入する。

### g　「必要な資金と調達方法」

　この項目は重要な項目であり、担当者は稟議書をつくりあげていく感覚

で、創業希望者に対してアドバイスするとよい。

左側の「必要な資金」という欄には、創業する事業で何に資金を使うかを記入する。一方、右側の「調達の方法」という欄には、その資金をどこから調達してくるかを記入する。自己資金の欄は、法人であれば資本金を、個人であれば自分が事業に投入できる金額を記入する。

設備資金は、見積りをとって記入する。

記入にあたっては、次のような質問を繰り返しながら、もれのないようにする。

　　○　「店舗をつくりますか。それは賃貸ですか、購入ですか」
　　○　「店舗の賃貸の保証金は、いくらですか」
　　○　「店舗の購入にはいくらかかりますか。購入に係る諸費用も含まれていますか」
　　○　「内装工事にはいくらかかりますか。その見積りはありますか」
　　○　「事務用品などは何をそろえますか」
　　○　「営業用の車は必要ですか」
　　○　「過大と思われる設備はありませんか」
　　○　「設備業者の言い値になっていませんか。値引き交渉はしましたか」
　　○　「複数の業者から、見積りはとりましたか」

運転資金は、事業を続けていくために必要なものと金額を記入する。事業が軌道に乗るまで数カ月はかかるので、十分余裕をもった金額を検討し記入する。記入にあたっては、決算書の販売管理費の欄を考えながら、次のような質問を繰り返し、もれのないようにする。

　　○　「従業員は何人ですか。人件費は毎月いくらですか」
　　○　「社会保険は会社負担分がありますが、それも考慮していますか」
　　○　「販売する商品仕入代金はいくらを予定していますか」
　　○　「外注先には、いくらの支払を予定していますか」
　　○　「税理士などの経費は、毎月発生しますか」
　　○　「店舗の家賃はいくらですか」
　　○　「設備のリース代は、いくらですか」

○　「広告宣伝費はいくらかかりますか」

　　○　「運賃はいくらかかりますか」

　調達方法では設備資金、運転資金をどこからいくら調達してくるかを記入
する。ここで重要なのは自己資金の欄である。自己資金の準備ができていれ
ば創業への計画性がわかり、それが多ければ多いほど将来資金不足に陥った
ときの耐性があるといえる。

　　○　「自己資金はいくらありますか」

　　○　「自己資金は計画的に貯める準備をしていましたか」

　　○　「親、兄弟、友人等からの借入れを予定していますか」

　　○　「日本政策金融公庫国民生活事業からの借入れは、いくら予定して
　　　　いますか」

　　○　「どこの金融機関から、いくら借入れをする予定をしていますか」

　　○　「毎月の返済金額はいくらですか」

h　「事業の見通し（月平均）」

　ここでは「創業当初」と「１年後または軌道に乗った後」のそれぞれにつ
いて、簡略な損益計算書をつくる。

　売上高の予測は、次の算出例（図表１−５）を参考にして立てる。

　売上は創業に関しては甘く計上しがちになるので、しっかりとした見通し
を立てるように注意する必要がある。

　売上原価は基本的には「売上高×原価率」で算出する。原価率は業界平均
値などを参考にアドバイスする。創業が過去の職歴からの延長であるケース
では、前職の経験を参考にして原価率を想定することもできる。

　売上総利益は、売上高から売上原価を引いた粗利である。

　経費の欄は決算書の販売管理費の欄を思い浮かべてアドバイスする。

　人件費は正社員、パート、アルバイトなどに支払う金額を算出する。社会
保険料や雇用保険料などの法定福利費も含めて計算する。

　家賃が必要な場合は毎月の金額を記入する。

　支払利息は「借入額×年利率÷12」で計算する。

　その他の欄は、広告宣伝費、水道光熱費、事務用品費などの内訳と合計額

図表1－5　売上予測の算出例

○小売業・サービス業など

　　| 1日当たり顧客数 | × | 客単価 | × | 営業日数 |

○飲食業、理・美容業など

　　| 客単価 | × | 座席数 | × | 回転数 | × | 営業日数 |

○販売業で店舗売りのウエイトが大きい業種（コンビニなど）

　　| 1㎡（または1坪）当たりの売上高 | × | 売場面積 |

○製造業など

　　| 製品単価 | × | 販売数量（または1社当たり購入量×販売先数） |

○労働集約的な業種（自動車販売業、化粧品販売業、ビル清掃業など）

　　| 従業員1人当たりの売上高 | × | 従業者数 |

○設備が直接売上に結びつき、設備単位当たりの生産能力がとらえやすい業種（部品加工業、印刷業、運送業など）

　　| 設備の生産能力 | × | 設備数 |

（出所）　中小企業基盤整備機構「支援者のための企業サポートブック」30頁（https://www.smrj.go.jp/supporter/tool/guidebook/guidebook1/fbrion000000206n-att/sougyou_supportbook.pdf）をもとに筆者作成。

を記入する。創業当初は思いのほか経費が膨らむことがあるので、もれがないか、その金額は妥当かを確認することが重要である。

　経費合計を出して売上総利益から引くと、利益が出る。借入金の返済原資、個人事業の事業主の人件費は、この利益から捻出することになる。

　次に軌道に乗った後の損益計算書を作成する。創業当初の列と記入する内容は同じだが、以下のような質問をしながら、1年後もしくは軌道に乗った後のことを確認する。

　　○　「軌道に乗る時期は、何年何月頃になりそうですか」

　　○　「軌道に乗ると売上高はどの程度増えますか」

　　○　「軌道に乗ると原価率はどれくらい下がりますか」

24　第1章　創業支援

○ 「軌道に乗って売上高が増えることで、従業員を増やしますか」

○ 「軌道に乗ることでその他諸経費の増える項目はありますか」

これから創業する人に当初数値の根拠はすぐには示せない。ここは担当者の腕の見せ所であり、金融マンとしての経験をもとに、数値づくりとその根拠の考え方をアドバイスしよう。

### (4) 第4ステージ「**行動に移す段階**」（支援ツール：個別相談）

第4ステージは、ある程度勝算のあるビジネスプランができあがり、後は開業に向け行動に移すだけという状態と定義されている。

担当者はこのステージの創業予定者に対して創業融資などの資金調達の方法、店舗・事務所・工場・倉庫などの物件の情報提供等のアドバイスを行う。

融資については、プロパー融資で対応するか、信用保証協会の創業制度を申し込むか、日本政策金融公庫の創業資金を使うか、これらの協調で行うかなど個別に相談に乗る。また、最初からあまり大きな金額で創業するのではなく、徐々に実績と信用を積んで大きくすることもアドバイスしよう。

また個別相談のなかでは、開業までのスケジューリングや開業までにしなければならないことのチェックリストを一緒に作成してあげるとよい。

チェックリストの例は以下のとおり。

○ 資金調達

○ 物件探しと契約

○ 設備工事

○ ホームページ、名刺、チラシなどの販売促進ツール

○ 商品・サービスの具体化

○ 商品・サービスの価格設定

○ 許認可手続

○ 仕入先・販売先の確保

○ 従業員、パート、アルバイトの確保、教育

## 2 創業者と事業のヒアリングの進め方

### (1) 創業者の悩みに寄り添う

日本政策金融公庫によれば、創業者の悩みのベスト3は「資金繰り」「資金調達」「販売先の確保」となっている。したがって、担当者は創業者からこの三つの相談をもちかけられる可能性が高いことになる。資金繰りと資金調達は資金の相談、販売先の確保は事業の相談に分類される。

資金の相談は金融機関の得意とするところである。その一方で担当者は「創業者の相談＝創業融資＝リスクが大きい」というように考えがちである。したがって、「融資については日本政策金融公庫を紹介しよう」という発想になりがちとなる。それでは創業融資というビジネスチャンスをみすみす逃しているということである。創業者からの資金の相談があった場合は、親身に相談に乗り、コミュニケーションをしっかりととりながら、できれば創業融資を自行庫で取り上げられるようヒアリングやアドバイスを行いたい。

新規事業資金は、いままでの売上、収益などの実績がゼロの状態である。担当者は、創業資金のニーズは多いけれども融資ができる案件は受付したもののうち何分の1というハードルの高い案件と思ってしまいがちである。まずはその考え方をなくさないことには、創業者の相談に応じられない。また、融資の稟議書を書く場合も、その事業を一から説明しなければならず、どうしても腰が引けてしまいがちになる。しかし、創業といってもいままでなんらかの事業に携わっていた人たちがそれぞれのメリットを求めて新しい事業を立ち上げることが多いわけであるから、しっかりとヒアリングをすれば恐れることはない。

### (2) 創業融資のヒアリングポイント

創業融資といっても融資に変わりはない。融資で一番大事なポイントは資金使途である。したがって、資金使途がわかれば返済財源や返済条件など融資の全体像がみえてくる。資金使途に関しては開業資金といったあいまいなものではなく、事細かく融資金を何に使うかをヒアリングすることがポイン

26 第1章 創業支援

トである。

- ○ 「運転資金ということですが、どこにいくら支払うのですか」
- ○ 「設備資金ということですが、具体的にどんな設備工事を行うのですか」
- ○ 「その設備は本当に必要なものですか」
- ○ 「設備に関する見積書はありますか」
- ○ 「納入する設備のパンフレットはありますか」

次に資金使途に関連して返済可能性をヒアリングする。

- ○ 「返済財源となる利益は、いくら出ますか」
- ○ 「収支計画はどうなっていますか。その収支計画から融資の返済財源は確保できますか」
- ○ 「収支計画に妥当性はありますか。それは実現可能ですか」
- ○ 「収支計画の数値の根拠を教えてください」

融資にあたってどのくらい自己資金を保有しているかは、担当者としては気になるところである。1円も自己資金がなく全額借入れでまかなうという創業計画書をよく目にするが、担当者としては不安でしかないことになる。そこで、目に見えない自己資金がどこにどれくらいあるか、支援してくれそうな親族の状況をヒアリングによって確認することが重要となる。

また、逆に創業資金を貯めてきたという人は、創業に関して熱意、やる気、計画性があると判断できる。

- ○ 「自己資金としてどのくらい貯めましたか」
- ○ 「事業にすぐには使わないとしても、預金はどこにどのくらいありますか」
- ○ 「ご両親は何をされていますか。どこに住んでいらっしゃいますか」
- ○ 「今回の創業にあたって、親族の援助は受けられますか」
- ○ 「事業を始めるにあたってスポンサーはいますか。共同経営者はいますか」

## (3) 創業者の資質

創業融資は通常の融資と異なり、それまでの実績をもとに融資判断するこ

とができない。そこで、創業者が過去にどのような職業につき、どういった経験を積んできたかなどをヒアリングすることで補完することになる。

経営者に必要な資質は決断力、先見性とよくいわれるが、それに関係したヒアリングも創業者の資質をみるうえで重要である。

- ○ 「創業するきっかけとなった過去の職歴はありますか」
- ○ 「いままでどんな職業に携わってきましたか。今回の創業にあたり、その経験がどれくらい活きますか」
- ○ 「人に自慢できるスキルやノウハウをもっていますか」
- ○ 「あなたは自分が運のよい人だと思いますか」
- ○ 「あなたは思い切りのよいほうですか」
- ○ 「あなたが人に好かれるエピソードがあったら教えてください」
- ○ 「あなたは先見性についてどう思いますか」
- ○ 「あなたの忍耐力や我慢強さに関するエピソードがあったら教えてください」

## ⑷ 販売先の確保の悩みに対するヒアリング

販売先の確保は、創業の成否を分ける問題である。販売先の確保は、金融機関ではビジネスマッチングによるのが一般的である。しかし、担当者として自店取先の紹介であれば多少はできるかもしれないが、創業相談者の期待に応えるところまではいかないだろう。一般的なアドバイスとして次のようなものがある。

- ○ 地域金融機関共同で行っているビジネスマッチングフェア等への出店
- ○ インターネットのホームページでの宣伝
- ○ 見込客へのダイレクトメール
- ○ ショールーム的な店舗づくりのアドバイス
- ○ メディア、新聞にニュース記事等として取り上げてもらう
- ○ 業界紙、業界雑誌への掲載
- ○ 見本品の配布
- ○ 人脈づくり

○　公的機関の活用紹介

　営業店担当者が相談を受ける創業者は地域の小規模事業者が多い。中小企業庁が行ったアンケートの結果によると、小規模事業者は売上高の約6割が同一市町村の販売先、約9割が同一都道府県内の販売先ということである。そして、小規模事業者が販路拡大を行う際の課題として「新規顧客へのアプローチ方法」「販売すべきターゲット市場の選定」「商品・サービスのPR」が多くあげられている。

　また、販路開拓の取組みのなかで自社でできる取組みとして「訪問販売の実施」「新しい顧客への直接訪問・売り込み」「対面販売における顧客への説明・コミュニケーションの充実」があげられている。一方で、支援機関等からの支援が必要という回答が多いのは「自社の製品・商品の市場分析」「ホームページ・Eメールを活用した情報発信」「市場分析の結果に基づく商品の開発・提供」である。

　こうしたことから、担当者は創業者の悩みに沿った支援機関を紹介することが重要となる。営業・販路開拓の相談先は「商工会・商工会議所」「経営コンサルタントなどの専門家」「同業・異業の経営者」「取引先などの利害関係者」などが中心となるので、担当者は地元の商工会・商工会議所の相談員とは密接な関係を築くとともに、自行庫の取引先の会への勧誘をして同業・異業の経営者、取引先との接点をつくってあげることも販路開拓の支援につながる。

第2節　創業者と事業を理解するためのヒアリング　29

## 第3節 創業支援事例

### 1 本部専担部署との連携による創業支援成功事例

#### (1) 支援先企業の概要

　合同会社YOは、都会からUターンしてきた30代の創業者が観光に力を入れ始めた地方都市で創業した会社である。創業者がなぜ合同会社という会社形態を選んだかというと、登録免許税が6万円と安いこと、利益の配分を出資比率に関係なく社員間で自由に決めることができ株主総会も必要ないため迅速かつ簡単に経営上の意思決定が行えるなど経営の自由度が高いこと、税務的には株式会社とまったく同じで個人事業主よりも経費の範囲が広がるなど法人の節税メリットを享受できることなど、いくつかのメリットがあり、創業に向いた会社形態だからである。

　創業事業は、古民家および町家を購入もしくは賃貸して宿泊施設に改修し、地域と一体となった古民家・町家の宿、町そのものに泊まる宿のコンセプトで貸し出すというものである。

　地域の方々と協力することで旅行者に新たな価値を提供し、地域に根ざしたブランディングを強化し、ネットに強い特性を活かし町そのものに泊まる宿というコンセプトを反映したウェブサイトでPRし、「日本町宿協会」に参加して全国規模のネットワークを通じたPRをすることで集客をするというものである。

#### (2) 創業者の概要

　合同会社YOは代表社員2名で構成され、事業部門は宿泊部門、イベント部門に分かれる。宿泊部門は1日1組限定の貸切宿で、インバウンドにも対応すべく在来工法の日本建築家屋・町家を購入もしくは賃貸し、中庭には露

天風呂を配し付加価値を高めるなど水回りを中心に改修をする。

イベント部門は、単に宿泊だけでなく付加価値をつけたいとの考えから、宿泊客に対しサイクリング、オリジナルツアーなどオリジナルスポーツ体験を組み合わせたパッケージの提案を行い、宿泊施設の稼働率アップを主目的にスポーツ体験を組み合わせたパッケージ販売を行う。

対象顧客は日本人観光客、インバウンドの両方だが、増加傾向にあるインバウンドへの対応を強化していく。

### (3) 創業者からの相談内容（課題や悩みなど）

創業者からは町家購入資金もしくは町家改修資金の相談を受けた。一棟だけでは終わらずその後の発展性を考えて、資金調達はできるだけ幅広く行ったほうがよいため、本部専担部署の担当者は日本政策金融公庫の紹介、信用保証協会の利用、地域活性化ファンドの活用、クラウドファンディングの活用、プロパー融資での対応と段階を踏んでさまざまな資金調達をすることで成長を遂げることをアドバイスした。

次に、集客方法の相談については、自行庫の本店は全国的に名だたる観光地にあり、取引先に多くの成功事例を有していることや企業支援部において観光関連専門のアドバイザーを配置していたことから、本部専担部署のノウハウを最大限活用することにした。

また、本部専担部署では創業に関心のある創業希望者に対して創業セミナー・創業塾を開催しており、創業セミナーでは既創業者の成功体験談等を通じて創業へのイメージを高め、創業塾で創業に関する実務、すなわち創業に必要な知識・ノウハウ・各種手続の実務ポイントを複数回の講座で習得をさせている。さらには、創業計画書の策定支援まで行っている。合同会社YOの代表者には創業前から受講を促し、これらに参加して創業マインドを高めていった。

### (4) 金融機関からのアドバイスや具体的な支援策

本部専担部署は資金調達に際して、1棟目は日本政策金融公庫の創業資金を使うことを提案した。そして2棟目は信用保証協会保証付融資、3棟目は1棟目、2棟目の実績をみつつ地域活性化ファンドから調達、4棟目は自治

体の制度融資を活用したプロパー融資、5棟目以降は完全なプロパー融資での調達をアドバイスして実行支援を行った。プロパー融資については、創業ということで融資形態を工夫し、当初3年間は当座貸越契約、4年目以降から返済を開始するという創業に即した融資を実行した。

このように必要資金の調達支援は創業には欠かせない。営業店担当者と本部専担者との協働により町家を活用して事業を起こそうとする事業者向けの融資に関して事業性を高く評価し、日本政策金融公庫の紹介、信用保証協会の活用、地域活性化ファンド、自治体の制度融資、プロパー融資と段階的に成長融資といった形で結びつけることができた。

また、クラウドファンディングの活用では、リターン品を宿泊券にすることで実質的に予約販売の形式となり、集客アップに結びつけた。

集客方法の相談については本部専担者の知見を最大限に活用した。具体的には、国内外の旅行代理店等の知名度アップが必要とのことから旅行代理店等に対するファムトリップ（一般的には、観光地の誘致促進のためにターゲットとする国の旅行事業者やブロガー、メディアなどに現地を視察してもらうツアーのことをいう）の提案やセールス先として対象となる売り先に対して行う招待旅行やセールスイベントの実施を考えた。

また、ウェブからの宿泊予約確保のため、インターネット旅行サイト掲載先数増加、自社ウェブサイト整備によるダイレクト宿泊予約の増加のアドバイスを受けた。

イベント部門は、コア事業である宿泊施設の稼働率を高めるため魅力的なコンテンツを用意する必要があり、これも本部専担者のネットワークを活用し業務提携先の紹介を受けた。その結果、宿泊周辺事業としてサイクリングツアー、フィッシングツアー、スノースクートを実施することができた。

営業店担当者としては、創業者の話を傾聴し、安心をもって実態を話してもらい、それを的確に本部専担部署に伝えることが重要になる。また、創業者に対して「こうしたらどうか」ではなく、創業者の意欲を高めるアドバイス、成功事例の情報提供、アイデア発想の手助け、創業事例集などの提供を行うことが重要になる。

## ⑸　支援のプロセスとポイント

　支援のプロセスとしては、本部担当部署と営業店との連携、情報収集、創業者開拓、創業希望者に対する深耕訪問、フォローアップ、本部専担者の活用、外部専門家の活用が必要であり、本部支援組織、創業支援体制の整備が重要となる。

　本件事例のポイントとして、政府系金融機関、クラウドファンディング運営会社などとの連携強化、創業資金に係る事業性融資への与信態勢の見直し、創業に関する相談を専門に受け付ける本部窓口、地域の産業支援センター等との連携、専門家派遣、不動産情報支援などが重要だったことがあげられる。

## ⑹　創業後の状況

　合同会社YOは、同じコンセプトで7棟まで拡大することができ、その平均稼働率は70％と好調を維持している。新たな課題として、従業員の確保と教育、新たなイベントの商品開発ができていないことが出てきたが、これも継続して本部専担者や外部専門家のアドバイスを受け、取り組んでいる。

## ⑺　アフターフォロー

　合同会社YOは、創業後も継続して本部専担者の支援を受け続けている。創業期に融資を実行し、アフターフォローを継続支援した先が順調に発展した場合、将来大きなメリットを享受する可能性がある。創業支援は長期的視野に立って支援を継続していかなければならない。金融機関によっては、本部専担部署がアンケートを通して創業後の業況について聞き取りを行い、企業の実態に応じたクロスSWOT分析を活用したアドバイスや他企業とのマッチングを積極的に行っているところがあり、そうしたアフターフォローの実施が創業事業成功へのカギである。創業支援において、営業店（担当者を含む）は本部専担部署をできる限り活用し、創業後においても創業企業といつまでも伴走していくという姿勢が重要である。

## 2　本部専担部署との連携による創業支援失敗事例

### (1)　支援先企業の概要

　株式会社てらてらは、寺を賃貸、改修して宿泊、座禅、写経などのサービスを外国人向けに提供することを目的に創業された会社である。ある程度の観光資源があり外国人観光客が多く来ている地域において、檀家がなくなる、もしくは減少が著しい寺を賃借して、宿坊としての宿泊、各種イベントや体験プログラムを提案し、寺の維持と事業をあわせて行っていこうというコンセプトをもっている。会社の代表者は地元の創業者ではなく出身地は東京で、前職も同じような事業を行っている会社に勤めており、独立して事業を行いたいという意思をもって風情のある当地域に創業者としてやって来た。

### (2)　創業者の概要

　創業者は当地域において檀家のいない寺を賃借し、宿泊できるように改装して、日本文化に触れたい欧米人をメインターゲットとして宗教関連体験、日本文化体験などの体験イベントおよび近隣観光を展開する。

　賃借が決定した寺は囲炉裏や茶室などがあり、とても趣のある寺であるが、建築後120年を経過しており老朽化が激しい寺であった。雨もりしている場所もあり、屋根の一部補修、床材の張替えも必要であり、風呂、トイレ、洗面所等の水回りだけ改修するという当初の目論見は外れた。また、カフェの営業もできるように改修をし、部屋には繁忙時期を見据えて2から3部屋に区切っても利用可能な間仕切りを配置するなどの工夫をしたいということになり、多額の改修資金が必要となって、相談に来た。

### (3)　創業者からの相談内容（課題や悩みなど）

　創業者からの相談内容は、資金面において改装資金3,500万円、軌道に乗るまでの運転資金500万円、合わせて4,000万円の融資申込みであった。自行庫で検討した結果、自己資金がないこと、その地域の出身ではないことなどからリスクがあると判断しプロパー融資は断り、全国規模の地域活性化ファンドを紹介することにした。地域活性化ファンドでは別の地域で成功事例や

事業性が評価され、創業資金4,000万円は社債で調達できることになった。

事業における相談については、自行庫の本部専担部署に依頼して、地域活性化ファンドの成功事例を参考としたアドバイスをしてもらうべく、本部担当者を派遣してもらった。

### ⑷　金融機関からのアドバイスや具体的な支援策

本部専担者は地域活性化ファンドの成功事例を学び、創業者に対して次のようなアドバイスを行った。

外国人向け宿泊サービスとなるので、どのように顧客を創出するかを考え、自社の紹介サイトの充実とAirbnbをはじめとした外国人向け民泊サービスやTripAdviserなどをどのように活用したらよいかをアドバイスした。また、単なる宿泊だけでなく、日本の歴史・文化を感じられるようにするにはどのようなコンテンツが必要かを考え、座禅、写経、僧侶との語らいの場、非日常で有意義な体験ができる場の重要性をアドバイスした。

そして、これらの売上構成として宿泊収入で65％、コンテンツ収入で35％の割合を目標とすることを決めた。

### ⑸　支援のプロセスとポイント

創業時は本部専担部署から本部担当者が来て3C分析を実施した。

3C分析では、市場（Customer）、競合（Competitor）、対象企業の事業特性（Company）の分析を行う。

市場（Customer）については市場規模・成長性・市場ニーズについて分析し、インバウンドの増加により宿泊施設は不足気味で、今後もインバウンドは増加基調であり、同地域の立地を考慮すると宿泊施設のニーズは高いと分析した。

競合（Competitor）については競争環境・新規参入・競合各社の状況について分析し、当地域近隣で宿坊運営を行っているのは同社のみであり、また宿坊運営を行うには消防法や旅館業許可への設備投資が必要なため一定の参入障壁が存在するものの、今後インバウンド増加に伴い一般の民泊事業者が競合となる可能性があると分析した。

対象企業の事業特性（Company）については事業経済性と勝敗・収益性

を決める要因について分析し、事業規模よりも各施設の個性や立地、雰囲気、提供するサービスが顧客を獲得する重要な要素となること、宿坊単体だけのコンテンツ提供にとどまらず、周辺の観光資源と組み合わせたコンテンツの開発による差別化を図ることが重要だと分析した。

そして、この創業事業の勝ちパターンとして、本物の寺を活用したブランディングによる宿泊稼働・単価の向上および宿泊事業の売上だけでなく、宗教行事、周辺観光によるイベント収入の取込みが重要だと判断した。

一方で、この創業事業の課題として、まったく新しく始める事業であり、オペレーションの蓄積がないこと、イベント収入確保のため宿泊客以外で外部から顧客を呼び込む必要があるが、そのノウハウがないことをあげた。

### (6) 創業後の状況

本件創業事業は、計画2年目までは何とか数値目標は達成していたが、3年目以降は飛躍的に売上が伸びる計画となっていたので、達成が困難となった。3年目の売上高が損益分岐点売上高だったが、そこまで売上が伸びず、苦しい資金繰りを強いられている。

企業支援部は創業前には詳細な3C分析などの支援を行ったが、本部支援は分析にとどまったままで具体的な実行策までのアドバイスができなかった。また、企業支援部による開業後の支援も、本部担当者の転勤もありできなかった。

営業店担当者も転勤をしてしまい、創業者との接点が希薄になり、プロパー融資での対応をしていなかったので、営業店担当者はアフターフォローをしなかった。

さらに、創業者が地元におらず、東京から遠隔経営をしていたため、現場の状況を詳しく把握できていなかった。

### (7) アフターフォロー

インバウンド観光客の数はその国ごとの経済、地域性により大きな波がある。また、欧米人は寺宿泊を魅力的に感じるが、アジア人にとってはさほど魅力のある滞在にはならない。3年目以降は目標月商に達しない月も多くなり、資金繰りが苦しくなる一方で資金調達する術もなかった。また、従業員

の確保ができなくなり、創業事業は失敗に終わった。

　創業支援失敗の反省点としては、創業後のモニタリングとアフターフォローが十分でなかったこと、営業店担当者はもとより創業支援を行った本部専担者も創業後は創業した人の自己責任といった姿勢が垣間見られてしまったこと、プロパー融資を実行していなかったので期中管理もなく、創業後の継続的な訪問や相談がなかったこと、経営課題の有無を把握し課題解決に向けたアドバイスをすることがなかったことなど数多くあげられる。創業後も本部専担部署や営業店担当者が創業企業に伴走していくという姿勢がないと創業支援は失敗してしまうといえる。

## 第4節 貸出先の第二創業事例

これまでは新規の創業について解説してきたが、ここでは貸出先の第二創業という視点から、その成功事例と失敗事例をあげる。

## 1 事業承継をきっかけとする第二創業の貸出先支援成功事例

### (1) 支援先企業の概要

株式会社○○スーパーは、1959年に設立された地方都市に本店を置くスーパーマーケットである。高度成長の流れに乗って地方のスーパーとして大きく業績を拡大してきた。スーパーの店舗は街中にあり、徒歩・自転車圏の顧客を対象としていた。しかし、モータリゼーションの発達、郊外の大型ショッピングモール内の大手スーパーマーケットの進出などの影響で、時代の変化とともに業績はジリ貧となり、3代目に事業承継をする頃には、スーパーマーケットの閉店を余儀なくされるところまで衰退した。

そこで3代目は第二創業を目指すことになる。第二創業とは本件事例のように、事業承継等を機会に先代から引き継いだ事業の刷新を図り、それまでとはまったく別の分野に進出することなどをいう。また新事業展開も第二創業の一つの形ともいえる。

企業は、創業者が事業を立ち上げ（創業期）、成長させ（成長期）、成長のピークに達し（成熟期）、そこから緩やかに成長が鈍化していく（衰退期）というライフサイクルになるのが一般的だが、事業承継時のように経営者の高齢化が進んでいる中小企業の多くは、成熟期または衰退期に差し掛かっている。後継者が第二創業を決意する大きな動機として、親が創業した会社を子供が継ぐなど、トップ交代の時期に衰退期になってしまっていることが多

38 第1章 創業支援

いことがあげられる。

　時代の変化に伴い、経済状況や顧客のニーズは目まぐるしく変わっていく。同社のように創業時のままの旧態依然とした経営手法では時代のニーズにマッチしないのは当然といえる。その状態を放置したまま経営を続ければ経営状態はジリ貧で、最悪の場合は倒産へと至ってしまう。その前に多少余力のある時に、第二創業を行う必要がある。

　同社はそうした時代背景および同業他社との競争激化、設備の老朽化を考え、計画的にスーパーマーケット事業を整理・縮小し、最終的にソフトランディングのような形で撤退をした。高度成長期時代に儲けた資金で購入した賃貸物件等の資産が多少残り、その賃貸収入で細々と過ごす一方、3代目は着々と第二創業の準備を進めていた。

## (2)　第二創業者の概要

　第二創業者はスーパーマーケット事業からは撤退したが、引き続き食にかかわる事業の展開を模索した。旧スーパーの店舗があった場所はいわゆる街中であり、スーパーの建物を解体したら1,000平方メートルを超える更地が残った。そこを有効活用して、食に関連した第二創業を考えた結果、まずは地元ブランド牛を使用した焼肉店をM&Aで手に入れて、その2号店を旧スーパーの敷地内に建設し、外食産業に参入することにした。その過程で第二創業者はスーパー跡地の自社物件を有効活用した食に関する事業展開を考え、全国の屋台村を視察し、成功事例・失敗事例の調査・研究を行った。それをもとに、屋台村に類似した形式で自ら飲食店を経営する傍ら賃貸ブースを多数準備して、あわせて賃貸収入を得るビジネスモデルを考え出した。

## (3)　第二創業者からの相談内容（課題や悩みなど）

　第二創業者は自行庫のビジネス相談窓口を訪れ、第二創業事業に関する相談を行った。その相談内容は大きく二つに分かれ、一つは資金調達の相談、もう一つは事業運営に関する相談であった。

　資金調達に関してはファンドを活用した社債での資金調達と一般融資の組合せを提案した。社債での調達は当面の間元金を返済する必要がないので、創業にとても向いた資金調達の方法である。金利は一般融資より多少高くは

なるが、当面は金利だけの支払ですので、創業当初の資金繰りの安定化に
おいて重要な役割を果たす。併せ貸しの一般融資に関しても1年間の元金返
済猶予をするなど、とにかく創業時に資金ショートをさせないように気を
配った。

　事業運営の課題については専門家派遣を活用した。その内容は事業コンセ
プトの策定、集客に向けた施策、ブース出店者への施策の3点である。

### (4)　金融機関からのアドバイスや具体的な支援策

　同社の資金調達においては、(3)で述べたように、社債と返済猶予期間を設
けた一般融資で創業時の資金繰りがショートしないように気をつけた。ま
た、賃貸ブースに入る創業者の資金支援を全面的に行うことにした。賃貸
ブースに入る人の創業事業計画段階から営業店担当者が関与し、創業補助金
の活用申請支援、創業資金の融資、場合によっては信用保証協会の紹介、日
本政策公庫の創業資金の取次と協調融資を行った。

　事業運営の課題については、事業コンセプトの策定、集客に向けた施策、
ブース出店者への施策の3点について詳細かつ具体的なアドバイスを、専門
家と営業店担当者が一緒に考えて行った。

　事業コンセプトの策定においては、周辺地域の活性化、夢をもった人の起
業支援・育成をコンセプトとし、具体的には人の流れをスーパー跡地にもっ
てくるように変える、若手起業家・新規出店者の支援育成、新規出店者の夢
を叶えるためのインキュベーション施設のような役割、新規出店者が黒字経
営となるために「何人の来客・売上が必要か」「そのためにはどうするか」
を出店者に対しアドバイスをすることなどを考えた。

　集客に向けた施策については、①食材・料理として地元産の食材・郷土料
理を各店舗に必ず提供してもらうようにして「この場所に行けば、地元の料
理が必ず食べられる」をコンセプトにしてPRし、②物販として、毎週末に
生産者参加型直売市場を開設し、地元の野菜などの食品から土産品、小物な
どの直売をする、③営業時間は基本となる時間帯を設定し午前11時半から午
後2時まで、午後6時から午後10時までの時間は必ずどの店も営業をする、
④周辺居酒屋・スナック・商店街団体の協力を求め共同イベントを企画・実

行する、⑤広告・メディア戦略として、地元情報誌や地元FMラジオ局を利用したPR、Facebook・X（旧Twitter）・InstagramなどSNSを有効活用したPR、全国旅行雑誌への掲載、地方TVキー局の取材を受けるなどパブリシティ戦略を実行する、⑥料理の価格帯を一般の料理店よりも安価に設定しビールなどの飲料数種類はワンコイン500円など全店統一価格とする、⑦出店業種はカテゴリーが重複しないようにすることなどを考えた。

　ブース出店者への施策として、①仕入価格については過去のスーパーマーケット時代の経験とコネクションを活かして一括仕入れを行う、②組織体制の整備として出店者が自治体を構成する体制にする、③防犯対策を徹底する、④次期出店者の確保をする、⑤出店者の業況を把握できる体制にするなどを考えた。

### ⑸　支援のプロセスとポイント

　このように外部専門家、第二創業者、金融機関が三位一体となり知恵を出し続け、出店者も巻き込んで、よいと思った施策を愚直に実行することで、第二創業自体が大きく活性化した。

### ⑹　第二創業後の状況

　第二創業後の当初1年間は、ブース出店者がなかなか集まらずに苦労した。しかし、ブース出店者が半分埋まった頃から加速度的にブース出店希望者が殺到するようになった。これは全国の屋台村でも同じ傾向にあったことから、まずは創業1年目で半分埋めるという目標を立て実行していた。こうした業態は賑わいとともに成長することがわかった。

### ⑺　アフターフォロー

　アフターフォローとしては、将来この第二創業事業が再び成熟期になった場合に、どのように次の展開を考えるか、常に先を見据えた経営を行うことへのアドバイスと気づきを与えることが大切である。また、小さな改善を絶え間なく行うことで、まずはやってみて成功すればそれでよし、失敗すれば引きずることなくすぐにやめることを徹底し続けることが重要である。

## 2 事業承継をきっかけとする第二創業の貸出先支援失敗事例

### ⑴ 支援先企業の概要

　△△トウフ株式会社は、中山間地の地方にある老舗の豆腐製造業社である。国内・海外産の大豆を地元食品卸売業者から仕入れ豆腐を製造し、地元内外のスーパーマーケット等の小売業者に直接販売するビジネスモデルである。豆腐をつくる製造工程は機械化・自動化されているものの機械の老朽化で時折修理をする必要があり製造が安定化していないのが現状であるが、機械更新の設備資金が金融機関から調達できないためこまめに修理しながら事業を継続させている。

　一方、豆腐製造の家業を継いだばかりの現在の社長は商品の差別化・高付加価値化を志向し、手づくりの豆腐製造を試みている。

　豆腐は食品スーパーでは日配品であり、スーパーではEDLP（エブリデイ・ロー・プライス）の販売形態が定着したことなどにより、豆腐のような定番商品は客寄せの目玉商品として大きく販売価格が抑えられることが多く、納入価格が原価ギリギリとなってしまうことがある。また、そうした価格が消費者に根づくことで値上げをするのがむずかしく、同社の業況は年々ジリ貧となっている。

　また大手スーパーでは、提携する大手豆腐製造業者を使ってPB（プライベート・ブランド）商品を開発・生産・販売しており、一般的にそうしたPB商品は販売価格がかなり低く設定されており、それに対抗して同社の豆腐の価格も引き下げざるをえず、それが同社の売上減少の要因となっている。

### ⑵ 第二創業の概要

　そのような現状をふまえ、事業承継をしたばかりの現社長は第二創業として、自身の手作りの高級豆腐を販売すべく、売店施設の運営と自社豆腐をメインとした食堂の建設を工場横の敷地に計画した。豆腐製造工場は街中からは離れているものの地方道路沿いにあり、冬場は積雪で多少不便ではあるも

42　第1章　創業支援

のの、春の行楽シーズンは新緑を求めて、夏は涼を求めて、秋は紅葉を求めて観光客や地元民が行き交う場所にある。そうした顧客をターゲットとした売店と食堂経営を第二創業として始めることにした。

### (3) 第二創業者からの相談内容（課題や悩みなど）

第二創業者からの相談内容は、主に第二創業の資金手当と食堂・売店の運営についてであった。

食堂・売店の建築資金については、それまで工場設備更新の融資についてこれ以上売上向上が望めない現状のなかで謝絶してきた経緯があり、営業店担当者としては頭を悩ます案件であった。

食堂・売店の運営については、取引先に数多くの飲食業があることや、それを指導してくれる数多くの専門家があることから、外部専門家の紹介を受けることで対応することにした。

### (4) 金融機関からのアドバイスや具体的な支援策

食堂兼売店の建築資金については、本業の豆腐製造販売の売上減少のトレンドから新規融資はむずかしいと思われたものの本件第二創業をきっかけとして本業とのシナジー効果が見込めるものと判断し、建築資金の融資はなんとか実行することができた。

食堂・売店の運営に関しては家族を中心としたオペレーションを行うことで経費面において強みを発揮し、集客に関しては外部専門家のアドバイスを求めた。

その内容はウェブサイト、Facebook、InstagramなどのSNSを活用した顧客アピール、新聞・テレビ等のメディアを使ったパブリシティ、地元客に対するランチバイキング形式のアピール、地方幹線道路を活かしたバス旅行の集客、手作り高級豆腐・湯葉・油揚げ・おからなどの食材アピールなどであり、順次実行していった。

### (5) 支援のプロセスとポイント

第二創業は過去の事業からの延長線上にあることが多い。何もないところから起業する新規創業に比べると失敗するリスクが少ないのがメリットといわれている。また、これまでの事業活動で築いてきた信用、既存事業の設

備・収益などが活用できるため、余裕をもって新規分野に参入できるというメリットもある。したがって、金融機関は第二創業に関して積極的な支援をしやすいケースが多いといえる。

しかしながら、本件豆腐製造業のように既存事業の売上・利益が右肩下がりになっているケースも多いことから、既存事業の収益がある程度確保できている時期に第二創業にとりかかることがポイントとなる。それまでに築き上げてきた自社の資産、経験、ノウハウなどを最大限に活用することが第二創業を成功させる最大のポイントといえるかもしれない。そのためには、クロスSWOT分析において自社のS（強み）とW（弱み）をよく分析し、既存事業の強みを活かせる第二創業計画を立てることが重要である。こうした観点で第二創業計画を作成することで金融機関からも融資が受けやすくなる。

### (6)　第二創業後の状況

第二創業後一時期は、目標どおりの売上・利益を計上することができた。ところが、3年後に一転して第二創業事業に危機が訪れることになる。近隣に地方幹線道路ができたことで人の流れが変わってしまったことが原因であった。地方幹線道路沿線から外れたことで一気に客足が減少し、不振店となってしまったのである。

第二創業計画の段階で同社を取り巻く将来の外部環境の見通しを考えなかったことが失敗の最大要因である。もし第二創業準備段階でクロスSWOT分析のO（機会）、T（脅威）を詳しく分析していれば、こうしたことは起こらなかったといえる。クロスSWOT分析では既存事業を活かすという観点から自社のS（強み）とW（弱み）については詳細な分析をして対策を立てたが外部環境におけるO（機会）とT（脅威）をないがしろにしたために、このような事態を想定できなかったのである。

第二創業だけでなくすべての貸出先支援では、ビジネスモデル構築をクロスSWOT分析により徹底的に分析する必要がある。

### (7)　アフターフォロー

客足の流れを取り戻すことはできず、同社の第二創業は失敗に終わった。

そこでその後は本業回帰の支援を行うことになった。貸出先の本業回帰支援は地元スーパーとの接点強化、新規取引先の開拓が中心となる。

　具体的には地元スーパーとの接点強化では、相手方トップとの意思疎通をいかにして図るか、各スーパー担当者とのネゴシエーション強化、いままでの販売に対する考え方を変えるべく提案型セールスの実践、他社との差別化商品の開発、豆腐を使った新しい料理レシピ開発による顧客訴求、委託販売と買取販売とのバランス強化などの支援を行っている。また、新規取引先の開拓ではビジネスマッチング支援、地元卸売業者の他地方販売ルートへの便乗、長期保存できる充填豆腐のブランド化、お中元・お歳暮商戦への進出などの支援を行っている。

　また、失敗した第二創業で建築した食堂・売店はデッドスペースとなってしまったので、その活用も改めて考えていかなければならない。

## 第5節 企業価値担保権

　2024年6月7日、いわゆる「事業性融資推進法」が成立し、新たな担保制度として企業がもつ技術力や成長性など企業価値を担保に設定して融資する「企業価値担保権」が創設された。この法律は、公布日から起算して2年6カ月を超えない範囲において政令で定める日から施行される。

　金融機関が企業に融資する際には、その保全を図るため一般的に経営者保証や不動産担保の提供を受ける。企業価値担保権は不動産等の有形資産だけでなく事業ノウハウ、知的財産、顧客基盤などの無形資産も含めた事業価値全体が担保の対象となる。金融機関が経営者保証や不動産担保に過度に依存せず、事業性評価に基づいての融資を推進するように促すことが成立の背景にある。

　想定される活用ケースとして有形資産に乏しいスタートアップ・新興企業が考えられる。有形資産に乏しいスタートアップとは、これから事業を大きく拡大させようとするまだ黒字化していない研究先行型、投資先行型の企業である。こうした企業では金融機関に差し出せる担保がほとんどなく、資金調達は一般的に資本に限られる。しかし、資本だけでは十分な資金供給を受けられず、株式の希薄化の問題もあり、資本ではなく融資による資金調達を望む企業もある。

　こうした有形資産に乏しいスタートアップ事業者等の資金調達を円滑化するため無形資産を含む事業全体を担保とするのが、企業価値担保権である。経営者保証の利用を制限するほか、新たに創設する信託業の免許を受けた者（銀行等）が担保権者となる。

　創業企業以外で想定されるものとして、経営者保証により事業承継や思い切った事業展開を躊躇している企業、さらには地域経済存続のためには倒産

46　第1章　創業支援

させられない企業や金融機関とともに経営改善・事業再生に取り組む企業が見込まれる。

　経営者保証により事業承継や思い切った事業展開を躊躇している事業者とは、事業承継に際して経営のテコ入れを試みる新経営者などがいる企業である。事業承継問題は、高度成長期やその後の安定成長期に創業した多くの中小企業の経営者が後継者である新経営者に引き継ぐ年齢となっており、社会問題化している。そうしたなかで親族や長年会社で働いてきた社員が後継者候補になった場合、社長が巨額の経営者保証をしているのをみて二の足を踏んでしまうケースがみられる。こうした経営者保証に悩む事業承継企業でも企業価値担保権が活用できる。

　また対象プロジェクトやアセットから生じるキャッシュフローを返済原資とするプロジェクトファイナンス・ストラクチャードファイナンスおよびM&Aで相手先の資産を担保にして買収資金を調達するLBO融資、複数の金融機関がかかわる協調融資やシンジケートローンなどにも、全資産に担保権が設定できればその活用の幅が広がる。事業承継、事業再生やM&Aの場面でも今後活用される局面が期待される。

第5節　企業価値担保権　47

# 第2章
## 本業支援

第 **1** 節

# 本業支援の基本

## 1　本業支援とPDCA

　金融機関に期待される本業支援機能は資金繰りの安定支援から経営課題の解決支援へと変化している。金融機関の本業支援は貸出先の経営課題の把握から始まり、付加価値の高い支援をすることで貸出先の成長につなげていかなければならない。

　かつてのリーマンショック、コロナ禍などの大きな経済変動の後には、必ず中小企業者の稼ぐ力の改善や持続可能なビジネスモデルの構築が求められている。中小企業者の資金繰り、黒字化、新たな価値創造支援のためのパッケージに必要なことは、債務者・金融機関・顧問税理士が三位一体となって、そこに外部専門機関を加えて中小企業者の課題を解決し本業支援を継続していくことである。

　そのためには、自行庫内で提供できる付加価値と顧問税理士や外部専門家を活用しながら効果的な本業支援を行うことが必要である。貸出先に対して単に継続的な面談を重ねるのではなく、さらなる本業支援の質を高めるPDCAサイクルを構築することが貸出先支援にとっては最重要である。

## 2　貸出先本業支援にあたってのPDCAの回し方

　PDCA経営サイクル、つまりP（目標・経営計画）、D（実行）、C（チェック・分析）、A（アクション・修正）のサイクル、これを回すことができたら貸出先の業績がよくなる、資金が増える、経営が安定することはわかってはいるが、なかなかできない。なぜできないかといえば、貸出先自身が自分で回そうとするからむずかしくなる。PDCA経営サイクルを回すポイントは

50　第2章　本業支援

第三者（金融機関・顧問税理士）が力を貸す（本業支援する）ことである。

① P（目標・経営計画）

　基本は貸出先自身が策定する。できなければ金融機関・税理士などの第三者の力を借りて作成する。

② D（実行）

　これは貸出先自身で行うしかない。

③ C（チェック・分析）

　貸出先自身ではなかなかできないので銀行・税理士などの第三者が力を貸す。第三者の力で予算（目標）と実績との差を確認し、その原因を分析する。この差・ズレの対策を第三者と外部専門家を使って一緒に考える。

　することを絞って「さあやりましょう。これを決めてやりましょうよ」と、後押しすることが重要である。来月（次回）までにだれが何をやるかを決議する。

④ A（アクション・修正）

　これも貸出先自身がアクションを起こすしかない。

以降、次の計画を立てるまでは、C（気づき）とA（実行）を繰り返す。
PDCAを回すという、今まで経営で行ったことがないことをするのだか

図表2－1　PDCAサイクル

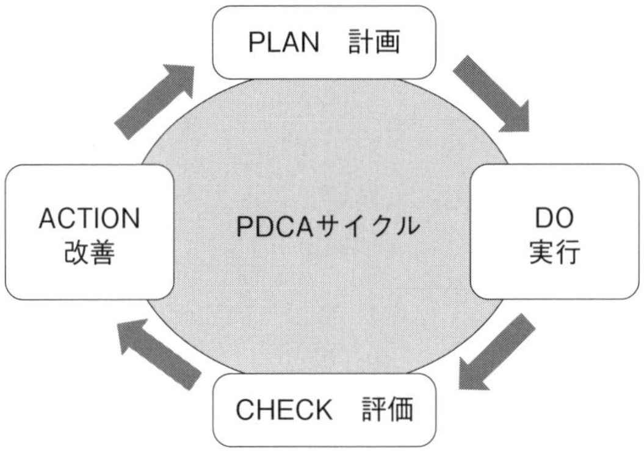

（出所）　筆者作成

第1節　本業支援の基本　51

ら、貸出先は必ずいままでよりはよくなる。しかし、これをやってもうまくいかない経営者がいる。アクションをするといったのにしない経営者がいる。「現場が忙しい……、工場でトラブった……、営業で忙しい……」と言い訳する経営者には、本業支援をしても無駄である。

## 3　PDCAの回し方の具体例

　貸出先のPDCAを回す手伝いの方法の一例を紹介する。

　本業支援を行うときは通常、取引先を訪問する時に、ひと工夫をすることが必要である。本業支援を行っている取引先は、ほとんどが経営（改善）計画を作成している。取引先のPDCAを回すには、この経営（改善）計画を活用する。

　具体的には、経営改善計画の目標数値を過去のトレンドにあわせて月別に分解する。そうすると毎月の売上・利益目標が出てくる。

　貸出先に毎月訪問するときは、その月別の売上・利益目標がどうなったかを把握する。そして目標を達成できていない場合は、なぜ達成できなかったかを経営者に投げかける。その理由が同社の課題となる。

　次に、どうしたら目標と実績との差が埋められるかを話し合う。目標と実績との差を埋めるためには何をしたらよいかが、同社が行わなければならないアクションプランとなる。経営者と話合いをしながらアクションプランをいくつか抽出し、実行することを決議する。翌月の訪問時には、そのアクションプランを実施したか、どのような効果があったかを確認する。このように毎月の訪問時にチェック、アクションの後押しを行う。

　この方式であれば、若手の渉外担当者も毎月貸出先の社長と何を話そうかと悩む必要もなくなり、定期的に訪問できるようになる。PDCAサイクルを回す手伝いであれば、若手の渉外担当者でも行うことはできる。

　そして何より毎月の訪問で経営者とのコミュニケーションがとれるようになり、本業支援においてもお互いの理解のもと進めることができる。

　中小企業の多くはトップダウン型の経営をしている。したがって、会社経営としてのPDCAを回している企業は、思いのほか少ない。経営会議を毎月

実施している企業であっても経営者の訓示を聞くことが主となっている。できることなら経営者との一対一ではなく経営会議に参加させてもらい、社員と一緒にPDCAを回していくとさらに効果が上がる。

## 4　効果的な支援の方法

### (1)　プッシュ型・プル型コミュニケーション

貸出先への支援では、プッシュとプル、バランスのとれたコミュニケーションが重要である。プッシュ型コミュニケーションとは、金融機関が普段行いがちな「借りてください、預金をお願いします、投資信託はいかがですか」といったようにプッシュしながら成果をあげていくコミュニケーション手段である。

一方、プル型コミュニケーションとは、貸出先に対して貸出先が必要とする情報を与え続けることで、貸出先から依頼を引き出すコミュニケーション方法である。

プッシュ型を得意とする金融機関行職員は上から目線で貸出先をみる傾向にあり、またこれを行ってくださいと命令的な口調になることもある。自身の過去の経験をもとに評論家的口調で何でも否定や批判から入り、何事も正論しか話さない人は、貸出先と真のコミュニケーションをとることがむずかしくなる。

プル型で必要なのは、貸出先に対する饒舌な話術ではなく、債務者のニーズ・課題を引き出し聞き出す力である。貸出先のニーズ・課題を引き出し、それを解決することで自然とコミュニケーションがよくなり、支援につなげることが可能になる。重要なのは事前調査、コミュニケーション、聞く力である。

貸出先への支援にあたっては貸出先の話に真摯に耳を傾け、決して否定することなく相手方が必要とする情報や支援方法をしっかりと与え、「この方法で支援してもらえませんか」といってもらうのがベストである。しかし、取引先によっては態度がはっきりしなかったり迷ったりすることもある。そうした貸出先には、最後は「この方法で進めたらいかがですか」とプッシュ

し決断を促すことも必要で、支援ではプッシュとプル、バランスのとれたコミュニケーションが重要となるのである。

## ⑵　ビジネスは模倣である

　貸出先の支援をしていて、新しいビジネスモデルがとられることはほとんどない。それほど新しいビジネスモデルを考えることはむずかしい。成功するビジネスのほとんどが模倣である。

　筆者は以前、あるコンサルティングファームから講演を頼まれたことがある。そこには若いコンサルタントがいたが、彼がクライアントにコンサルティングをしているのをみて衝撃を覚えた。筆者自身、金融機関等で債権回収・事業再生・融資審査・経営と40年を超える経験があり、さまざまな経営者と面談して、それなりに実績を積んでいるにもかかわらず、30歳前後の若いコンサルタントに負けたと思ったのである。

　その若いコンサルタントを育成する仕組みが知りたくなり、基調講演を依頼されたコンサルティングファームの研究会に最初から最後までいてもよいですかと依頼し、そこでコンサルティングファームの秘密を知ることができた。筆者が依頼された基調講演は、司法書士業界の研究会であった。筆者は金融機関の債権回収において担保不動産の任意売却について造詣を深めていたが、司法書士は金融機関の登記に入り込んでおり、今後の新ビジネスにおいて司法書士が不動産ビジネスに参入する方法をテーマとしていた。そこには全国で成功している司法書士が多く参加していた。

　その研究会では、基調講演の後に全国で成功している司法書士が演台に立ち、自身のビジネス成功例を発表し、研究会のメンバーはそれらの成功事例を模倣し放題であった。そして、その成功例を毎月の研究会で司会をしながらシャワーのように浴び続けている若いコンサルタントは、1年もすると司法書士業界においてはだれにも負けないコンサルティングができるようになっているというわけである。

　このように、ある特定の業種・業態に精通するということは自身の貸出先支援に対しての大きな強みになりうる。

　また、ビジネスについては、貸出先の業界・業態でほかで成功している事

例を模倣し、それを自分なりにカスタマイズして行うことの重要性をこのコンサルティングファームで学んだ。

## 5 ミドルリスク先の本業支援

### (1) ミドルリスク先とは何か

金融機関の一般的な債務者区分判定手順は、信用格付に従って債務者区分を決定、もしくは債務者区分を決定してから信用格付を決定している。そして、債務者区分が信用格付と連動している。

一般的にミドルリスク先とは、債務者区分でいう要注意先（その他要注意先と要管理先）といわれている。しかし、金融検査マニュアルの廃止で金融機関の債務者区分や格付決定の裁量が大きくなったこと、積極的に債務者支援、本業支援を実施する金融機関が増えていることから、ミドルリスク先の概念をもう少し広げる必要があると筆者は考えている。つまり、現実的なミドルリスク先とは、図表2－2の正常先の下位から破綻懸念先の上位（信用格付5格から9格）の範囲になると考えられる。

正常先の下位に本業支援を行うためには、ミドルリスク先を不良債権の予備軍と判断するのではなく、成長する企業の予備軍と考える発想が必要となる。その意味で正常先の下位に対して本業支援を行うことは、さらなる企業の成長を手助けすることになる。

一方、破綻懸念先への本業支援であるが、現在において破綻懸念先の信用格付は単数格のみという金融機関が多いと思われる。ところが、図表2－2では破綻懸念先の信用格付が9格・10格の複数格になっている。破綻懸念先への本業支援はいままであまり行われていなかったが、融資においては破綻懸念先であっても、債務者の将来性や地域経済への影響等を考えて、たとえば短期の季節資金等を融資する金融機関もある。そのことから、破綻懸念先の上位であれば、本業支援の対象先として積極的に支援することは合理的であると思われる。また、破綻懸念先上位の本業支援の効果として、債務者区分・信用格付のランクアップにより信用コストが低下することで収益が大きく改善することが見込めるので、この点においてもミドルリスク先に含める

図表2－2　ミドルリスク先

| 債務者区分 | 信用格付 | |
|---|---|---|
| 正常先 | 1格 | |
| | 2格 | |
| | 3格 | |
| | 4格 | |
| | 5格 | ■ |
| その他要注意先 | 6格 | □ |
| | 7格 | □ |
| 要管理先 | 8格 | □ |
| 破綻懸念先 | 9格 | ■ |
| | 10格 | |
| 実質破綻先 | 11格 | |
| 破綻先 | 12格 | |

□の部分が一般的なミドルリスク先に該当する。もう少し広い概念でみると■も含まれる。

（出所）　筆者作成

意義があるといえる。

## (2)　どんな企業を支援するか

　支援先の検討にあたっては、最終利益だけをみずに将来の成長性や地元の産業への影響度合いをみること、過去の財務状況だけで判断することなく成長できる企業先を支援することが重要である。支援したい企業の代表例をいくつかあげる。

### a　借入過多だが本業の収益力はある

　借入過多とは、過去の残債が足枷になっているということである。借入過多の企業は返済負担が資金繰りを悪化させ、いくら本業で収益をあげたとしても成長が見込めなくなっている。こうした先には、融資において短期継続融資を活用し過去の残債の返済負担を減らしたうえで収益力のある本業に対してさらなる支援をすることにより、企業を成長軌道に乗せることができる。

　また、本業の収益力はあるもののあまりに過去の残債が多い先は、抜本的

56　第2章　本業支援

事業再生支援により借入金が圧縮できれば、将来の企業の倒産を回避し地域の雇用・取引先を維持でき、地元産業を守ることができる。

### b　全体として赤字だが、特定部門に優良事業がある

　企業をみるとき、どうしても最終利益だけをみて赤字企業との烙印を押してしまいがちである。しかし、企業の利益をみるときは、地域別・営業部門別・商品別などに分解してその損益状況をチェックすることが重要である。そのなかで赤字部門があればその撤退を計画的に行い、特定の優良事業部門に経営資源と本業支援を集中することで企業の全体としての赤字を解消することができる。

### c　成長産業だが、利益率が低い

　利益率が低い企業は経費管理、販売管理、経営管理体制に問題があることが多い。そうした先は、人材確保・教育などの経営管理課題に対して本業支援をすることで解決できる。また、成長産業であれば販路開拓支援、売上の拡大などの本業支援を行うことで、売上や営業利益の増加といった目にみえる経営改善の効果が期待できる。

### d　内部留保が少なく財務状況が弱いが知的資産がある

　財務諸表上の資産とは流動資産や固定資産である。それらはすべて数値でみることができる。しかし、企業には数値では測ることのできない資産もある。その代表が知的資産である。知的資産というと特許・商標などが思い浮かぶが、ここでいう知的資産とはもっと広い概念である。たとえば長年築き上げてきた技術や組織、匠ともいうべき技術をもつ社員の存在など、企業の強みが知的資産というべきものである。したがって過去の財務状況にとらわれず、強みがある企業は知的資産報告書などの作成支援といった本業支援を通じて企業を成長させることができる。

### e　事業承継が課題となっている中小・零細企業

　成長期以降の企業のライフステージにおける本業支援として、事業承継支援は重要である。また中小・零細企業に特化した事業性評価を行うことで本業支援に結びつけている金融機関もある。事業承継、中小・零細企業は、本業支援先の重要なキーワードである。

第 1 節　本業支援の基本　57

## 第2節 ビジネスモデル俯瞰図とクロスSWOT分析

## 1 ビジネスモデル俯瞰図

### ⑴ ビジネスモデル俯瞰図とは何か

　ビジネスモデル俯瞰図とは、仕入先や販売先、業務委託先などすべての取引先をビジネスの商流・物流・資金の流れにあわせて図式化したものである。

　若い渉外係に「この取引先は何をしているの」と質問すると、「建設業です」「製造業です」といった回答が返ってくる。そこで「どこから何をいくらで仕入れて、どんなふうに加工・付加価値をつけて、どこにいくらで販売しているの」と聞き返すと、なかなかそれに的確に答えることができない。

　貸出先の業務はどのようなもので、仕入先や販売先とどのような関わりによって事業が成り立っているかを図式化することで、一目で貸出支援先の業務の全体像や商流が理解できるようになる。事業性評価を行う第一歩は、貸出先企業のビジネスモデルの把握である。

　貸出先企業のビジネスモデルは、自行庫にある取引先概要表、決算書などの資料をもとに、ヒアリングを経て完成させる。そのポイントは、ビジネスの大きな流れを把握して、そこに決算書分析の内容を入れていくことである。

　例として、業種ごとの特性やビジネスモデル・資金の流れ（商流）、ビジネスモデルの最近の動向、貸出先支援のポイントを記す。

### ⑵ 飲 食 業

#### a 飲食業の特性やビジネスモデル・資金の流れ（商流）

　飲食業は食材を食品卸業者、国内生産者（農家から直接仕入れ）、輸入業

58　第2章　本業支援

図表2－3　飲食業のビジネスモデル図

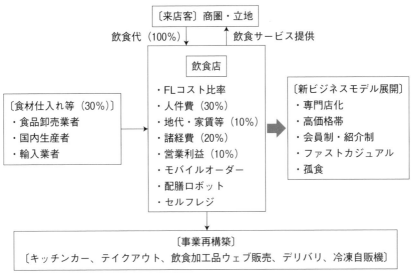

(出所)　筆者作成

者等から仕入れ、その食材を調理し飲食料品を消費者へ提供するビジネスモデルである。飲食料品の提供方法・調理方法等により多くの業態がある。

　事業特性として商圏・立地条件による影響が大きい点があげられる。業態が多岐にわたり顧客層、商圏が変わるが、一般的な飲食店では近隣の商圏内（1次商圏、半径350～500m、徒歩15分以内）に住んでいる人が中心となる。また、2次商圏（半径3～4km、自転車15分以内）、3次商圏（半径15km、自動車30分以内）までが主とする商圏である。店舗の業態と商圏・立地により飲食店の業績は大きく変わるのが特性である。

b　FLコスト比率

　飲食業のコストにはフードコスト（食材費）とレーバーコスト（人件費）という2大コストがある。これをFLコストといい、一般的に対売上高比で60％以内に収めることが飲食業の黄金律である。飲食業は業態が多いので少し幅をもたせてFL比率は平均的に55～65％が理想であると覚えておこう。売上高からFLコストを差し引いた金額で家賃や光熱費などの諸経費をまか

なうため、この程度の数字にとどめることが求められる。FL比率は低いほど望ましいが、あまり下げることを意識しすぎると食材の質の低下、従業員不足に陥り、それが原因で顧客満足度が下がってしまい売上が減少する危険性がある。バランスを保つことが重要である。

### c　ビジネスモデルの最近の動向

コロナ禍で一番影響を受けた業種が飲食業である。しかし、コロナ禍の影響で、飲食業に付随する事業再構築ともいえる新しいビジネスモデルが多く出てきた。それは、キッチンカー、テイクアウト、飲食加工品ウェブ販売、デリバリ、冷凍自販機などである。それらは事業再構築補助金を活用して、飲食業が生き残るために生まれたビジネスである。

最近の飲食業のビジネスモデルのキーワードは専門店化、高価格帯、会員制・紹介制、ファストカジュアル、孤食である。専門店は以前からあるが、テイクアウトやデリバリの需要が増加・安定してきたことにより他店との差別化を図ることができ、食のコンセプトが顧客に伝えやすいことから再注目されている。

高価格帯や会員制・紹介制のレストランは顧客はコロナ禍により外食機会が減少したため、一度の外食や晴れの日に高い付加価値を求める傾向にあり需要がある。

ファストカジュアル（ファストフードとファミリーレストランの中間に当たる飲食スタイル）は、ファストフードの回転率が高く多くの客数を確保できるメリットとファミリーレストランの客単価が比較的高いメリットを掛け合わせた飲食店の形態である。

孤食は、人口は減っているものの一人世帯数が増えていることに着目したもので、一人でも入りやすい店づくりで、一人焼肉などの「おひとりさまメニュー」をそろえた飲食店である。

コロナ禍で廃業した飲食店も多い。一方で飲食業は参入障壁が低いため、新しく飲食店を開業したいという人も多い。新しいビジネスモデルが次々と出てくるところには、必ず資金ニーズが発生する。

## d 貸出先支援のポイント

　飲食業というと融資の条件変更や不採算店舗撤退といった後ろ向きの支援に目が向きがちだが、ビジネスモデル、事業計画がしっかりしていれば新しい飲食業のビジネスモデルに対する前向きな融資提案が可能である。たとえば新しいビジネスモデルの出店者にコロナ禍で撤退した居抜き物件の紹介、創業資金、店舗移転資金、店舗改装資金などの融資提案が可能となる。コロナ禍によりテイクアウトやデリバリの需要が急増したように、新しい飲食業のビジネスモデルを見極めることが融資提案につながる。

　また、飲食店においてもDX化が急速に進んでいる。店舗オペレーションでもモバイルオーダー、配膳ロボット、セルフレジなどの普及が急速に進んでいる。ここにも前向きな資金需要と補助金申請需要がある。飲食店が成長する冷凍食品市場への自動販売機ビジネスや加工品のウェブ通販ビジネスに進出するケースも増えている。

　飲食店の新しいビジネスモデルにアンテナを高く掲げ、前向きな資金需要にも対応しよう。

## (3) 宿 泊 業

### a 宿泊業の特性やビジネスモデル・資金の流れ（商流）

　宿泊業は大きくホテルと旅館に分けられる。両者とも典型的な設備装置産業であるが、両者のビジネスモデルは似て非なるものである。一般的に、ホテルは資本集約型のビジネスモデルであるのに対して旅館は労働集約型のビジネスモデルである。

　宿泊業は建物設備が総資産の多くを占めるが、その原資は主に金融機関からの借入金で調達しているため、借入債務が年商を超える規模となっているケースが多い。都市部のホテルでは建物や駐車場用地を借りている場合が多く、賃借料が多額となる。一方、旅館では人件費率が高い数値となっており、これが労働集約型のビジネスモデルといわれる所以である。

　ホテル・旅館とも販売手数料が多額となるが、それはカード決済にかかる手数料に加えて旅行代理店・宿泊予約サイトの手数料（8～10%程度）がかかるためである。

図表 2 − 4　宿泊業のビジネスモデル図

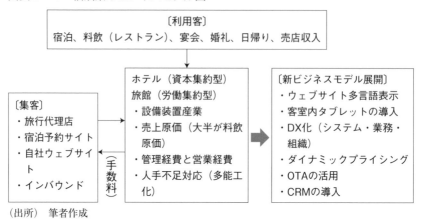

（出所）　筆者作成

　宿泊業の売上の分類は宿泊収入、料飲（レストラン）収入、宴会収入、婚礼収入、日帰り収入、売店収入、その他収入から構成される。売上原価は大半が料飲原価となる。経費は管理経費と営業経費に区分することができる。

　事業をみるべき重要管理指標は客室稼働率、定員稼働率、客室・宿泊・消費単価、直接予約率、料飲原価率、人件費率などの各指標となる。

　宿泊業が窮境に至る要因として過去の過大投資に伴う過剰債務の返済が困難、長期的な売上減少、マネジメント体制の脆弱さがあげられる。

b　宿泊業ビジネスモデルの最近の動向

　2020年以降、新型コロナウイルスの感染拡大の影響により宿泊業界は厳しい状況が続いていたが、最近では完全に脱却し、宿泊需要は急回復しコロナ禍前の水準までおおむね回復している。一方で人手不足は深刻な問題で、1人が複数の仕事の役割分担をする多能工化のビジネスモデルが浸透している。

　また、増え続けるインバウンドに対応し売上を伸ばすには外国語対応のオペレーションが重要である。ウェブサイトの多言語表示や客室内タブレットの導入を行い多言語対応のビジネスモデルも増えている。

　宿泊業が抱える多くの課題を解決するためにDXなどデジタル化によるシ

ステムの構築、業務プロセスの改善、組織の変革を図るビジネスモデルも出ている。

ダイナミックプライシング（需要と供給を考慮して商品やサービスの料金を変える価格戦略）による最適な価格設定も最近のビジネスモデルの一つである。宿泊業は毎日の稼働率が売上に大きく影響するため、繁忙期は価格をより高くし、収益の最大化をねらうビジネスモデルである。

インターネット上だけで取引を行う旅行会社（OTA）の活用も主流である。そこへの掲載により認知度向上や集客が見込めるが8～15％の手数料がかかる。

宿泊業界においては、客室稼働率を安定させるためにはリピーターの獲得が重要となる。顧客分析を通じて顧客満足度を高める関係性やコミュニケーションを管理・把握するCRM（Customer Relationship Management）の導入も最近のビジネスモデルである。

### c　事業者支援（融資提案）のポイント

最近のビジネスモデルである宿泊業ウェブサイトの多言語表示化、客室内タブレットの導入、業務のDX化、CRM導入には、設備資金の融資のニーズのほか、IT導入補助金などの補助金関連の活用が提案できる。

人手不足に対しては人材紹介マッチングの提案ができる。人材紹介は地域金融機関が取引先に提供するソリューションの一部であり、こうした取引先支援は手数料収入だけでなく取引先の課題解決を通じ、地域活性化にもつながる。

宿泊需要が戻ってきた現在では、露天・貸切風呂、食事処の個室改装など顧客ニーズに対応するための設備資金の提案のほか、取引先によっては思い切ったリノベーションの提案も可能となる。

運転資金の視点では、宿泊業は日銭商売ではあるもののクレジットカード入金までの経常運転資金も必要となる。

一方で多くの宿泊業ではコロナ禍の需要消失による運転資金を借入金でまかなってきたので、過剰債務問題で悩んでいる。そうした取引先には、さらなる返済条件の変更等の金融支援、借換保証の活用などの金融支援の視点も

欠かせない。

(4) 建 設 業

a　建設業の特性やビジネスモデル・資金の流れ（商流）

　建設業は、総合工事業（建築、土木）、職別工事業（大工、とび等）、設備工事業（電気、管、給排水設置等）の3業種に分類される。業種の特性は、見込みで建物を建設することはなく、必ず発注者がいるので受注産業であること、複雑な請負形態があることである。

　建設業では、官公庁や企業・個人など発注者（施主）から直接工事を請け負う「元請け」と「下請け」とに分類できる。業界としてはピラミッド構造になっており、大規模な建設の場合には元請け、下請け、孫請け、ひ孫請けにまで下請構造が広がる。全体の工事利益をそれぞれで分け合っている形になるため、力関係の強い元請けの利益率は大きく、下に行くにつれて利益率が低くなるという特性がある。

　建設業の全体の商流において、まず元請けは建設物の発注者である施主との間で請負契約を締結し、同時に契約約款、工事内容を示す設計図書、工事

図表2－5　建設業のビジネスモデル図

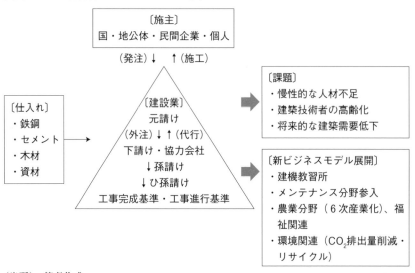

（出所）　筆者作成

費用の明細を示す見積書等をそろえる。元請けの基本的な業務の流れは「営業活動→受注および入札→実行予算の作成→下請業者を活用し施工→建物完成後引渡し」となる。元請けが請け負った工事の一部を下請業者に請け負わせる際は下請業者との間に下請契約を締結する。下請業者には、元請けから不当な扱いを受けないよう、下請法や建設業法令遵守ガイドライン等が定められている。

## b　ビジネスモデルの最近の動向

　建設業は慢性的な人材不足、建築技術者の高齢化、将来的な建築需要低下の不安という課題を抱えている。そこで最近では、それに対応したビジネスモデルに取り組む建設業者が出ている。

　慢性的な人手不足は建設業全体の深刻な課題であり、特に若年層の労働者が減少している。人手不足の原因の一つとして働き方改革への対応が遅れている点があげられ、若い世代に対し3K（きつい、汚い、危険）のイメージを払拭し働きたいと思えるような新しいビジネスモデルへの転換が必要である。

　建築技術者の高齢化の課題に対応するための建機教習所というビジネスモデルがある。建機教習所とは、現場作業におけるスキルを学び、専門資格の取得もできるように学べる教習所である。建設業は建機がそろっており、教育できる職人・技術者講師を自社で抱えている特徴を生かせるビジネスモデルである。

　将来的な建築需要低下の不安への対応では、建設業の工事対象は主に新設物件であるが、その老朽化が進み修繕・補修等が社会問題となっている。そうしたメンテナンス分野への参入があげられる。

　さらには新分野への進出として、農業分野、環境関連、福祉関連などの事業への参入も進んでいる。

　農業分野への参入では、6次産業化や建設業と農業を兼務する事業者も増えている。環境関連では、$CO_2$排出量削減、リサイクル事業への参入も新しいビジネスモデルといえる。福祉関連では、少子高齢化が進展するなか、介護を中心とした福祉事業に取り組む建設業者も出てきている。

c　貸出先支援のポイント

　中小建設業においては条件変更をしている先も多く、金融機関は新規の事業性融資に消極的になりがちである。建設業の一般的な運転資金需要は、材料仕入れ、資材購入、外注費支払、工事代金回収までの下請け費用、立替資金などであるが、それらは工事の内容、支払条件などをしっかりと把握できれば、その工事資金回収を引当に新規の融資をアプローチすることは十分可能である。そのうえで、最近のビジネスモデルに対する資金需要にも積極的に対応したい。

　環境関連では、建設業界は、SDGs/ESGに積極的に取り組み始めた企業が多い。建設業が、サステナブルな社会の実現に寄与し、企業価値を向上させ、SDGsの目標達成にも貢献していく考えのもと、建設事業における$CO_2$排出量削減などを公表した場合には、サステナビリティ・リンク・ローン、ポジティブ・インパクト・ファイナンスなどの環境関連の事業性評価融資の提案が考えられる。

　農業分野、6次産業化、福祉関連などの新分野に対する融資にはそれなりのリスクが伴うので、補助金の活用に加えファンドや公的融資との協調融資が基本となる。

## 2　クロスSWOT分析

### (1)　SWOT分析

　SWOT分析とは、取引先の強み・弱み、取り巻く地域経済・産業における機会・脅威を把握し可視化するためのツールである。

　SWOTとはStrength（強み）、Weakness（弱み）、Opportunity（機会）、Threat（脅威）の略で、企業の内部環境においての強みと弱み、外部環境においての機会と脅威を把握・整理し、それを組み合わせることで企業の実態把握を行い、経営戦略、経営課題と解決法を考えるためのツールである。

　SWOT分析の手順として、このフレームに当てはまるいくつかの例を記載していく。

図表2-6　SWOT分析のフレーム

| 内部環境におけるStrength（強み）<br>・自社の人・物・金・情報等が他社と比較して優れている点を記載する。 | 外部環境におけるOpportunity（機会）<br>・マクロ（政治・経済・社会的環境など）とミクロ（業界・仕入先・販売先・競合・市場動向など）の自社にとって有利なマーケット |
|---|---|
| 内部環境におけるWeakness（弱み）<br>・自社の人・物・金・情報等が他社と比較して劣っている点を記載する。 | 外部環境におけるThreat（脅威）<br>・マクロ（政治・経済・社会的環境など）とミクロ（業界・仕入先・販売先・競合・市場動向など）の自社にとって不利なマーケット |

(出所)　筆者作成

## a　内部環境の強みと弱み（経営課題）

　内部環境では、経営マネジメント・組織・人材・営業・技術・商品などの定性面、財務・経営分析などの定量面についての他社と比較した強みと弱みを記載する。

　「強み」は取引先の「売り」となる要因、取引先だからこそできることを記載する。具体的には次のポイントを考える。

　　○　取引先および商品・サービスがどんな特徴をもっているか

　　○　製品・商品・サービスがなぜ顧客から選ばれているか

　　○　他社とはどんな違いがあるか、何が取引先だけしかできないのか

　貸出先の強みを見つけるときは、次の視点を参考にする。

　【商品・技術】

　　○　高付加価値部品（商品）の多品種少量生産

　　○　業界トップクラスの技術を有している

　　○　他社との連携により製品仕立て能力が高い

　　○　サービス力が高い

　　○　安定した原料調達ができる

　　○　商品の販売先が安定している

　　○　製品の品質・製造技術が高評価である

- ○ キャラクターを活用したコラボ商品ができる
- ○ 小ロット短納期への対応可能である
- ○ 大手取引先とのチャネルがある
- ○ 商品のデザインがよい
- ○ 比較的新しい整備を有している
- ○ 工場設備（生産能力）に余裕がある

【人】

- ○ スペシャリストが複数名いる
- ○ 工場長は、大手メーカー出身で安定感がある
- ○ 従業員のモチベーションが高い
- ○ 顧客対応が柔軟にできる人材がいる

「弱み」は取引先の成功や成長を阻害する要因、他社より劣っている事柄を記載する。具体的には次のポイントを考える。

- ○ 取引先のビジネスモデルは他社と比較して何が劣っているか
- ○ 取引先の商品・サービスが劣っている点は何か
- ○ 弱みを抽出するだけでなく、その弱みは克服できるか、困難かも同時に考えておく

貸出先の弱みを見つけるときは、次の視点を参考にする。

- ○ 営業人材が少なく弱い
- ○ 管理者人材の不在
- ○ 高コスト体質（燃料費等）
- ○ 原価管理体制の未整備
- ○ 設備老朽化により稼働率が低い
- ○ 経営管理体制が不十分
- ○ 借入過多、返済負担大
- ○ 従業員のモチベーション低下
- ○ 組織間のコミュニケーションが不足
- ○ 従業員の高齢化
- ○ 商品の知名度が低い

b　外部環境における機会と脅威

外部環境では、PEST（政治Political・経済Economic・社会Social・技術Technological）などのマクロ環境と業界・仕入先・販売先・競合・市場動向などのミクロ環境における機会（チャンス）と脅威（ピンチ）を記載する。

これにより企業を取り巻くマーケットの見立てや事業性を把握することができる。

貸出先の「機会」を見つけるときは、次の視点を参考にする。

○　市場は長期的に拡大している

○　需要は比較的安定している

○　近隣に同業者が少ない

○　インバウンド需要の再燃が期待できる

貸出先の「脅威」を見つけるときは、次の視点を参考にする。

○　規制が多い

○　良産品が海外で生産されている

○　原材料価格の上昇が著しい

○　原材料の供給量が不安定である

○　DXによる代替化が可能である

○　低価格競争に巻き込まれている

c　SWOT分析のポイント

SWOT分析のポイントは次の視点でみる。

○　S（強み）では他社とはどんな違いがあるか、取引先の強みを活用できているか

○　W（弱み）ではそれを克服することは可能か、何が障害となって弱いのか

○　O（機会）では取引先の市場にはどんな追い風があるのか、取引先の強みを使ってさらに業績を伸ばせないか

○　T（脅威）では取引先の市場にはどんなアゲインストの風が吹いているのか、それにどのように対応できるか

第2節　ビジネスモデル俯瞰図とクロスSWOT分析　69

## d クロスSWOT分析

そしてこれを貸出先の経営戦略、経営課題と解決法に発展させていくなら ば、次の四つの戦略を考えることで、企業の今後の展望、改善、支援予定の 内容がみえてくる。これがクロスSWOT分析である。

- ○ 強みを活かして機会をつかむ戦略
- ○ 強みを活かして脅威を回避する戦略
- ○ 弱みを克服して機会をつかむ戦略
- ○ 弱みを克服して脅威を回避する戦略

## (2) クロスSWOT分析から本業支援へ結びつける事例〔ガラス製造業〕

### a 取引先企業の産業全体の状況の調査

国内ガラス産業の出荷額は、○年をピークに減少しており△年は○年比4 割減の状況にある。その価格は下落傾向にあり、生産設備は低い稼働率で推 移している。

主要国内板ガラスメーカーは、A社、B社、C社の3社であり、国内需要 の停滞、低い設備稼働率、価格の低迷等によりいずれも低収益に喘いでい る。

国内経済の成熟化、人口減少等により国内建築投資、新設住宅着工戸数の 停滞・減少が見込まれる。

一方で、住宅・建築物における省エネルギー化などでガラスの高付加価値 化による市場拡大が見込まれる。

### b 地域経済における地位の把握

同社の加工・製造するルーパーガラスはD社・E社製品が国内シェア 100％の状況である。

また特殊なガラスの製造・加工につき参入障壁は高く、他社の入る余地は ない。

### c 取引先企業のビジネスモデルの把握

同社のビジネスモデルはガラスを仕入れて、それを加工して、住宅総合 メーカー、地元の工務店等に販売するという、極めて単純な形である。

製造・加工のところに外国製の機械設備を配置し、技術力の高さにより安

70 第2章 本業支援

図表2-7 ガラス製造業のビジネスモデル俯瞰図

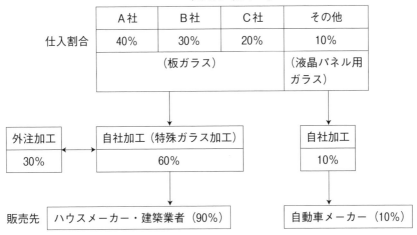

(出所) 筆者作成

定した業績をあげている。

d　取引先企業の内部環境における強み・弱みを分析

　同社の特殊ガラス加工技術は高く、他社の参入を許していない。

　今回導入する外国製の機械設備導入に伴い、自行庫の支援のもと実現可能性の高い事業計画を策定し、どんぶり勘定からの脱却が可能となる。

e　取引先企業の外部環境における機会・脅威を分析

　大手企業からのOEM生産で受注は安定しているが、利幅は少ない。

　新設住宅着工戸数は減少トレンドにあるものの、直近においてはコロナ禍の影響は思ったほど受けていない。

　住宅の長寿命化が進んでおり、リフォームでのガラス製品の交換需要が見

図表2−8　ガラス製造業のSWOT分析

| 内部環境〜自社の人・物・金・情報 | 外部環境〜自社を取り巻くマーケット |
|---|---|
| Strength（強み）<br>【他社と比較して優れている点】<br>□ガラスの加工技術が高い<br>□特殊なガラス加工ができる<br>□外国製の特殊な加工機械設備がある<br>□今回の設備計画に伴って、詳細な事業計画を策定した | Opportunity（機会）<br>【自社にとって有利なマーケット】<br>□コロナ禍においても住宅建設は堅調を維持している<br>□取引先に大手企業が多く安定したOEM生産が可能である<br>□今後はリフォーム市場の拡大が見込まれる<br>□住宅の長寿化が進んでいる<br>□参入障壁が高い業種であり、競合が少ない |
| Weakness（弱み）<br>【他社と比較して劣っている点】<br>□企業ライフステージは成長鈍化期にある<br>□回収不能売掛金があり、資金繰りが不安定である<br>□会社の経理が弱く、どんぶり勘定であり経営改善が必要である<br>□後継者教育が進んでいない<br>□生産性の向上がいまいちである | Threat（脅威）<br>【自社にとって不利なマーケット】<br>□新設住宅着工戸数が減少トレンドにある<br>□ウッドショックにより住宅着工が遅延し始めている<br>□工場が山間部に位置しており、車輌費等の経費が嵩む |

（出所）　筆者作成

込まれる。

f　SWOT分析から経営課題の総括、課題解決の方向性を考えることで「今後の投資計画、経営戦略等」を考える

(a)　ガラス製造業の現状総括

　同社はそのライフステージにおいて「成長」「成熟」期を越え「成長鈍化」期にある。

　外部環境から推測するに、今後も業況は堅調に推移すると見込まれる。

　同社の最大の弱みは、経営管理におけるどんぶり勘定である。

　今回導入する機械設備ライン導入に伴い、自行庫の支援のもと実現可能性

の高い事業計画が策定し、今後モニタリングのなかでPDCAを回すことで、どんぶり勘定からの脱却が可能となる。

(b) **ガラス製造業の経営戦略**

同社の特殊ガラス加工技術は高く、参入障壁が高い業界であるため他社の参入はなく、当面は独占的に受注を受けることができる。

今後の受注に関しては、新設住宅着工戸数は減少トレンドにあるものの、一方で住宅の長寿命化が進んでおり、リフォームでのガラス製品の交換需要に対応する必要がある。

同社には経営改善と生産性向上などの経営課題に対する適切なコンサルティング機能の発揮が必要であり、再び「成長」するための事業性評価融資（再成長のための資金調達）により支援する必要性がある。

g **クロスSWOT分析から、貸出先支援につなげる**

(a) **「強み×機会」（積極的戦略）**

「今後の拡大が見込まれるリフォーム市場に特殊ガラスを売り込む」戦略において考えられる支援は「ビジネスマッチング」である。

同社とマッチングの可能性が高い先を提案し、販売先増加を支援することになる。

(b) **「強み×脅威」（差別化戦略）**

「特殊ガラスの技術を活かして高付加価値をつけ販売価格を値上げすることで、現象トレンドによる数の減少をカバーする」戦略において考えられる支援は「新事業展開・新商品開発」である。

新商品の開発について革新性が高いことから、事業再構築補助金、ものづくり補助金、中堅・中小企業の賃上げに向けた省力化等の大規模成長投資補助金など活用を検討することになる。

(c) **「弱み×機会」（段階的戦略）**

「後継者教育を積極的に行い、大手企業とのパイプを継続する」戦略において考えられる支援は「後継者教育支援」である。「若手経営者の会」「NEWリーダースクラブ」などを通じて、事業承継の準備として、貸出先の後継者養成に係る教育を行うことになる。

図表2－9　ガラス製造業のクロスSWOT分析

|  |  | 強み | 弱み |
|---|---|---|---|
|  |  | ・ガラスの加工技術が高い<br>・特殊なガラス加工ができる<br>・外国製の特殊な加工機械設備がある<br>・今回の設備計画に伴って、詳細な事業計画を策定した | ・回収不能売掛金があり、資金繰りが不安定である<br>・会社の経理が弱く、どんぶり勘定である<br>・後継者教育が進んでいない |
| 機会 | ・コロナ禍においても住宅建設は堅調を維持している<br>・取引先に大手企業が多く安定したOEM生産が可能である<br>・今後はリフォーム市場の拡大が見込まれる<br>・参入障壁が高い業種であり、競合が少ない | 《強みを活かして機会をつかむ》<br>・リフォーム市場に特殊ガラスを売り込む戦略 | 《弱みを克服して機会をつかむ》<br>・後継者教育を積極的に行い、大手企業とのパイプを継続する戦略 |
| 脅威 | ・新設住宅着工戸数が減少トレンドにある<br>・ウッドショックにより住宅着工が遅延し始めている<br>・工場が山間部に位置しており、車輌費等の経費が嵩む | 《強みを活かして脅威を回避する》<br>・特殊ガラスの技術を活かして高付加価値をつけ値上げすることで、現象トレンドによる数の減少をカバーする戦略 | 《弱みを克服して脅威を回避する》<br>・会社の経理を強くし、どんぶり勘定をなくし、車輌費等経費削減により利益をあげる戦略 |

（出所）　筆者作成

　また、別の支援として「人材紹介支援（人材マッチング支援事業)」も考えられる。

　工場長、経理部長などの同社にあった人材を紹介し、業務の活性化を図ることになる。

74　第2章　本業支援

(d) 「**弱み×脅威**」（脅威回避）

「会社の経理を強くし、どんぶり勘定をなくし、車輌費等経費削減により利益をあげる」戦略において考えられる支援は「DX活用支援」である。

DXを活用したクラウド会計など業務の効率化について提案し、実施にあたってはIT導入補助金の活用を提案することになる。

## 第3節 本業支援における条件変更

## 1 本業支援における条件変更

### ⑴ 条件変更とは何か

　条件変更とは、金融機関が貸出先の借入金の返済期間を延ばしたり元金の返済を据え置いたりして、取引先の資金繰りを楽にすることである。

　条件変更には貸出先の資金繰りを楽にするという大きなメリットがある。貸出先としては、毎月の借入金の返済が少なくなるとその分手元に資金が残ることから、融資を分割で受けたのと同じ効果がある。

　2008年のリーマンショック、2011年の東日本大震災、2020年のコロナ禍では、当局から要請を受けて金融機関が貸出先からの条件変更要請に積極的に応じた結果、多くの取引先が倒産を回避することができた。

　そもそも条件変更は「取引先のキャッシュフロー（税引後当期利益＋減価償却費）の範囲内で返済できるように行う」ことが基本的な考え方である。しかしコロナ禍のような例外的未曾有の経済変動では中小・零細規模企業の売上がいきなりゼロになる事態も発生したことから、その概念では対応できなかった。2020年金融庁発表の「新型コロナウイルス感染症を踏まえた金融機関の対応事例」（以下「対応事例集」という）の条件変更・新規融資等の対応の一番最初には「事業者からの条件変更等の相談があった場合には、審査を行うことなく、まずは、3ヶ月の元金据置ないし期限延長を実施」とあったくらいである。

　平時においては、条件変更は取引先のキャッシュフローの範囲内で返済できるように行うのが基本である。

76　第2章　本業支援

## ⑵　具体的な条件変更の手法

条件変更の手法として、主に以下があげられる。

①　元本支払猶予（元金の返済をゼロにする）

②　元本支払の軽減（毎月の元金返済を減額する）

③　期間の延長（融資期間を延ばすことにより、毎月の元金返済を少なくする）

④　金利の減免（融資金利の引下げ、もしくは免除）

⑤　条件変更型借換え（数本の貸金をまとめて一本化、期間長期化で毎月の元金返済を少なくする）

⑥　DES（貸金を株式化する）

⑦　DDS（貸金を資本的劣後ローンに切り替える）

このなかで最も多いのが①（元本支払猶予）である。

## ⑶　条件変更手数料の徴収

条件変更を行った場合、金融機関は本来、手数料を徴収できる。しかし金融円滑化法の時代やコロナ禍においては、直接的・間接的に影響を受けた事業者、およびコロナ禍等を原因とする所得減少による住宅ローンの条件変更手数料は免除されていた。それは対応事例集にも「条件変更等にあたって通常であれば支払いを求めている違約金・手数料等について、本部からの明確な指示の下、一律に免除」との記載があったからである。平時に戻った場合は、手数料収入は金融機関にとって大きな収入源なので、徴収してよいことになる。

## ⑷　条件変更先追加融資

取引先の要請に応じて条件変更をしても、その後、さらに資金繰りが苦しくなって追加融資を希望してくる取引先も出てくる。金融機関では一般的に、条件変更をしている取引先に新規融資をするという発想はなかった。しかしコロナ禍対応では、すでに条件変更をしている取引先に対しても新規融資を行うという発想をもたなければならなかった。対応事例集にも「条件変更中・事業再生中の事業者について、従前からのメイン行としての事業性評価を元に事業継続は可能と判断し、新規融資を実行」との記述があった。こ

の考え方は、平時になった現在、引き続き踏襲する金融機関と条件変更先には新規融資をしない金融機関とに分かれている。

## (5) 条件変更先の簡易モニタリング

条件変更に応じた取引先のモニタリングで参考となるのは、保証協会の期中管理における業況報告書である。モニタリング状況を記入する「業況報告書」は、半期に1回以上条件変更先を訪問もしくは電話対応等を行い、経営状態を把握し、それに応じた経営支援を行ったうえで、その内容を記録に残すとしている。具体的には、①訪問記録（訪問回数・最終訪問日・訪問時の状況、気づいたこと）、②最近6カ月の月別売上（売上の傾向が増加、横這い、減少か）、③特筆事項（売上の増減要因、焦付発生、その他特筆すべき事項）、④課題や今後の見通し等（課題、業績および資金繰りの見通し等）、⑤取引状況（預金、融資、保証協会保証の付保状況）などを報告する。

## (6) さらに一歩進めた条件変更先のモニタリング

### a 条件変更先には一歩踏み込んだモニタリングが必要

条件変更先とは債務者とのリレーションを一層強化し、経営相談・経営指導に務めることが必要である。厳しい経済環境が続く場合は、その後の社会・経済状況にあわせた経営改善計画の見直しや再策定を行う必要が出てくる。その場合には、再度の条件変更、返済方法の見直しを検討するとともに、もう一歩踏み込んだコンサルティング機能を発揮することが必要である。

条件変更後のモニタリングは、条件変更後の債務者の状況を定期的に観察・記録して継続的にその状況を見続け、問題点を把握しそれを経営改善に活かすことによって資金繰り改善、条件変更から正常返済化に結びつけるというものである。特に「なぜ条件変更をしなければならなかったのか」に着目してモニタリングすることが重要となる。

### b モニタリングの具体的方法

モニタリングの具体的方法は直近の決算書、月次試算表、資金繰り表等をもとに直近の経営状況を把握し、資金繰り難の原因分析を行い、問題点・課題をあぶり出し、どのように改善していくかを検討する。ただ単に債務者の

ヒアリングと分析をするだけでは不十分である。そこから経営改善にどう結びつけるかを一緒に考えることが必要で、次の一手を一緒に考えPDCAを回す手伝いをするのが、条件変更後のモニタリングである。

c　すでに経営改善計画がある場合

また、条件変更の際に業績悪化の要因の分析を行い、課題を抽出し終え、改善策を検討した経営改善計画がある場合は、その進捗状況を把握する。仮に実行計画が機能していないと判断したならば、債務者と速やかに見直しを協議し、さらなる改善に結びつける。

いくらすばらしい経営改善計画であっても計画倒れに終わっては意味がない。計画どおり進んでいるかをモニタリングする必要がある。

経営改善計画があまり精緻でない計画であった場合は、モニタリングをしながらそれを補完していくことも必要である。

## 2　条件変更と借換え

### (1)　新借換保証制度（コロナ借換保証）の終了

信用保証協会が保証している民間のゼロゼロ融資の本格的な返済開始時期が2023年7月から2024年4月の間に集中し、それに加え、ウクライナ戦争等の外部環境による円安や物価高の影響および人手不足で中小企業者は厳しい経営環境が続いたことから、2024年6月末までゼロゼロ融資の実質的延長ともいえる新借換保証制度による借換えへ大きなシフトがなされた。

### (2)　条件変更と借換え

借換えと条件変更とは、どちらも取引先の資金繰りを楽にするという点では同じだが、その後の融資対応において大きな違いが出てくる。

借換えは新規融資を実行し、その資金で既存の融資を返済する。したがって、新規融資が行えるだけの財務体質が必要となる。

一方の条件変更は元本返済を一時的に猶予、減額などをすることで、財務体質の悪い先に対しやむをえず行うものである。そのため、その後の新規融資を行うためには従前の融資条件に戻すことが必要となる。長く条件変更を続けている債務者にとっては、それは実質的に困難なことである。このよう

に一度条件変更で対応してしまうとその後の新規融資を受けることは非常に困難になる。

　また、既存の融資を安易に条件変更すると債務者区分がランクダウンする可能性がある。たとえばその他要注意先の貸出先に対して条件変更をすると、要管理先にランクダウンする可能性がある。要管理先は不良債権であるので、金融機関は融資した途端に引当金を積まなければならず融資に消極的になる。確実で万全な担保がとれない限り、要管理先に対して新規無担保融資をすることはむずかしい。したがって間違っても借換えが可能な貸出先に対して、条件変更を行ってはならない。

## 第4節 貸出先支援に資する融資

### 1 経常運転資金とは何か

　企業が継続して成長していくためには、たとえば小売業であれば商品を仕入れ、それを販売し、その販売代金を回収するまでの間の経常運転資金が必要である。多くの金融機関はその経常運転資金を毎月の返済を伴う証書貸付で融資を行っている。特に共同組織金融機関においては、その傾向が強い。

　しかし、それでは企業は経常的に必要となる部分を毎月返済することになるので、資金繰りが苦しくなる。貸出先支援では資金繰りを安定させることが必要となる。したがって、貸出先には、経常運転資金については短期借入金で融資を行い、設備資金や不良資産に対するものは長期借入金で融資を行うのが原則である。

### 2 短期継続融資とは何か

　短期継続融資とは、手形貸付・当座貸越形式の毎月の返済がない融資である。

　企業の経常運転資金部分、すなわち「売掛債権（受取手形＋売掛金）＋棚卸資産（原材料＋仕掛品＋商品・製品）－仕入債務（支払手形＋買掛金）」の部分は、毎月の返済を伴わない短期継続融資を活用して、取引先の資金繰りを安定させるのが金融の原則である。

　図表2－10は、運転資金と設備資金では、どの資産にどんな資金使途の融資が対応するかを示している。

　「【売掛債権】＋【棚卸資産】」から「【仕入債務】」を引いたところの経常運転資金は短期継続融資で対応する。

図表2-10　運転資金と設備資金

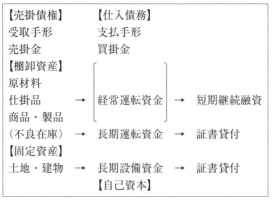

（出所）　筆者作成

「【棚卸資産】」の不良在庫の資金は長期運転資金で対応する。

「【固定資産】」部分は、長期設備資金と「【自己資本】」で対応する。

このように、短期継続融資は毎月の返済を伴わず金利だけ支払う融資であり同じく毎月の返済がなく配当だけ行う自己資本に似ているので、疑似資本的な融資ともいえる。

特に貸出先の過剰債務問題が起こっているときは、融資をしている長期運転資金のうち経常運転資金部分は短期継続融資に切り替えることで、企業の資金繰りは好転する。資金繰りを楽にして経営者が経営に打ち込める金融環境をつくるのも貸出先支援である。返済負担が大きくなった貸出先には、短期継続融資を許容する、こうした発想がこれから必要となる。

## 3　ABLと短期継続融資の親和性

ABLとはAsset（企業の保有する資産）、Based（をもとにした）、Lending（融資／ファイナンス）の略で、企業の事業価値を構成する在庫（原材料、商品）や機械設備、売掛金等の資産を担保とする融資（経済産業省の定義）である。

短期継続融資の経常運転資金部分を構成するのは売掛債権と棚卸資産であ

る。したがって、それらを担保にとって融資を行うABLは短期継続融資と親和性がある。

在庫や売掛金を担保にとり短期継続融資を行うことは事業性評価融資を推進する金融機関にとって最良の経常運転資金に対する融資方法である。

売掛債権と棚卸資産を担保にとったとしても企業が倒産間際になるとそれらの資産は処分されてしまうため、最終的には担保価値はなくなる。しかしABLの本質は、在庫を担保にとることによりその継続的なモニタリングを通して、企業とのコミュニケーションを密にし、企業の実態把握と事業性評価を正確に行うことにある。したがって、在庫という物ではなく企業の事業性を担保にとるという発想が重要となる。

ABL短期継続融資の最重要点はモニタリングの実施である。

基本的には3カ月から6カ月のサイクルで行うが、このモニタリングを継続することにより取引先企業の在庫状況、商品生産状況、動産の稼働状況などを確実に把握することができ、企業活動そのものである「在庫⇒売掛債権⇒現預金」の循環を把握することができる。

こうした循環過程における在庫を担保にとりモニタリングをすることにより、在庫がどこにどのように販売されていくか、売れ筋商品は何か、取引先企業は販売先の需要動向をしっかりと捉えているかなど取引先の営業活動の流れが確実に把握でき、これは事業性評価融資そのものである。

しかし、貸出先支援の現場では、このABL短期継続融資の手法はなかなか認知されていない。貸出先にはこうした発想によりABLを絡ませた当座貸越の設定を行い、真の資金繰り改善融資の提案を行いたい。

## 4 日本政策金融公庫の資本性ローン

日本政策金融公庫の資本性ローンのうち挑戦支援資本強化特別貸付は、スタートアップや新規事業展開、事業再生などに取り組む企業へ実施している資本性ローンである。申請には税務申告を1年以上行っていること、地域の経済活性化を推進している事業であること、新規開業資金や企業再建資金といった融資制度の対象となることなどの要件を満たす必要がある。資金使途

は融資制度で定めた運転資金や設備資金で、上限は7,200万円である。

　新規分野等挑戦型資本性貸付は、農林水産物の生産、開発にかかわる事業のうちチャレンジ性が高いとみなされる事業を対象にした資本性ローンである。融資の上限は、1億円またはみなし自己資本比率が40％に達するのに必要な額のいずれか低いほうの金額である。

　新型コロナウイルス感染症対策挑戦支援資本強化特別貸付は、スタートアップや事業再生に取り組む企業のうち新型コロナウイルス感染症の影響を受けたとみなされる企業が申請できる資本性ローンである。融資の上限は7,200万円であり、融資後は毎月利息のみ支払の期限一括返済となる。

　日本政策金融公庫の資本性ローンを申請する場合、事業計画書や資金繰り表、財産目録や経営改善計画など、さまざまな書類を提出する必要がある。

## 第 5 節 金融機関の本業支援メニュー

## 1 人材仲介支援

### (1) 金融機関の人材紹介業務

　従来、金融機関の人材紹介業務は、有料職業紹介業の許可が不要な人材紹介会社に対する有償でのビジネスマッチングに限定されていたが、2018年3月、金融庁による監督指針改正を受けて有料職業紹介業が金融機関の付随業務として認められた。

　金融機関が人材紹介業務に取り組む意義は、取引先の課題解決を通じ金融機関の経営基盤の強化にもつながること、企業と長期・継続的な取引関係を築いているためマッチング成約後も長期にわたってきめ細かな支援を継続することが可能になることなどである。

　国も、45道府県のプロフェッショナル人材戦略拠を通じて品質管理、海外市場開拓等の専門人材のマッチングを図るプロフェッショナル人材事業、地域金融機関の人材紹介業務を通じ経営幹部等のハイレベル人材のマッチングが成約した案件に対し補助金を給付する先導的人材マッチング事業、地域経済活性化支援機構が大企業のセカンドキャリア人材をリスト化し、地域金融機関や人材紹介会社に提供する地域企業経営人材マッチング促進事業など人材紹介政策を展開している。

### (2) 地域金融機関における特徴的な取組み（金融庁ウェブサイトより）

### a 提携先を細分化してマッチングの精度を高めている事例

　全国展開している人材紹介会社や地場の人材紹介会社と多数提携し、専門性に応じて連携相手を変える体制を構築した事例がある。たとえば、医療関係の人材ニーズのある企業に対しては、医療関係に特化した人材紹介会社と

連携して対応するなど、専門人材ごとに連携先を変えた結果、よりいっそう、顧客のマッチングニーズに沿った人材の紹介が可能になった。

b　地元メディアと連携することで人材マッチングを円滑にしている事例

地元メディアと連携して副業人材マッチングサイトを運用した事例がある。人材ニーズの掘り起こしおよび人材による企業の課題解決は地域銀行が支援し、地元メディアは地元オンラインニュースサイトで募集企業をPRすることで、都市部の副業人材活用の認知度向上を高めることにつなげている。

c　人材提案型のマッチングを行っている事例

求人ニーズありきではなく、地域企業の課題解決に資するスキルをもつ人材にあらかじめ目をつけておき、企業に対して「こういった人材がいます」と課題に対するソリューションとして人材を提案することで、求人ニーズを顕在化させ、成約率をあげている。

d　リピート案件を獲得している事例

人材マッチング等を通じて企業とリレーションを構築しておくことで、以前に人材を紹介した企業から再び新たな求人ニーズを得る。外部人材の採用に理解のある企業が増えていくことで成約までスムーズに進められる案件の増加が期待される。

e　「人」にかかわるソリューションを一体運営している事例

人材マッチングサービスと並んで人事コンサルティングや研修サービスを一体で運営し、「人」にかかわる支援サービスをあわせて提供した事例がある。研修は企業ごとのオーダーメイドにも対応し、複数企業を対象とした社長の後継者向けの集合型研修では、参加者同士の横のつながりも生まれている。

f　人材・企業双方のニーズをふまえた独自の研修を行い、人材の定着率の向上を図っている事例

顧客から「採用時に高額な手数料を支払っており、採用した人材には長く働き続けてもらいたい」という声が多く寄せられたため、定着率向上を図る方策が必要と判断し、人材育成研修を行う子会社と連携して、成約後、オー

ダーメイド型の研修を実施した事例がある。

たとえば、採用者と配属先の職員との双方が参加した研修では、採用者を含めた配属先全体の相互理解が進み、信頼関係の構築につながったと評価された。

g　人材紹介をきっかけに、課題解決に向けた提案を行った事例

取引先から年商を倍増させたいとの相談を受け、必要な人材の提案とあわせて社内の経営課題を調査したところ、業容が拡大しているにもかかわらず社長に権限が集中したままになっており、業務が非効率となっていた。

そこで、社会保険労務士資格をもつ銀行担当者が社内権限規程の作成や人事制度の刷新等を支援した結果、専門人材の権限の明確化、職員の労働環境の改善が図られるなど、組織全体の効率化・強化につながった。

## (3)　先導的人材マッチング事業

先導的人材マッチング事業は「デジタル田園都市国家構想総合戦略（2023改訂版）」（2023年12月26日閣議決定）において盛り込まれた「デジタル人材地域還流戦略パッケージ」の一環として、日常的に地域企業とかかわり、その経営課題を明らかにする主体である地域金融機関等が地域企業の人材ニーズを調査・分析し、職業紹介事業者等と連携するなどしてハイレベルな経営人材等のマッチングを行う取組みに対して支援を行うものである。これによりマッチングビジネスの早期市場化・自走化を図るとともに地域企業の経営幹部や経営課題解決に必要な専門人材の確保を通じて、地域企業の成長・生産性向上の実現を目指す。

地域企業における外部人材の活用による生産性向上等を推進するため、地域金融機関等が民間人材紹介事業者等と連携して行う人材マッチング事業について地域金融機関等に対し支援を実施し、その取組みを後押しするものである。

## (4)　レビキャリ（REVICareer）

レビキャリとは、地域経済活性化支援機構（REVIC）が管理する大企業の転職・副業希望者が登録できるサイトである。地域金融機関の人材仲介機能を強化し、転籍や兼業・副業、出向といったさまざまな形を通じた大企業

から中堅・中小企業（ベンチャー企業を含む）への人の流れを創出し、大企業で経験を積んだ方々の各地域における活躍を後押しするプラットフォームである。

レビキャリは地方の中小企業への転職を希望する大企業人材のデータベースとして、2021年10月に本格稼働し、金融機関は貸出先の経営者との対話を通じて経営課題解決のために必要な人材を把握し、レビキャリから企業にあう人材を企業に紹介する。

レビキャリには、①地域金融機関による人材マッチング、②給付金制度、③研修・ワークショップの提供の三つの特色がある。

地域金融機関による人材マッチングは、地域金融機関が取引先企業の事業性評価・伴走支援活動の一環として人材紹介業務を実施し、人材紹介の前提となる経営課題の把握から人材を紹介した後のフォローアップまでワンストップで支援する。

給付金制度は、大企業人材と地域企業との間に存在する年収ギャップ等を一定程度解消し地域企業による経営人材確保を進めるため、レビキャリを活用して経営人材を獲得した地域企業に対し給付金を給付する。

研修・ワークショップの提供は、地域の中堅・中小企業の経営人材として働くことや地域ごとの実情を把握してもらい、地域企業で役に立つ能力やスキルを再発見・再構築する機会を提供するため、レビキャリに登録された大企業人材に対する研修・ワークショップを実施することで転職後に人材と企業間でのミスマッチを減らし、大企業人材の活躍を後押しする。

### (5)　プロフェッショナル人材戦略拠点

#### a　プロフェッショナル人材戦略拠点とは何か

プロフェッショナル人材戦略拠点とは内閣府地方創生推進室の事業で、地域の関係機関等と連携しながら地域企業の「攻めの経営」への転身を後押しするとともに、それを実践していくプロフェッショナル人材の活用について経営者の意欲を喚起し、民間人材ビジネス事業者等を通じてマッチングの実現をサポートする拠点で、各道府県に設置されている。

2020年10月14日公表の金融庁「企業アンケート調査の結果」によると、企

業が抱える課題について全体では「人材育成・従業員福祉」が14％と最も多く、経営人材の不在が８％となっており、人材の悩みについては根強いニーズがあることがわかる。そうした人材マッチングのニーズの局面で活用できるのがプロ人材拠点である。

b　プロフェッショナル人材戦略拠点活用事例

プロフェッショナル人材戦略拠点を活用した事例を紹介する。

① 企業の概要・現状認識
　○ 同社は、業歴25年の冷凍食品製造業である。
　○ 業務用冷凍食品の製造のほか、冷凍介護食の製造を行っている。
　○ 顧客のニーズにあわせた小ロット多品種生産を行っている。
　○ 同社の社長としては、販売先が安定していることから、安定した製造品質管理による生産性向上が最重要課題だと考えている。
　○ 社内教育・研修には限界があり、食品工場の専門知識をもった人材を新たに採用することの必要性を感じている。
　○ そこで大手メーカーの工場の仕組みを知る人材の採用を希望していた。

② プロフェッショナル人材戦略拠点選定の理由・活用のねらい
　○ 各道府県に「プロフェッショナル人材戦略拠点」が設置されていることを金融機関の担当者から聞いた。
　○ 生産管理部門で生産品質管理・研究開発などものづくりで指導やサポートできるプロ人材がほしいとのことであった。
　○ 社長は、プロ人材の活用により「攻めの経営」を実現するという本事業のコンセプトに同調した。

③ 公的機関からのアドバイスの内容
　○ 金融機関の行職員は社長から企業の課題が人材だと聞いていたので、プロフェッショナル人材拠点に連絡をとり、企業に同行訪問をした。
　○ 同社に必要な人材を整理したら、品質管理や製造計画の策定等の製造部門の管理体制を任せられる人材確保の優先度が高いことが判

第5節　金融機関の本業支援メニュー　89

明した。

　　○　拠点のスタッフは地域企業の経営者と丁寧な対話を重ね、プロ人材のニーズを掘り起こし、民間人材ビジネス事業者等に取り繋ぐことにした。

④　企業の取組みや取引金融機関としての行動

　　○　ものづくりに造詣が深い経験豊富な拠点のマネージャーが金融機関職員と同行して経営者と丁寧に対話し、経営課題の整理・解決策を考えた。

　　○　「企業情報シート」に求める人材ニーズを記入し拠点に提出後、拠点から「企業情報シート」が登録先の人材ビジネス事業者に提供された。

　　○　人材ビジネス事業者の仲介で候補者が現れ、社長と面談した。

　　○　面談の結果、採用を決定し、人材ビジネス事業者に成功報酬を支払った。

⑤　取組みの結果得られた成果

　　○　プロ人材の採用で、同社の強みである小ロット多品種生産で生産管理面のグレードアップが図られた。

　　○　大手食品メーカーの知識と経験をもったプロ人材が同社に加わったことで既存の従業員も大きな刺激を受けた。

　　○　将来的には社長の右腕となってもらい、地域の冷凍食品製造のオンリーワン的企業に成長したい。

　　○　人材のマッチング後においても金融機関等と協力し、フォローアップを行ってくれる。

c　事例の解説

　同社は冷凍食品製造業で、業務用冷凍食品の製造のほか冷凍介護食の製造を行っている。冷凍介護食の製造が他社との差別化になっているものの、顧客ニーズにあわせた小ロット多品種生産を行っているため、社長は生産性向上が課題であると認識していた。プロパー人員をそうした視点から育て上げるにも限界があり、大手メーカーなどの工場の仕組を詳しく知る人材が採

用できないか悩んでいた。その話を社長から聞いた金融機関担当者は、各道府県に「プロフェッショナル人材戦略拠点」が設置されていることを社長に伝え、拠点のマネージャーに相談してみることを提案した。

拠点のスタッフは金融機関担当者同席のもと社長と企業情報シートをもとに丁寧な対話を重ねた。企業情報シートには企業の経営課題、解決のために必要となるミッション、求める人物像（業務内容・スキル・経験・資格等）、プロ人材に情報提供すべく企業や事業内容に関する情報、プロ人材が安心して居住できるよう住宅・生活関連情報などを記載した。

その企業情報シートをもとにプロ人材拠点は民間人材ビジネス事業者等に取り繋ぎ、大手食品メーカーに勤務しており、現場感覚に優れた穏やかな人柄のプロ人材を採用することができた。採用されたプロ人材はコミュニケーション能力に優れたリーダーシップを発揮し、既存の従業員も大きな刺激を受けた。その結果、生産管理部門を徐々にグレードアップさせ、工場の生産性が向上した。社長も将来的には自身の右腕となってもらうことをプロ人材に期待している。

人材のマッチング後においてもプロ人材拠点は金融機関等と協力し、フォローアップを行っている。

## 2　クラウドファンディング

### (1)　クラウドファンディングとは何か

クラウドファンディングとは、クラウド（群衆、幅広い人々）とファンディング（資金調達）とをあわせた言葉で、資金調達をしたい希望者がインターネット上でプロジェクトを発表することにより、それに共感した支援者から必要な資金を集めることができるプラットフォームのことである。そのプロジェクトに共感した友達、ファン、ソーシャルメディアのつながり、日本中もしくは世界中の人々から小額ずつ資金を集めることができるものである。

クラウドファンディングは、大きく「投資型」「購入型」「寄付型」の3種類に分類することができる。

第5節　金融機関の本業支援メニュー　91

「投資型」とは、出資者が事業者等に出資を行い、最終的には出資金返還と金銭配当や商品などのリターンを得るものである。

「購入型」とは、支援者がプロジェクトに出資をするが、そのリターンとして支援金額に応じた金銭以外のサービス、商品などを得るものである。

「寄付型」とは、文字どおり共感したプロジェクトに出資はするもののリターンは求めず出資金を寄付するものである。

### (2) 「投資型」クラウドファンディング

出資を受けたい事業者は、事業計画（プロジェクト内容・募集金額・一口の募集金額・投資運用期間の設定・リターン内容、条件の設定など）を自行庫と一緒になって作成し、その事業計画をクラウドファンディング業者の審査にかける。審査が通ったらサイトで出資の募集を開始する。サイトでは、現在何％集まっているかわかるようになっている。投資家の信認を得て募集金額に到達したら、その資金を元手にプロジェクトを実行する。

投資期間満了後、事業者は出資者に対し当該プロジェクトによる売上・利益を原資として出資金の返還と配当を行う。また投資期間中にプロジェクトに係る商品などの現物配当を特典として行う。プロジェクトが失敗したようなケースでは出資金の返還ができなくなるため、商品現物の分配になるなど投資家にはリスクを伴うが、投資家はプロジェクトへの共感で出資を行っており、一口の出資額が多額でないため訴訟における対費用効果を考えると、法的対応にまで打って出ることは基本的にないだろう。

事業者にとっては、プロジェクト資金が集まることのほかにプロジェクトに賛同してくれるファンづくり、口コミやネットでの拡散など宣伝効果、メディアに取り上げられることのパブリシティ効果が見込まれる。しかし、ファンドを組成する初期費用が必要となること、ランニングコストとして運営手数料、監査費用、成功報酬などが必要となるなど、通常の融資と比較するとその負担は相当重いというデメリットがある。したがって、事業者にとっては、事業を全国展開するための広告宣伝費と割り切ったうえでのクラウドファンディング利用という考え方が必須となる。

### (3) 「購入型」「寄付型」クラウドファンディング

「購入型」クラウドファンディングとは、資金を出してくれた人（支援者）に、その対価としてなんらかの見返り（リターン）に物品やサービスを渡す形式のクラウドファンディングである。「寄付型」や「投資型」とは異なり、具体的な商品やサービスに対して直接資金を提供することができる。

「寄付型」クラウドファンディングとは、その対価としてなんらかの見返り（リターン）や物品やサービスを求めず、文字どおりイベントに寄付をする形式のクラウドファンディングである。

金融機関はプレーヤーと一緒になって、プロジェクトの内容、募集金額、リターンの商品・サービスの内容をつくりあげていく。

そのポイントは、どのような活動をどのような想いで取り組むか、そのプロジェクトで地域がどのように盛り上がっていくか、そのプロジェクトはどのような共感を得られるか、賛同して手伝ってくれる仲間がいるかなどである。

プロジェクトができたら、その内容をサイトにアップして出資者（サポーター）の支援を募集する。目標金額を達成した場合は、一定の手数料を差し引いた金額がプレーヤーに振り込まれる。プレーヤーはプロジェクトを開始しサポーターに対し出資金額に応じた商品・サービスなどのリターンを提供する。そしてサイト上には、プロジェクトの進捗状況をアップすることでさらなる共感を広げようというスキームである。

前述の「投資型」と大きく異なる部分は、プレーヤーの資格、募集金額、募集形式、募集費用、募集期間である。プレーヤーの資格は、「投資型」では法人・個人事業主であるが、「購入型」「寄付型」では個人やボランティア団体も利用できる。新商品や新サービスのテストマーケティングにも利用できるというメリットがある。

## 3　ビジネスマッチング

ビジネスマッチングとは、貸出先の経営課題解決のために金融機関の顧客同士を引き合わせるサービスである。金融機関の取引先企業をビジネスパー

トナーとして紹介することで事業拡大・経営の合理化・業務提携等のさまざまな貸出先の課題解決を図る。新たな販売先・仕入先の紹介、新製品開発やFC加盟等の事業多角化に際してのパートナー企業、コスト削減に関する有効情報をもつ企業の紹介等を行う有料のサービスである。

ビジネスマッチングは、金融機関への相談、ビジネスマッチングフェアなどの展示会、マッチングアプリやマッチングサイトなどオンラインサービスの形で行われる。

金融機関は、ビジネスマッチングを通して貸出先をより詳しく知り、貸出先の成長を支援し、また新たな新規貸出先を獲得することができるとともに手数料収入が得られる。そうしたメリットがある半面、マッチングには時間がかかる、マッチングが成功するとは限らないというデメリットもある。

# 4 デジタル化支援

2022年6月に公表された「金融仲介機能の発揮に向けたプログレスレポート」によると、地域金融機関による取引先企業へのデジタル化支援は提供サービスや実施体制等により主に三つのパターンに分類されている。

それは①ビジネスマッチング型、②ICTコンサルティング型、③総合コンサルティング型である。

ビジネスマッチング型とは、数十から数百のITベンダー・テック企業等の協業先と業務提携を行い、取引先のニーズ・課題に応じてマッチング先を紹介するとともに主に紹介先から手数料を得る形態であり、金融機関の実施に向けたハードルは低い。

ICTコンサルティング型とは、取引先企業へ業務ヒアリング・課題の整理を実施し、最適なICTツールのプランニングおよび導入を実施するICTコンサルティングの専担部署や専門の子会社を設立し、取引先のデジタル化支援に取り組む方式である。

総合コンサルティング型とは、デジタル化支援にとどまらず人事コンサルティング、M&A等、幅広いコンサルティングメニューを提供するものである。

ICTコンサルティング型または総合コンサルティング型の取組みの場合、洗い出された課題の内容によってはデジタル化支援以外の事業計画策定支援、事業承継、販路拡大等のコンサルティングにもつながる可能性がある。

地域企業におけるデジタル化のニーズは高まっているが、金融機関としてはノウハウの蓄積がない、行職員にリテラシーが不足している、収益性の確保がむずかしいといった課題がある。

## 5 補助金申請支援

### (1) 補助金申請支援の意義

貸出先を支援するメニューの一つとして、補助金の申請サポートをすることが多い。補助金支援への取組みは金融機関と貸出先との両方にメリットがあり、特に貸出先から大変喜ばれ、ニーズのある支援である。

貸出先は、事業環境の変化が激しい時代で業績をあげ続けるために時流にあわせて変化し続ける、すなわち、企業は環境適応業であるという発想をもっている。経済環境変化への対策として創出される補助金は比較的事業規模が大きい補助金であるから、それを活用して事業価値をあげたいと考えている。しかし、貸出先の悩みの一つは、補助金に応募するにあたり補助金申請書作成の知識が足りないからむずかしいと考えてしまうことである。そこで金融機関が認定経営革新等支援機関として支援することで、貸出先との関係深耕が図れるのである。

貸出先にとって補助金活用は、補助金が基本的に返済不要であり投資リスクを軽減する効果があること、補助事業費用の2分の1から3分の1を助けてもらえること、補助金審査に通った案件は事業価値のアップにつながること、補助金申請書作成という作業を通じて事業計画のブラッシュアップができること、そしてひいては企業の信用度もあがり持続成長性につながることというメリットがある。

一方、金融機関にも、融資に直結する、補助金申請書類作成手数料がとれる、取引先の成長に貢献できる、補助金提案を入り口に新規取引に結びつけることができる、中小企業者に求められる融資以外の本業支援の強化につな

がるなどのメリットがある。

補助金申請書の内容は取得資産（資金使途）、会社のビジネスモデル、SWOT分析、事業計画の具体的な内容、将来の展望、売上・収益計画など融資稟議書作成とほぼ同じであり、稟議書を書く感覚で支援できるのも貸出先支援と親和性があるといえる。

### (2) 補助金申請の流れ

補助金は、利用する補助金によって申請から入金までに要する時間はさまざまであり、長いものでは1年以上かかるケースもある。補助金の一連の流れをつかみ、どの時点で何が必要で、金融機関としてどのような支援ができるかを解説する。

#### a 申請準備

補助金の申請には、まず取引先が活用できる補助事業であるかなどの要件チェックを行う。要件は補助事業ごとに異なり、要件を満たさなければ申請はできない。そのために担当者は、補助金制度に関する十分な理解が必要となる。受給できる補助金の上限額・補助率・対象経費などは補助事業ごとに設定されているので、取引先が行う事業に適した補助金であるかの確実な情報収集が必要である。情報収集はウェブサイトなどからできるが、概要資料だけでなく、必ず公募要領で内容をしっかりと確認しなければならない。

一つの事業に対して複数の補助金が見つかった場合は、補助率や上限金額がより有利な補助金を選定するのも重要なポイントである。

#### b 事業計画書作成

応募する補助金が決まったら担当者は、取引先が行う事業、設備などの事業計画書の作成支援を行う。事業計画書は補助金申請に最も重要な提出書類である。

補助金の申請は、融資稟議の申請に非常によく似ている。事業性評価で取り上げるビジネスモデル俯瞰図・（クロス）SWOT分析に加え、資金使途・必要経費・事業実施スケジュールや事業の売上、費用、利益に関する事業計画書の作成支援を行う。

審査する人がいるのも稟議書と同じである。審査員がどのように考える

か、相手の立場になって考えることが採択の可能性を高めることになる。事業計画書の審査は、募集要領に書かれている審査のポイントに従って行われるため、担当者は事業計画支援を行う時には、募集要領に書かれている審査のポイントを十分に確認し、それに沿った内容にしなければならない。

また提出する事業計画書の枚数には制限があるので、図・写真・グラフ・フレームワークなどを活用して視覚に訴えることでわかりやすく作成することがポイントである。補助金によっては、使い回しの事業計画書はAIチェックされるので、取引先に即した事業計画書作成支援を行う。

商工会議所や商工会経由で申し込む補助金については、経営指導員などの相談員から申請についてのアドバイスを受けると採択の可能性が高まる。

### c 申　請

事業計画の作成が終わったら、必要書類一式を提出して補助金の申請を行う。書類提出の手段は郵送・持参・オンラインなどがあるが、国が行う補助金は基本的に補助金申請システム「jGrants」を使用してインターネット経由で行う。

この補助金申請システムを使用するには「ＧビズIDプライムアカウント」を取得しておく必要がある。このアカウントを取得するには、2〜4週間ほどの時間がかかるので、早めの取得をアドバイスしておく必要がある。こうしたオンライン申請が苦手な経営者も多いので、担当者はその入力支援を行う必要があるだろう。

補助金は申請書類が多く手順も複雑化しているため、書類上のミスで不採択とならないよう、提出書類の不備やもれがないかを確認するのも担当者の重要な仕事である。

### d 審　査

申請書類が提出されると、国や地方自治体ではその事業に対して補助金を支給するか否かを決める審査を行う。審査は補助金によっても異なるが、通常は、中小企業の経営などについて専門的な知見を有する人たちが行うことになる。

補助金の審査には、提出した書類に不備がないかという形式審査と事業内

容審査がある。事業内容審査では多くの補助金で審査員がみるべきポイントが公表されている。担当者は十分に練られた事業計画書の作成支援を行うと思われるが、忠実にみるべきポイントに沿って作成支援をすることで審査員の心証を高め採択の可能性が高まる。

### e 交付決定・採択

　無事に審査に通って補助金の交付決定が行われ、給付対象になることを採択という。形式面・内容面の審査を経て補助金の対象と認められると、その事業は採択された事業として申請者に採択通知が送られる。補助金によっては採択された事業者が公表されるので、担当者はネットで調べていち早く伝えることで取引先との信頼関係を深めることができる。

### f 事業実施

　事業実施は、交付決定し採択されたら行う。例外はあるが基本的に補助金支給は、事業を実施した後に支払われる。

　したがって、補助金を利用して事業を行う場合は、その事業に必要な資金は事前に全額を用意しておく必要があり、そこに融資の需要がある。事業計画書を作成する段階でその手当をしておく必要があるので、融資の事前協議書を通しておく必要がある。

　また、補助金を受け取るにあたっては事業実施期限が定められているので、その期限までに事業を実施する必要がある。やむをえない事情がある場合などは期限が延長されることもあるが、たとえば依頼業者の対応が遅いなどの理由での期限延長は認められないので、事業実施は余裕をもって行うことを伝えるとともに、その管理が担当者にも求められる。

### g 実績報告

　事業が実施され、納品・支払が完了し、事業費用がいくらかかったかを国・地方自治体に報告するのが実績報告である。

　実績報告では、所定の報告書に、実際に支払った費用の金額などを記載し、納品書や振込指示書、領収書などを添付して提出する。国や自治体は事業にかかった費用の金額と納品・支払が行われたことを添付した納品書や振込指示書、領収書などで確認するので、そうした書類はすべて残しておくよ

うに取引先には伝えよう。

### h 確定検査

　確定検査では、実績報告書の内容に基づいて契約書・納品書・発注書などの書類の検査が行われる。場合によっては現地で、購入設備の保管状況や補助事業の成果を実際に確認することがある。確定検査は、その結果が補助金の支払額に直結するので、取引先にとっては採択後の重要な事務手続となる。

### i 請　求

　補助金の支給確定後、請求手続を行う。所定の書類には確実に自行庫口座を振込先として記入してもらい、口座情報などの添付資料と一緒に提出し、補助金の支払を請求する。

### j 補助金受取り

　補助金請求手続の後、取引先が指定した自行庫口座に補助金が振り込まれ、補助事業完了となる。補助金受取りまでのつなぎ融資を出していた場合は、それで返済してもらう。

### k 年次報告・事業計画フォロー

　事業計画は補助事業期間終了後もフォローアップされ、補助事業終了後5年間は事業者の経営状況について年次報告が求められる。したがって、担当者には入金後の伴走支援・モニタリングが求められる。このため補助金で購入した設備等は、補助金交付要綱等に沿って厳格に管理されることも忘れることなく取引先に伝える必要がある。

## 6　SDGs支援

### ⑴　SDGsとは何か

　SDGs（Sustainable Development Goals：持続可能な開発目標）とは、環境の保護、貧困の撲滅、平和と正義の促進など、広範な社会経済的課題に対処することを目指すために、2015年国連によって採択された2030年までに達成を目指す国際的な目標である。持続可能な世界を実現するための17の目標・169のターゲットから構成され、カラフルなドーナツ型のデザインが特

徴で、世界がSDGsに着目し推進するようになり、日本のビジネスにおいてもSDGsへの関心が高まっている。

帝国データバンクによる「SDGsに関する企業の意識調査（2024年）」によるとSDGsに積極的な企業は54.5%であり、現在力を入れている項目、今後最も力を入れたい項目ともに目標8の「働きがいも経済成長も」がトップとなっている。取り組んでいる企業の7割がSDGsの効果を実感し、「企業イメージ向上」「従業員モチベーション向上」が上位となっている。4社に1社がDEI（多様性、公平性、包摂性）への取組みに積極的であるというアンケート結果が出ている。

このことから金融機関の貸出先支援においてもSDGsにかかわっていく必要がある。

### (2) SDGs金融への対応

SDGs金融は持続可能な開発目標（SDGs）の達成に貢献する企業やプロジェクトに対して金融機関が提供する融資であり、企業の持続可能な開発目標を経済的に支援する重要な手段である。

SDGs関連の融資は、大手銀行から地方銀行、信用金庫などの協同組織金融機関までさまざまな金融機関が提供している。金融機関は貸出支援先企業やプロジェクトがSDGsのどの目標に貢献しているかを評価し、融資条件などを決める。SDGsへの貢献度が高いほど好条件での融資が可能になるケースがあり、貸出先はSDGsに沿った経営をより積極的に進めるインセンティブを得ることになる。また貸出先にとっては、SDGsに取り組むことでブランド価値の向上が期待できる。金融機関としても貸出先支援のため、SDGsに貢献する企業への融資を積極的に進めている。

### (3) SDGs金融商品

SDGs金融では、通常の融資のように企業のキャッシュフローのみに注目して融資するのではなく、SDGs/ESGの視点を考慮して融資を行う。それを通して社会課題の解決を促すという新しい金融の考え方がある。

こうしたSDGs金融は、金融機関ごとに地域性や取引先の課題等が異なるため商品性が多様であるが、代表的なものを解説する。

### a　ポジティブ・インパクト・ファイナンス（PIF）

PIFとは、企業活動が環境・社会・経済に及ぼすインパクト（ポジティブな影響とネガティブな影響）を包括的に分析・評価し、当該活動の継続的な支援を目的とした融資である。

その特徴は、企業の活動、製品、サービスによるSDGs達成への貢献度合いを評価指標として活用し、開示情報に基づきモニタリングを行うことにあり、その評価書を作成するための手数料が必要となる。

### b　サステナビリティ・リンク・ローン（SLL）

サステナビリティ・リンク・ローン（SLL）とは、環境庁の定義によると「借り手のサステナビリティ経営の高度化を支援するため、野心的なサステナビリティ・パフォーマンス・ターゲット（SPTs）の達成を貸出条件等と連動することで奨励する融資」であり、環境問題・社会問題などに対応する資金の融資である。SPTsとは、借り手（債務者）のサステナビリティ・パフォーマンスの向上を促すために、借り手のSDGs/ESG戦略と整合した取組目標のことである。

SLLは、金利条件等の貸付条件と債務者のSDGs/ESG評価に対するパフォーマンスが連動（リンク）した、持続可能な経済活動および成長を推進する融資である。

具体的には、たとえば取引先が非財務のKPIに事業における$CO_2$排出量の削減率を目標に掲げたとする。金融機関と第三者評価機関がそのパフォーマンスを評価し取引先が目標を達成すると、インセンティブとして融資利率が引き下げられるなど融資条件と連動した仕組みの融資である。

### c　SDGs寄付型私募債

SDGs寄付型私募債は、私募債に、SDGsに取り組む企業を応援するための寄付を組み合わせたものである。

金融機関が私募債を発行される企業から受け取る手数料の一部を医療・福祉施設、地域の学校や地方公共団体、または公益的な活動を行う法人・団体、SDGs達成に向けて取り組む法人・団体などへ寄付を行うものである。

SDGs寄付型私募債を発行することで、企業は長期の安定資金の確保がで

きるとともにSDGsに対する取組み姿勢、CSR活動への取組み姿勢を世の中に大きくアピールできる。

また企業にとって私募債の発行は一定の適債基準を充足した優良企業に限られるため、優良企業であることの証明、信用力を対外的にアピールできる。

### d SDGs支援・応援ローン

SDGs支援・応援ローンとは第三者評価機関の基準による一定のSDGs評価を行いそれをクリアした企業への融資の総称である。

SDGs支援・応援ローンは各金融機関がさまざまな商品をつくっているところに最大の特徴がある。

具体的には「SDGs宣言をしている」「自治体が推進するSDGs関連制度などに加盟、または認定などを受けている」「SDGsに係る目標を掲げている」などSDGsの趣旨に賛同し、ともに持続可能な地域社会づくりや地域貢献、地方創生に積極的に取り組む事業者の多様なニーズに応える融資である。

### (4) なぜ企業はSDGs金融を活用するのか

帝国データバンクによる「SDGsに関する企業の意識調査（2023年）」によると、企業がSDGsへ取り組むことには主に以下のメリットがあるとされている。

- ○ 企業イメージの向上
- ○ 従業員のモチベーションの向上
- ○ 経営方針等の明確化
- ○ 採用活動におけるプラスの効果
- ○ 売上の増加

すなわちSDGs金融において企業は必要な資金を調達でき、持続可能な事業運営を実現できる。

一方で金融機関はSDGsの達成に貢献することで社会的責任を果たし、その評価を高めることができる。

両者において利害が一致するのがSDGs金融である。

SDGs金融を活用する企業は、SDGs対応のための目標を一般に公開し実行

するなど、持続可能な社会づくりに向けた積極的な企業姿勢を示し、それは企業イメージを大きくよくするものである。加えて、SDGs金融を利用することで、資金調達の段階から外部認証機関や金融機関など第三者の知見を得ることができる。また、自社の立てた目標や取組みがSDGsの時流に乗っているか、第三者の客観的な評価があるなど営業する地域や取引先等にもわかりやすいといったメリットがあり、それが企業価値のさらなる向上に結びつく。

## 第 **6** 節 外部専門家の活用

### 1 外部専門家と支援機関

　金融機関の営業店の現場では貸出先支援を行職員自らが行うことはなかなかむずかしいので外部専門家を活用することになる。資金が潤沢にある貸出先は外部専門家として民間のコンサルティング会社の力を借りたほうが早い。大手のコンサルティング会社であればそれなりの仕事をして成果を出す。

　一方、中小・小規模企業でコンサルティング会社に回す資金が潤沢にない貸出先は、国の機関などを活用する。活用できる外部専門家もしくは支援機関を列挙すると以下のようになる。

- ○　よろず支援拠点
- ○　中小企業基盤整備機構のハンズオン支援
- ○　プロフェッショナル人材戦略拠点（第2章第5節1(5)）
- ○　○-Bizなどの売上向上相談拠点（ビズモデル型中小企業支援施設）
- ○　ミラサポplus（プラス）（中小企業向け補助金・総合支援サイト・第3章第2節12）
- ○　商工会・商工会議所の経営指導員
- ○　事業承継・引継ぎ支援センター（第5章第7節）

### 2 外部専門家を使った貸出先支援に際して注意すること

　外部専門家・機関には、それぞれの貸出先支援対応における強み、弱みがあるので、外部専門家・機関に何を期待するかを十分考え、それにふさわしい能力をもった外部専門家・機関を慎重に選ぶことが重要となる。

104　第2章　本業支援

外部専門家の選定にあたって注意することは貸出支援先のニーズと金融機関・営業店のニーズとの両方を満たすこと、専門分野がマッチしている専門家（人）を選ぶことである。

営業店の現場で外部専門家を貸出先に紹介する際は、取引先の事業内容や業界に対する理解を十分したうえで行わないとミスマッチが発生するので気をつける必要がある。

## 3　よろず支援拠点

### (1)　よろず支援拠点とは何か

よろず支援拠点は、中小企業・小規模事業者のワンストップ総合支援事業として、地域の支援機関と連携しながら中小企業・小規模事業者が抱える経営課題に対応する相談窓口であり、各都道府県に設置されている。

支援対象者は経営上のさまざまな悩みを抱えている中小企業・小規模事業者、NPO法人、一般社団法人、社会福祉法人等の中小企業・小規模事業者、創業予定者等である。

経営コンサルティング、ITやデザイン、知的財産等のさまざまな分野の専門家が中小企業・小規模事業者等が抱えるさまざまな経営課題の相談に無料で対応する。

経営課題が明確でない中小企業・小規模事業者等に対しても経営課題の分析、的確な支援機関の紹介、複合的な課題へのチーム支援等を行う。

### (2)　利用・申請方法

#### a　近くのよろず支援拠点へ相談する

よろず支援拠点ウェブサイト・電話・メール・FAX等で予約を受け付ける。何度でも無料で相談でき、商品開発、海外展開など、経営上のどのような悩みにも対応する。

#### b　コーディネーターによるヒアリング

よろず支援拠点では、チーフコーディネーターを中心とする専門スタッフが事業者の想いを丁寧に聞く。対話のなかで解決へのヒントを見つけ、相談に応じて実現可能な解決策を提案する。

第6節　外部専門家の活用　105

c　提案後のフォローアップも充実

　提案した解決策に取り組む事業者をフォローアップする。また途中で新たな経営課題が見つかった際も責任をもって対応する。

### (3)　岐阜県よろず支援拠点の事例

　筆者は岐阜県よろず支援拠点のコーディネーターを務めているが、たとえば岐阜県よろず支援拠点では、県庁近くに本部拠点があるほか県内各地に数多くの相談窓口を設置しており、20名を超えるさまざまな分野のコーディネーターがあらゆる経営に関するよろず相談に乗っている。何度でも無料で相談可能で、売上拡大、経営改善、事業承継、生産性向上、事業再構築などさまざまな経営課題に応える組織体制となっている。経営戦略、事業計画策定はもとより、資金繰り、労務、WEB・IT活用、広告・商品デザインから社員教育まであらゆる専門家の集団である。

　金融機関の行職員も顧客と一緒、もしくは顧客の代理相談といった形でよろず支援拠点を活用している。顧客が必要としている専門家を選択し、基本1回1時間、何度行ってもよい。面談だけでなくウェブ会議ツールや電話による相談も受け付けている。コーディネーターは複数人で対応することもあり、複眼的思考で経営者等の課題解決に努めている。

　コーディネーターが求められるKPIは相談件数と課題解決件数なので、実は相談が多いと喜ばれる。金融機関職員には遠慮なく活用してほしい外部専門家である。貸出先と一緒になって無料の外部専門家のコンサルティングを受けていると顧客満足度が高まる。

## 4　中小企業基盤整備機構のハンズオン支援

### (1)　中小企業基盤整備機構とは何か

　中小企業基盤整備機構（以下「中小機構」という）は、国の中小企業政策の中核的な実施機関として、地域の自治体や中小企業支援機関と連携しながら中小企業・小規模事業者の成長をサポートしている。また、都道府県等の支援機関や商工会・商工会議所、中小企業団体中央会、地域金融機関などに対しさまざまな支援ツールや情報の提供を行うほか、支援のスキルアップに

向けた研修などを行っている。

### (2) 中小機構の支援サービス

中小機構は、起業・創業期、成長期、成熟期の各ステージで発生する課題に対応し、多様なサービスを展開している。

起業・創業期には、インキュベーション事業、アクセラレーション事業として「FASTAR」、そのほか起業や新規事業開拓に向けた学びの場である「TIP*S」、創業予備軍育成のための「BusiNest」などのサービスを提供している。また、表彰制度として「Japan Venture Awards」を開催している。

成長期には、生産性の向上、IT・デジタル化、マッチングや e コマースなどの販路開拓、海外展開についてサポートを行っている。

成熟期には、事業承継・引継ぎ、経営再生・事業再生、事業継続力強化などの強靭化支援、設備投資支援などを行っている。

すべてのステージ共通のサービスとして、経営相談、専門家派遣、人材育成、情報提供、資金提供を行っている。

また、退職後やもしもの備えに役立つ共済制度を設けているほか、震災復興支援に関する支援も行っている。

### (3) ハンズオン支援（専門家派遣）とは何か

#### a ハンズオン支援

中小機構のハンズオン支援（専門家派遣）とは、経営課題の解決に取り組む中小企業・小規模事業者を対象に、豊富な経験と実績をもつ専門家を一定期間派遣し、アドバイスを実施する事業である。

貸出先に主体的に取り組んでもらうことで支援終了後も自立的・持続的に成長可能な仕組みづくりがサポートできる。

その対象者は、全社的な事業戦略、計画の立案・実行や売上拡大・生産性向上等の目標達成、さまざまな経営課題解決について組織的にPDCAサイクルを回しながら積極的に取り組みたい貸出先である。

#### b ハンズオン支援事業のポイント

##### (a) 多様な支援ニーズに対応

さまざまな経営課題に対して個別の事情にあわせて多様な支援テーマを提

案し、課題解決をサポートできる。

マーケティング企画の立案、業務のシステム化など特定の課題から全社的視点の経営戦略・事業計画の立案のような高度なテーマ、先端分野への進出、広域展開やグローバル化に至るまで、幅広く対応できる。

**(b) 多彩な専門家**

全国レベルの幅広いネットワークがあり支援内容に応じて適切な専門家が選定できる。

専門家には大企業等で経営幹部・工場長・部門責任者として経営や実務を深く経験した人や支援経験豊富な中小企業診断士・公認会計士などがいて、さまざまな課題に対応する。

**(c) 案件ごとにコーディネート**

各地域本部にシニア中小企業アドバイザーを配置し、案件ごとに支援全体をコーディネートする。

事前の調査・課題設定から支援内容の提案および専門家チームの編成、支援の進捗管理から成果の評価、さらには派遣終了後のフォローまで、一社一社丁寧にサポートする。

**(d) 自立・成長の応援**

社内プロジェクトチームを編成し、主体的に課題解決に取り組むのが大きな特徴である。

アドバイザーのサポートを受け企業自らが実践を通して課題の本質を理解し課題解決能力を磨くことで、アドバイザーの派遣終了後も自立的に継続・成長できる「仕組みづくり」を目指す。

**(e) 支援内容：目的別支援テーマ例**

目的別に支援内容を例示する。

　　○　戦略・計画策定：成長戦略の立案、中期経営計画の策定、計画の実施・評価、ビジネスモデルの構築、経営理念の設定、新規事業企画・立ち上げ、BCP（Business Continuity Planning：事業継続計画）

　　○　管理会計導入：管理会計、部門別・製品別予算管理、原価把握・原価管理、月次決算、予実管理による計画経営の実施。

○ 人事制度構築：人事評価制度の策定、人材・組織管理、人事制度の構築

○ マーケティング：マーケティング計画の立案、テストマーケティング、営業戦略の策定、営業組織変革・営業生産性の向上

○ デジタル化：業務フローの見直し、システム化構想の策定、基幹システムの構築、ITサービスの活用

○ 生産性向上：生産工程の見直し、生産現場の改善、品質保証・品質向上、物流改革・在庫管理、設備改善、設備投資・工場建設、ロボット化・自動化

○ 環境対応：SDGs対応、省エネ推進、カーボンニュートラルへの対応

○ カーボンニュートラルに関する支援

貸出先に上記のような経営課題がある場合は、ハンズオン支援の活用により劇的に事業がよくなることが期待できる。

#### (f) 利用の流れ

専門家を派遣するハンズオン支援は次のステップのとおりに進められる。

ア 相談の申込み

最寄りの地域本部に電話で申し込む。

イ 課題の掘り下げと認識の共有

専門家や職員が訪問し事業説明をするとともに、経営者とのヒアリング、現場確認（複数回）を行う。

ウ 申込みおよび審査

申込書を受理し、中小機構内にて審査する。

エ 支援計画の策定・提案

支援テーマ・目標・内容をまとめた「支援計画書」を策定・提案を行う。

オ 専門家とのマッチング

専門家候補者を交えた面談を行い、支援計画を合意・決定する。

カ 専門家による支援実施

社内プロジェクトチームを編成のうえ、支援の受入態勢を構築し、専門家

による支援を開始する。

キ　成果確認・フォローアップ

　プロジェクトの成果・評価を確認し、支援終了後もフォローアップを実施する。

### (g)　期間と費用

　期間は数カ月から10カ月程度（20回程度）までである。

　費用は1万7,500円（専門家一人、1日当り。消費税込）と廉価である。

### (4)　中小機構のハンズオン支援を活用した支援事例

a　支援のフロー

　中小機構のハンズオン支援を活用した事例を紹介する。

　　①　企業の概要・現状認識

　　　○　同社は食品加工製造業を営む創業20年の中小企業で、惣菜製造部門と業務用食品製造部門がある。

　　　○　主要販売先は、惣菜製造部門は地元スーパーマーケット、業務用食品製造部門はホテル、旅館、食品卸会社である。年商1億5,000万円であるが、収支は毎期トントンの状況にある。

　　　○　業務用食品製造部門は、おせち商品が主要製造製品で、秋から年末にかけて業務繁忙の季節性がある。

　　　○　高品質の惣菜、おせち商品は手の込んだ細工が強みである。

　　②　中小機構選定の理由・活用のねらい

　　　○　ハンズオン支援では、個別企業の経営実態にあわせて、多様な支援テーマの提案と課題解決のサポートを複数回（20回程度）継続的に行ってもらえる。

　　　○　課題解決に向けての事前調査から支援内容の提案、専門家チームの編成、支援の進捗管理、成果の評価、派遣終了後のフォローまでコーディネートされている。

　　　○　同社の食品加工の技術力は高く、安定した売上高を計上しているが、収益性の強化、製造部門の平準化、新商品の開発が課題である。

③　公的機関からのアドバイスの内容
　　○　収益性の課題として、どの販売先にどのような販売方式で対応しているか、商品のブランド化・新たな販路開拓が必要である。
　　○　業務用食品製造部門の平準化への対応として、惣菜もおせちもつくれる人材の標準化を図ったらどうか。
　　○　新規商品開発として、歩きながら食べられる和のスィーツを開発しよう。
④　企業の取組みや取引金融機関としての行動
　　○　社長、後継者、工場長、販売部門長、支援専門家、金融機関担当者でプロジェクトチームをつくり、継続的に活動した。
　　○　マーケット特性を活かした消費者ニーズにあった加工食品の開発を行った。
　　○　生残り戦略としての品質優位、価格優位の維持方針からブランド戦略による発展方針へと転換した。
　　○　繁閑の差を埋めるために惣菜部門とおせち部門との人材交流を行った。
　　○　金融機関としては資金需要に積極的に対応し、調理材料の仕入資金、生産量拡大のための増加運転資金・設備資金、おせち商品のための季節資金、賞与資金など人件費支払への対応を行った。
⑤　取組みの結果得られた成果
　　○　商品のブランド化、新たな販路開拓により収益力の強化を図った。
　　○　惣菜・業務用部門の工場人員の多能工化による平準化が図られた。
　　○　高付加価値化商品の開発として、和のスィーツを商品化した。
　　○　社長は、マーケティングとブランディングに対する理解ができ、次の成長ステップへの意欲をみせた。

b　解　　説
　中小機構のハンズオン支援とは経営課題の解決に取り組む中小企業・小規

模事業者を対象とし、豊富な経験と実績をもつ専門家を派遣、経営課題に対するアドバイスを実施するものである。

その最大の特徴は経営課題、すなわち一社一社の企業が目指す姿と現状のギャップを明らかにし何が優先課題なのかを見極め、支援を総合的にマネジメントする専任者を配置したうえで専任者が支援経験豊富なアドバイザー（企業実務経験者、中小企業診断士、公認会計士、弁護士、弁理士、技術士など）を課題に応じてコーディネートし、企業ごとに最適な支援計画を組み立てる点にある。

企業の主体的活動を支援するため社内にプロジェクトチームを結成し、アドバイザーはそのプロジェクトチームの活動に対して助言等を行い、企業と一緒に解決策を考える伴走型の支援である。

同社は、年商1億5,000万円の食品加工製造業で、惣菜と業務用食品の製造をしている。高品質の惣菜とおせち商品を主力商品としており、主要販売先は惣菜は地元スーパーマーケット、おせち商品は地域のホテル、旅館、都市部の食品卸会社である。売上規模に比して利益は薄利であり、収支は毎期トントンの状況にある。

おせち商品が主力の業務用食品製造部門は秋から年末にかけて業務繁忙の季節性があるという特徴がある。

同社の担当者は社長に対し「売上規模に比した利益をあげられる会社を目指すために、中小機構のハンズオン支援を活用してみませんか」と提案した。

社長もぜひ一緒に改善に取り組みたいとのことで、中小機構に連絡し、専門家・職員による打合せが始まった。

正式申込みの前に社長とのヒアリング、工場見学を通じて、経営課題の確認・整理を行った。

経営課題は、大きく収益力の強化、製造部門の平準化、新商品開発の3点に集約され、中小機構の選定したアドバイザーと社長との面談が行われた。

社長はアドバイザーを気に入り、プロジェクトメンバーを社長、後継者、工場長、販売部門長、支援専門家、金融機関担当者に決め、中小機構につな

いだ金融機関担当者もメンバーの一員に加えてもらった。

　プロジェクトメンバーで何回も議論を重ね、収益力の強化については、商品のブランド化・新たな販路開拓により実現、製造部門の平準化については、工場従業員の惣菜もおせちもつくれる多能工化、新商品開発については歩きながら食べられる和のスィーツの商品化、さらには社員全員が惣菜管理士を目指すことなどを実行し、本業支援をすることができた。

　企業の事業実態をよく理解できた金融機関担当者は、同社の資金需要に対して自信をもって積極的に対応できるようになった。

## 5　顧問税理士との連携による貸出先支援

### (1)　顧問税理士との連携

　貸出先に対する本業支援は当初は債務者と金融機関との二者間で行われる。債務者から決算書を取り受け、それに基づいて格付を行い、債務者区分や取組方針を決定し、それに基づいて本業支援を進めるのが一般的である。しかし、もう一歩本業支援を進めるには顧問税理士との連携が必要となる。

　貸出先から取り受けた決算書は過去の成績である。直近の貸出先の業績の状況をみるには顧問税理士が作成する試算表が必要となる。毎月の試算表をできるだけ早く入手し、取引先のいまを知るには顧問税理士との連携が欠かせない。

　また、決算書・試算表では全体の売上や利益の状況はわかるが部門別、支店別、商品別、取引先別などの売上・利益状況は把握できない。企業の実態把握や経営改善には、そうした部門別、支店別、商品別、取引先別などの売上・利益状況を数字で把握し、どの部門・支店が、どの商品・取引先が儲かっているか、どの部門・支店が、どの商品・取引先が企業業績の足を引っ張っているかを調べないと本格的な本業支援はできない。

　それらの元データをもっているのが毎月巡回監査を行っている顧問税理士である。本業支援をもう一歩前に進めるためには、顧問税理士にそうしたデータを加工してもらう必要がある。したがって顧問税理士と連携しなければ、真の貸出先支援はできない。

## ⑵　事業性評価融資推進における連携

　いわゆる事業性融資推進法が2024年6月に成立したように、国は金融機関に対して事業性評価に基づく融資や支援を促している。この事業性評価についても顧問税理士は重要なパートナーになりうる。

　神戸大学の家森教授は、実効性のある事業性評価には次の3要素が必要だと述べている（「地域金融機関と税理士の連携は粘り強く進めれば必ず実を結ぶ」（https://www.tkc.jp/tkcnf/message/20180501/））。

　　①　正確な情報に基づかなければ正しい判断はできないので、中小企業の会計データの信頼性をいかに確保するか

　　②　中小企業の経営状況は短期間に急変しうるため、中小企業の会計データをいかにタイムリーに入手するか

　　③　金融機関は小規模企業に常時手厚い対応をすることは無理でありメリハリのある対応が必要となるため、リレーションシップバンキングに係るコストをいかに下げるか

　会計データの信頼性の確保については、顧問税理士には税務申告書を自らの資格をかけて保証する書面添付制度があり、それで決算書の信頼性を確保できる。

　多くの顧問税理士事務所では職員が関与先を毎月訪問して会計全取引をチェックする巡回監査によって会計データを把握しているので、連携により会計データをタイムリーに入手できる。

　中小企業に密着して細かな対応をしている顧問税理士との連携による事業性評価は、金融機関にとってコストパフォーマンスがよいといえる。

　したがって、金融機関の担当者は顧問税理士と連携することで事業性評価融資の推進に必要な3要素を確保することができる。貸出先企業の決算報告会に顧問税理士の同席を促すだけでなく、日常的な連携がとれるようなコミュニケーションが重要となる。

## ⑶　顧問税理士がTKC会員であれば、TKCモニタリング情報サービスを活用する

　TKCモニタリング情報サービス（以下「MIS」という）とは、書面添付

を含め税務署へ提出した税務申告書や決算書、月次試算表などを貸出先企業からの依頼に基づいて無償で金融機関がデジタルで自動的に受け取れるサービスである。

その開示のタイミングは、月次試算表の場合は月次決算終了直後、年度決算書の場合は税務署に対して電子申告した直後であるので、取引先の「いま」がわかることになる。

金融機関は取引先から決算書を受領する時、税務署の受領印があるか、送信ずみであるかの証明を依頼するが、MISであれば税務署へ提出したものと同じ決算書等のデータが同時に金融機関へ送信されるので信頼性の高い財務情報が提供される。確かなデータをデジタルで顧問税理士から入手できるので、情報改ざんの余地がなく粉飾決算かどうかを疑うこともない。また、顧問税理士がMISを取引先に勧めることで、金融機関に情報を出すことに躊躇があった経営者が、積極的に情報開示することの重要性も理解してもらえるようになる。

経営者保証解除の要件③（財務状況の正確な把握、適時適切な情報開示による経営の透明性の確保）にもMISは有効であることはいうまでもない。

### (4) 経営改善計画書策定支援における連携

顧問税理士には、認定経営革新等支援機関としての業務を行っているところも多い。認定支援機関として経営改善支援に積極的に取り組み、いわゆる405（経営改善計画策定支援）事業および早期経営改善計画策定支援事業の業務をしている税理士も多い。金融機関としては、経営改善計画を策定しなければならないすべての取引先に対応することはむずかしい。またノウハウが必要な経営改善支援業務を行える人材は限られている。そこで取引先には、顧問税理士と一緒になっての経営改善計画策定を依頼したい。405事業等を使えば、取引先はその費用負担は3分の1ですみ、顧問税理士は費用全額が回収できるメリットがある。顧問税理士と連携し、中小企業支援策を有効に活用し、取引先企業の成長発展を促したい。

また、経営改善計画において経営者が自身で説明できない詳しい財務の動きについて顧問税理士から聞き、自行庫における財務分析の所見と照らし合

わせることで、採算性や在庫の回転率等の本業の課題が浮き彫りになる。そうした課題に対し、自行庫の本業支援メニューを提案することで、より効果的な支援が実現できる。経営改善計画のモニタリングについても、顧問税理士を介することで数値の動きとして進捗を管理でき、金融機関側の要求も齟齬なく伝えられる。

### (5) 資金繰り表作成支援

貸出先に対してできる支援の一つに資金繰り表の作成支援がある。資金繰りで悩んでいるのに、資金繰り表の作成をしていない貸出先もまだまだ多い。

貸出先企業の損益と実際の資金収支にはタイムラグがあるので、「勘定合って銭足らず」の状態にならないように、きめ細かなキャッシュの動きを管理する必要がある。

資金繰り表は貸出先と一緒に作成することが多いが、そこに顧問税理士が同席することによって、貸出先・金融機関・顧問税理士の協働による貸出先支援が可能となる。

貸出先と顧問税理士との関係は税務申告のための貸借対照表や損益計算書の作成が主なものになるが、資金繰り表は税務署に提出する書類ではないため、顧問税理士がその作成に積極的に関与してくれることは少ないかもしれない。

しかし、将来に向けた資金繰りを管理することは、顧問税理士にとっても巡回監査時に適切なアドバイスを行うことができ、取引先の黒字倒産を防ぐというメリットもあるだろう。

税理士においては、金融機関の考え方、すなわち、融資審査において特に重要なのは資金使途と回収可能性であることを意外と知らないことも多い。金融機関にとって資金繰り表は、回収可能性をみる重要な書類である。特に貸出先が有事の状況であると資金繰り表がなければ突然立ち行かなくなることも想定される。資金繰り表の作成にあたっては顧問税理士の関与がますます重要となってくる。

貸出先から顧問税理士の紹介を受けたときは「先生の顧問先である○○社

に資金繰り表の作成を依頼しているのですが、あまり資金繰りに関心を示さないでいます。先生のほうから資金繰りの重要性を経営者に伝えていただけませんか。私どもも全面的にバックアップしますので、一緒に資金繰り表の作成支援をお願いします」という形で関与を求めよう。

### ⑹　取引先の資金繰り安定のための連携：税理士連携短期継続保証

貸出先企業が継続して成長していくためには、たとえば小売業であれば商品を仕入れ、それを販売し、その販売代金を回収するまでの間の経常運転資金が必要である。その経常運転資金に対応する融資を多くの金融機関は毎月の返済を伴う証書貸付で行っている。特に協同組織金融機関においてはその傾向が強い。そうなると取引先企業は経常的に必要となる部分を毎月返済しなければならなくなるので、資金繰りが苦しくなる。取引先の経営改善を行う前提として、資金繰りの安定が必要である。そのためには、経常運転資金は短期継続融資で対応し、設備資金や不良資産に対するものは長期資金で融資することが原則となる。

短期継続融資は、手形貸付・当座貸越形式の毎月の返済がない融資である。企業の経常運転資金部分、すなわち「売掛債権（受取手形＋売掛金）＋棚卸資産（原材料＋仕掛品＋商品・製品）－仕入債務（支払手形＋買掛金）」の部分は、毎月の返済を伴わない短期継続融資を活用して、取引先の資金繰りを安定させることが重要となる。そこで活用するのが信用保証協会の税理士連携短期継続保証である。

税理士連携短期継続保証とは、税理士が継続的に経営状態をチェックしている中小企業・小規模事業者向けに保証する制度である。保証期間は1年だが、最長5年間、決算期ごとの借換え（継続）が可能であり、資金繰りの安定を図る事ができる。

その対象の中小企業・小規模事業者は、次のすべての要件を満たすことが必要である。

① 　取扱金融機関との与信取引が1年以上あること。

② 　税理士会に所属する税理士および税理士法人が月次管理を行い、「税理士連携短期継続保証に係る推薦書兼決算概要報告書」（所定様

式）の提出があること。

　③　直近決算において経常利益を計上していること。

　④　直近決算において債務超過でないこと。

　⑤　既保証分が条件変更等による返済緩和がされていないこと。

　またモニタリングでは、取扱金融機関および顧問税理士は実行後の現況把握に努め、必要に応じ信用保証協会協会と連携して経営支援に取り組むものとされている。

　このように毎月の返済負担がなく資金繰りの安定化が図ることができる税理士連携短期継続保証を活用して、顧問税理士、金融機関、信用保証協会が連携して取引先をサポートしたい。

### (7)　事業承継支援での連携

　公表されているどの企業アンケートをみても、どこに事業承継の相談をするかについては圧倒的に顧問税理士に相談するとの回答が多い。多くの取引先の事業承継が喫緊の課題になっていることを考えると、顧問税理士と金融機関との事業承継に関する連携は重要である。

　事業承継で特に問題となるのが経営者保証である。経営者保証ガイドラインが制定されて10年、2023年4月より金融機関が経営者保証をとる際の説明責任が監督指針で課されたことにより新規融資に関しては経営者保証なしの融資が推進されているが、既存の経営者保証解除には積極的ではない金融機関もある。また、経営者保証をとらない3要件について顧問税理士が詳しいともいえず、その解除については金融機関が主体的に判断する問題だけに、その客観性について顧問税理士との連携が重要となる。

　経営者保証をとらない3要件、すなわち①法人と経営者との関係の明確な区分・分離、②財務基盤の強化、③財務状況の正確な把握、適時適切な情報開示による経営の透明性の確保、のいずれにも顧問税理士が深く関係する項目となる。

　①において、法人・経営者の資金が一緒になっている取引先があれば、毎月の巡回監査で取引先を訪問している顧問税理士にその分離を指導してもらうことができる。また税理士法33条の2による書面添付を活用して法人と経

営者の区分がなされたとみなし、経営者保証解除に用いている金融機関もある。さらに書面添付は③の要件に対して効果的であり、顧問税理士と連携して取引先の経営者保証解除による円滑な事業承継が可能となったケースもみられる。

# 6　信用保証協会による保証先支援

## ⑴　信用保証協会による支援の強化

2024年の国の再生支援の総合的対策には信用保証協会による支援の強化が入っている。信用保証が2億8,000万円まで使えるとなると、多くの中小企業は保証協会保証付融資だけで資金繰りなどをまかなうことができる。金融機関は貸出が信用保証協会保証付融資のみの先であれば、不良債権になったとしても代位弁済してもらえば回収できるので、そうした貸出先の事業支援がおろそかになる。そのため、信用保証協会による保証先支援の強化は重要となる。

再生支援の総合的対策では、協会ごとの経営支援効果検証指標の設定、求償権消滅保証等の活用、保証協会が主体的に中小企業活性化協議会への相談持込みを実施し事業再生支援をするなど数多くの高度な支援の強化を求めている。

## ⑵　信用保証協会向けの総合的な監督指針

### a　監督指針の改正

信用保証協会向けの総合的な監督指針が2024年6月大きく改正となった。そのうち保証先支援に関する部分の改正点をあげる。

信用保証協会保証付融資の割合が高い中小企業者等については信用保証協会が金融機関や各支援機関等と連携のうえ、主体的に経営改善・再生支援等の必要性を検討し支援していくことや、経営者保証に依存しない融資慣行の確立を加速するために一定の要件を満たせば保証料の上乗せにより経営者保証の提供を選択できる保証制度の適切な説明や提案をすること等について、その目的や意義、信用保証協会が整備すべき体制等を明確化する趣旨から、所要の改正が行われたのである。

第6節　外部専門家の活用　119

### b 具体的な改正内容

#### (a) 各支援機関との連携

信用保証協会は金融機関に加えよろず支援拠点や事業承継・引継ぎ支援センター、中小企業活性化協議会などの支援機関と密に連携し、金融機関に適切な期中管理や経営支援・事業再生支援等を実施するよう促していくことに加え、自らも主体的に取り組んでいくことが重要であるとされた。

#### (b) 経営支援・事業再生支援等の取組み

信用保証協会は金融機関と連携して有事（収益力の低下、過剰債務等による財務内容の悪化、資金繰りの悪化等が生じたため、経営に支障が生じ、または生じるおそれがある状況）に移行してしまった場合に提供可能なソリューションについても積極的に情報提供を行う等、中小企業者の状況の変化の兆候を把握し中小企業者に早めの対応を促すことが重要であり、中小企業者を取り巻く状況が変化した場合などは資金繰り支援にとどまらない、中小企業者の実情に応じた経営支援・事業再生支援等に取り組む必要があるとされた。

また、経営支援を行うにあたっては、関係金融機関等と目線合わせを行うなどの連携および協議のうえ、たとえば信用保証付融資の割合が高い中小企業者など重点的に支援を行う中小企業者を特定したうえで、信用保証協会が主体的に経営支援の必要性を検討し、支援を行うこととされた。

そして、信用保証協会は外部専門家・外部機関等と連携して中小企業の事業再生等に関するガイドライン等の活用を促すなど、中小企業者の事業再生等の支援について積極的な対応を行い、特に事業再生支援等が必要と思われる事業者のうち信用保証付融資の割合が高い中小企業者（求償債権事業者含む）については、関係金融機関等と目線合わせを行うなど連携のうえ、信用保証協会が主体的に事業再生支援等の必要性を検討し、必要に応じて直接または間接的に中小企業活性化協議会への相談持込みを実施するとされた。いずれも信用保証協会が主体的能動的に行動を起こすことを促している。

さらに、事業再生の道筋が立たず代位弁済に陥ってしまった中小企業者についても、事業を継続しながら信用保証協会に対する求償債務の弁済を誠実

に行っている場合は、事業の収益性や将来性等を勘案したうえで、たとえば金融取引を正常化させ事業再生を後押しすることを目的とした求償権消滅保証等の活用を促すこととされた。

　一方で、事業が継続されていなくとも保証人がその資力に応じた弁済を誠実に行ってきたなど考慮すべき事情がある場合は、保証履行時の履行請求は個々の債務者やその保証人の実情に応じた柔軟な対応を行い、過去に破産や廃業等を経験している経営者であっても過去の事実だけをもって保証審査の判断をするのではなく、過去の失敗を活かした事業計画等をふまえ、たとえば再挑戦支援保証を活用するなど中小企業者に応じた公正な保証審査を行うことに努めるとされた。

### (3) 信用保証協会における事業再生の取組み

　いままで、事業再生における役割のなかでその公的性格が強いがゆえになかなか再生支援ができなかった信用保証協会が、事業再生のスキームに積極的に関与している。

### a 保証付債権の譲渡先拡大

　保証付債権がサービサー、ファンドに売却できることになった。いままでは金融機関にプロパー債権と保証付債権とが併存していた場合、「股裂き」といって金融機関に保証付債権だけを残してプロパー債権を売却することが行われていたが、両方あわせての売却が可能になった。ただし、売却の条件や売却先の制限があり、無条件ではない。

### b 求償権の放棄と不等価譲渡

　信用保証協会の求償権の放棄や不等価譲渡を行うことが運用上認められていなかったが、そのことが中小企業者の再生を阻害させる要因となっているとの声を反映して、事業再生に資すると認められる場合に限り求償権放棄と不等価譲渡を認めることになった。

### c 求償権消滅保証（ランクアップ保証）

　信用保証協会に代位弁済を受けた先（求償権先）であっても事業を継続している先は多い。しかし、事故先という信用状況から金融機関から新規の融資を受けられることはほとんどない。そこで、こうした企業に対して再生計

第6節　外部専門家の活用　121

画を前提として求償権を消滅させる保証を行うことで、金融機関の格付のランクアップを図り事業を再生を目指すことになった。

# 第 3 章

# 経営改善支援

## 第 1 節 経営改善計画

### 1 どのように不良債権になっていくか

　正常先の企業であっても業況の変化により不良債権に転落する。その道筋を理解することが経営改善の前提になる。

　たとえば正常先（業況が良好であり、かつ、財務内容にも特段の問題がないと認められる債務者）の貸出先があったとする。その貸出先が不幸にも経常利益段階で赤字を計上したとする。金融機関は、1期だけの赤字の場合、もしくは2期連続であってもコロナ禍のような大きな経済変動など特殊な事情がある場合は一過性の赤字と判断し、債務者区分を正常先にとどめる。しかし、3期連続赤字となった場合は一過性とはいえなくなり、要注意先にランクダウンする。

　要注意先とは、金利減免・棚上げを行っているなど貸出条件に問題のある債務者、元本返済もしくは利息支払が事実上延滞しているなど履行状況に問題がある債務者のほか、業況が低調ないしは不安定な債務者または財務内容に問題がある債務者など今後の管理に注意を要する債務者である。また、要注意先となる債務者については、要管理先である債務者とそれ以外の債務者とを分けて管理することが望ましいとされているので、要注意先のうち要管理先でないものをその他要注意先と呼ぶ。

　要注意先となった貸出先がさらなる業況悪化により金融機関に返済額の軽減の条件変更を申し出たとする。すると融資の条件変更という事象により、その企業は要管理先にランクダウンすることになり、不良債権の仲間入りになってしまう。このように制度上はいとも簡単に不良債権になってしまう。

　しかし、これでは景気変動により不良債権だらけになってしまうことがあ

124　第3章　経営改善支援

る。そうなると金融機関は大幅に引当金を積み増さなければならず、体力の
ない金融機関は経営状態が苦しくなる。また、貸出先も追加の融資が受けら
れなくなってしまう。そこで不良債権とならないための逃げ道が用意され
る。それが1年間の猶予と経営改善計画の策定である。

　この場合、たとえ条件変更を行っても一定の条件に合致する経営改善計画
を策定することができたら、企業は不良債権である要管理先にランクダウン
することなく、その他要注意先にとどまることができる。

## 2　経営改善計画の要件

　債務者区分をその他要注意先にとどめることができる経営改善計画にする
ためには、金融庁監督指針における実抜計画（実現可能性の高い抜本的な経
営再建計画）を策定する必要がある。また、実抜計画を策定していない場合
であっても、債務者が中小企業であって、かつ、貸出条件の変更を行った日
から最長1年以内に実抜計画を策定する見込みがある場合は、貸出条件緩和
債権に該当しないものと判断してさしつかえないという基準もある。

　この実抜計画は厳密には、おおむね3年後の業況が良好で（ただし、債務
者企業の規模または事業の特質を考慮した合理的な期間を排除しない）、財
務内容にも特段問題がないと認められる状態になること、実抜計画における
売上高・費用・利益の予測等の想定において十分に厳しいものとなっている
こと等の要件が示されている。

　しかし、実際にはコロナ禍などの大きな経済変動が起こった場合、逃げ道
が用意される。たとえば2021年11月24日に金融庁から発出された「「コロナ
克服・新時代開拓のための経済対策」を踏まえた事業者支援の徹底等につい
て」の要請文では、コロナの影響を直接・間接的に受けている事業者の資金
繰り支援に万全を期する観点から、これらの要件等について「柔軟な取扱い
も差し支えない」旨が明確化された。

　すなわち、実抜計画の期間については、コロナの影響により実抜計画どお
りに進捗を図ることがむずかしい場合等には、コロナの影響収束の見通しが
立つまでの期間等を加味して合理的と考えられる範囲において実抜計画の期

第1節　経営改善計画　125

間を延長することや3年や5年よりも長期の期間設定をすること、必要に応じて期間を延長するとの留保を付した期間設定とすること、コロナの影響による足下の経営環境の著しい変化をふまえ実抜計画の再策定を行うことなどを許容している。

　次に、計画を策定するまでの期限の猶予については、コロナの影響の全容が見通しがたい状況のなかで実抜計画の策定を進めることがむずかしい場合は、コロナの影響収束の見通しが立つまでの期間等を加味して、合理的と考えられる範囲において「最長1年以内」に限らず猶予することも可能とした。

　新型コロナウイルス感染症流行以前の実績等に基づき策定することについては、実抜計画における売上高等の想定は当該事業者の事業価値や事業環境に照らして十分現実的なものである必要があるものの、コロナの影響の全容が見通しがたい状況のなかでそうした現実的な想定をすることがむずかしい場合は、コロナの影響収束後には経営状況が回復する蓋然性が高いこと等を勘案してコロナ以前の実績や一定の仮定のもとで簡易に推計した想定を用いることで、コロナの影響収束後の見通しが立つまでの間、実抜計画として取り扱うこと等も可能としている。

　このように大きな経済変動などがある状況では、金融機関はこれらの柔軟な取扱いを最大限活用し、経営改善計画を策定することで債務者区分を維持しつつ、企業の経営改善・本業支援を行うことで社会的使命を果たしていく。

## 3　合実計画とは何か

　金融機関の融資実務を経験している読者であれば、ここまで読んで中小企業には合実計画が適用されるのではないかと思うだろう。合実計画とは「合理的かつ実現可能性の高い経営改善計画」をいい、監督指針では債務者が中小企業であれば、合実計画が策定されている場合は実抜計画とみなしてさしつかえないとされている。

　合実計画の要件は以下のとおりだが、実抜計画の要件と比べれば相当緩和

126　第3章　経営改善支援

されている。計画期間を５年から10年とし、その計画最終年度までにいわゆる正常先の３要件（①経常利益が黒字になること、②資産超過の状態になること（債務超過から脱却すること）、③債務償還年数が10〜15年以内になること）に合致する経営改善計画ができれば、不良債権にならずにすむというわけである。

①　経営改善計画等の計画期間が原則としておおむね５年以内で、かつ、計画の実現可能性が高いこと（ただし、計画期間が５年を超えおおむね10年以内となっている場合で、進捗状況がおおむね計画どおり（売上高・当期利益が事業計画に比しおおむね８割以上確保されていること）であり、今後もおおむね計画どおりに推移すると認められる場合を含む）

②　計画期間終了後の当該債務者の業況が良好で、かつ、財務内容にも特段の問題がないと認められる状態（自助努力により事業の継続性を確保することが可能な状態となる場合は、金利減免・棚上げを行っているなど貸出条件に問題のある状態、元本返済もしくは利息支払が事実上延滞しているなど履行状況に問題のある状態のほか、業況が低調ないしは不安定な状態または財務内容に問題がある状態など今後の管理に注意を要する状態を含む）となる計画であること

③　すべての取引金融機関の経営改善計画等に基づく支援の合意があること（ただし、単独で支援を行うことにより再建が可能な場合等は、当該金融機関の合意で足りる）

④　金融機関等の支援の内容が金利減免、融資残高維持等にとどまり、債権放棄、現金贈与などの債務者に対する資金提供を伴うものでないこと

このように経営改善計画は合理的で実現性の高い計画と認められる必要がある。中小企業において策定した経営改善計画が合実計画と認められるにはいくつかの要件をクリアしていなければならないが、以下、具体的な要件のチェックポイントを記しておく。

○　中小企業であるか

○ 経営改善計画実行の意思はあるか

○ 経営改善計画期間はおおむね5年以内で実現可能性が高いか

○ 計画期間終了後の債務者区分が正常先となる計画か

○ 5年を超え10年以内の経営改善計画の場合は、進捗状況がおおむね計画どおりで今後も順調に推移しそうか

○ 計画期間終了後に要注意先となる経営改善計画の場合、金融機関の再建支援を要せず自助努力により事業の継続性確保が可能か

○ 他の金融機関の支援について確認ができるか

○ 経営改善計画の最終年度には実質債務超過が解消になっているか

○ 債務償還年数が15年以内に収まる水準になっているか

$$\frac{債務償還}{年数} = \frac{借入金（＝長期借入金＋短期借入金等）－経常運転資金※}{キャッシュフロー（＝当期純利益＋減価償却費）}$$

※経常運転資金＝（受取手形＋売掛金＋棚卸資産）－（支払手形＋買掛金）

○ 不動産取得や賃貸ビル等償却期間が長い設備に投資している場合は、債務償還年数が20年以内に収まる水準になっているか

○ EBITDA有利子負債倍率（（借入金・社債－現預金）÷（営業利益＋減価償却費））が15倍以内に収まる水準になっているか

## 4　中小企業と経営改善計画

　地域金融機関が取引先の中小企業の経営改善計画を策定するに先立って理解しておくべき基本事項が、金融庁「知ってナットク！　中小企業の資金調達に役立つ金融検査の知識」（https://www.fsa.go.jp/policy/chusho/nattoku.pdf）に記されている。その基本事項とは、経営改善にあたって中小企業の特性をよく理解しておくということである。

　中小企業の特性として以下があげられる。

① 中小企業は景気の影響を受けやすく、一時的な収益の悪化により赤字になりやすい

② 中小企業は自己資本が小さいため一時的な要因により債務超過に陥

りやすい

③ 中小企業はリストラの余地が小さく、黒字化や債務超過解消などの財務状況の回復までに時間がかかる

④ 長期の返済が適当な設備投資の資金などについても、契約上は短期の貸出とされ、返済期間が来ると再度貸出を行うケースが多い

⑤ 企業と代表者との財産や収入が一体となっている場合が多いことをふまえて経営状態を評価・判断する必要がある

⑥ 技術力や販売力のある企業の将来性に期待し、現段階での決算等の数値のみにとらわれない柔軟な評価をする必要がある

⑦ 経営者がしっかりしている企業の将来性に期待し、現段階での決算等の数値のみにとらわれない柔軟な評価、努力する経営者を高く評価する必要がある

⑧ 中小企業は大企業のような大部で精緻な経営改善計画を策定できない場合が多いので、経営改善計画を策定していない場合や経営改善計画を下回った場合でも、経営改善に向けた取組みが進んでいればそれを高く評価する必要がある

このことから金融機関は、中小企業の特色をふまえて経営改善計画の策定支援を行い、かつ、きめ細かなコンサルティング機能の発揮や与信管理を行う必要がある。

上記⑥に「技術力や販売力のある企業の将来性に期待」とあるが、中小企業の技術力・販売力とは何かについて、「知ってナットク！ 中小企業の資金調達に役立つ金融検査の知識」には中小企業の技術力・販売力の具体例として以下をあげている。

○ 特許権、実用新案権等の知的財産権を背景とした新規受注契約の状況や見込み

○ 新商品・サービスの開発や販売の状況をふまえた今後の事業計画書等

○ 取扱商品・サービスの業界内での評判等を示すマスコミ記事等

○ 今後の市場規模や業界内シェアの拡大動向等

第1節　経営改善計画　129

○　販売先や仕入先の状況や評価、同業者との比較に基づく販売条件や仕入条件の優位性

○　企業の技術力、販売力に関する中小企業診断士等の評価

　経営改善計画の策定にあたっては、こうした定性的な中小企業の強みを引き出して積極的に評価して、経営改善計画に反映させることが重要である。

　また「きめ細かな」とは具体的には、ひと昔前の金融マンが行っていたような預金口座の異動、借入金の返済状況などから企業の資金繰りの把握に努める、業績悪化の傾向を早期に把握するよう努める、取引先が経営の改善に着手することができるよう金融のプロとしての立場から意見を述べたりするなどである。貸出先の状況把握に積極的に関心をもつことが重要である。

## 5　経営改善計画による貸出先支援

### (1)　なぜ金融機関が貸出先の経営改善を支援するのか

　貸出先の業績が落ち込むと金融機関の収益基盤である健全な資金需要による融資が伸びない。経営改善支援を怠るとひいては金融機関の業績の伸びも望めなくなる。金融機関の収益基盤である資金需要の確保および経営改善の結果、貸出先が経営改善計画策定によりランクアップすると貸出資産が良質化する。それが経営改善計画策定支援による貸出先支援の目的である。

　また貸出先への経営改善支援・指導を通じて、金融機関の営業基盤である地域経済の活性化につながるということも大きな目的の一つである。

### (2)　金融機関はどのような企業をピックアップするのか

　経営改善支援は地道な取組みであり手間がかかる。大口の先でも小口の先でも手間のかかる量は同じである。本来であれば窮境状況にあるすべての貸出先を支援したいが、金融機関のすべての経営資源を貸出先に注ぐわけにはいかない。そうなると金融機関からすれば大口先から効率的に取り組もうとすることは自然な発想である。まずはメイン先・準メイン先で貸出残高や未保全の多い先から経営改善計画の策定支援を行うことになる。

　次にそのなかで、債務者区分が要注意先・要管理先・破綻懸念先であり改善可能性がある企業がピックアップされる。経営改善可能性がある企業と

は、損益計算書における営業利益がある程度出ている企業である。営業利益が黒字であることが経営改善・事業再生の大前提である。

そして、改善意欲のある聞く耳をもっている経営者がいる貸出先である。経営改善計画には、金融機関の意見を取り入れてもらうことも必要であり、金融機関は金だけ貸していればいいという経営者では、一緒になって経営改善ができない。

### (3) 経営改善計画の主体者は貸出先の経営者

経営改善計画の主体者はあくまで貸出先の経営者であり、経営者が中心となって最大限の自助努力に取り組んでもらうことが必要である。

経営改善支援で金融機関が行うことは、①実態の把握（問題点を探し出し、改善策を検討する）、②経営改善への助言（相談相手としてヒントを投げかける）、③経営改善計画の策定支援とその進捗管理（改善策の数値化とモニタリング）に集約される。金融機関はあくまでもその補助者という立場である。

## 6　経営改善計画策定支援

### (1) 経営改善計画策定支援ステップ

経営改善計画策定支援のステップを図式化する（図表3－1）。

#### a　趣旨説明

一般的に経営者は営業面ばかりに目がいきがちである。趣旨説明は企業の現状について経営者と冷静に話し合い危機感をもってもらうステップである。

このステップで経営者に確認することは、以下の二つである。

　　○　経営者に経営改善のための強い意思があるか

　　○　すべての資料、内部事情を開示してもらえるか

#### b　企業実態把握

このステップでは企業の実態を把握する。具体的には、以下に記す経営に関する基本事項の確認をする。

　　○　だれが（経営者・担当者）

図表3－1　経営改善計画策定支援ステップ

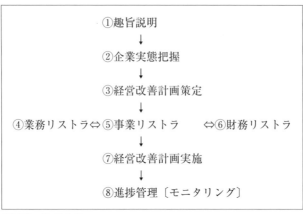

(出所)　筆者作成

- いつ（いつから。業歴・沿革・時期）
- どこで（地域・工場・店舗）
- なぜ（創業の動機・目的）
- どんなものを（製品・商品）
- どう扱っているか（事業形態・販売先）
- 財務面（収益力・キャッシュフロー・実質自己資本・資金の動き）
- 非財務面（経営者・従業員の士気）
- 外部環境、内部環境（事業の強み・弱み・脅威・機会）

　上記をインタビューしながらまとめていく。ビジネスモデル俯瞰図やクロスSWOT分析を活用しながら商売・事業の流れをはっきりと掴み、経営改善の可能性を見極めることが重要である。

c　経営改善計画策定

　このステップでは、企業実態把握で明らかになった現状に応じて改善計画を練り進めていく。

　ここで気をつけることは、経営改善・事業再生は常に利害関係人（ステークホルダー）の犠牲の上に成立しているということである。すなわち、金融機関にはリスケジュール（条件変更・返済計画変更）などの支援を、取引先

には取引条件の変更（仕入値・売価・支払条件の見直し）による支援を、従業員にはケースによっては賃金カット・人員削減を、株主には減資による支援を依頼するなど、ステークホルダーに大きくかかわってくる。

また、社外・社内に対して、ただ経営が苦しいからこうしてくれと依頼するだけでは無用な不安を煽るだけである。企業の現状や将来について経営改善計画を示して説明することが必要となる。社内にも社外にも実現可能性のある経営改善計画を表明することで、企業の信頼向上を獲得するのが経営改善計画による貸出先支援成功へのポイントである。

### d 業務リストラ

ここからのステップでは、企業のもっている課題と状況に応じて具体的なリストラ（収益構造の再構築）を考えていく。リストラの方向性は一般的に業務リストラ・事業リストラ・財務リストラの三つである。

業務リストラとは、粗利改善や経費削減による営業利益の拡大を図ることである。ポイントは収益力の回復（営業利益の拡大）にある。そのためには売上高のアップ、コスト削減を行う。

売上高アップのための施策の例として以下があげられる。

- 高粗利商品への集中、シフト
- インターネットショップ（販売チャネル多様化）
- 顧客管理の徹底（マーケティングを含む）
- 店頭販売増強（商品ディスプレー工夫・品揃え充実）
- 仕入原価圧縮（共同購入・価格競争力強化）
- 新製品開発・販売
- 新販売ルートの開拓
- 新規事業への参入
- ブランドイメージの確立
- 製造原価圧縮（工程見直し・人員の適正化）など

コスト削減のための施策の例として以下があげられる。二つ目以下は削減効果が大きく自社の意思で実行しやすいものである。

- 取引条件の見直し（賃借料、配送費、家賃引下げ）

第1節 経営改善計画 133

- ○ 事業所統合・本社縮小
- ○ 経費削減
- ○ 人件費削減
- ○ 人員よりまず物の削減（経費や原価を最大限に見直すことから実施）
- ○ 人員配置の適正化（生産効率の向上・労働時間の短縮）
- ○ 削減は役員、顧問から（従業員の協力や納得が得やすい）
- ○ 自然退職（新規採用をしない工夫を行う）
- ○ 残業代、賞与のカットを優先（人員整理の前に全員でがまんできないか）

### e 事業リストラ

事業リストラでは、事業の各単位で重点分野の選択と経営資源の集中により事業の再構築を目指す。そのポイントは事業の選択と集中である。

営む事業のうち、優良事業・利益計上事業・将来の収益事業を選択し、不採算事業・ノンコア事業・不効率事業から撤退を行う。そして、選択した事業をコア（中核）事業とし、ここに経営資源を集中する。

### f 財務リストラ

財務リストラとは、財務状況の悪化している企業において、バランスシートの圧縮と健全化を通じて事業収益力に適応した資金バランスを実現することである。そのポイントは不良資産と過剰債務の解消とバランスシートアプローチによる短期継続融資の活用である。

財務リストラを考える前に必要なのが実態バランスシートの作成である。バランスシートにおける個々の資産の含み損益を検討し、実態を反映したバランスシートをみて問題点を明確化する。

財務リストラは資産リストラ、負債リストラ、資本リストラの三つの視点から行う。

資産リストラとして以下を行う。

- ○ 流動資産の見直し
  現預金：過大の場合、借入金を返済し適性化を図る

　　　　売上債権：法的に回収。不能の場合は貸倒処理

　　　　在庫：仕入れを控える。不良在庫は処分

　　　　貸付金回収：代表者貸付金は、個人資産売却等により回収

　○　固定資産の見直し（収益性の低い資産や含み損を抱えていること自
　　　体が、企業のバランスシートを悪化させ、企業価値を下げることにな
　　　る）

　○　遊休、低稼働の不動産、機械等の処分：特に遊休地は実態バランス
　　　での含み損の計上により自己資本を圧迫する要因にもなる

　　　　ゴルフ会員権、株式の処分：営業上不要なものは売却する

　　　　保険積立金の解約：保険の趣旨や金額の必要性を十分考慮し、過大
　　　な保険積立金があればキャッシュフロー改善の面からも解約を検討
　　　する

　　　　敷金・保証金の減額交渉：事務所や工場の賃貸借契約更新時には賃
　　　料・敷金・保証金の減額を交渉する

負債リストラとして以下を行う。

　○　簿外債務の確認：計上もれがある場合は修正処理を行う

　○　高金利借入れの見直し：ノンバンク・商工ローン等高金利の借入れ
　　　があれば、他から低金利で調達できないか検討する

　○　役員借入金の株式化：代表者等からの借入金を資本金に振り替える

資本リストラとして以下を行う。

　○　親族、知人、取引先への第三者割当増資の検討〜資本金の充実を図
　　　るとともにニューマネーを確保する

## g　経営改善計画実施

　経営改善支援を継続的に行いその成果をあげるためには、経営改善支援の
PDCAサイクルを回すことが重要となる。経営改善計画の実施のポイントは
PDCAサイクル（PLAN（計画）⇒DO（実行）⇒CHECK（管理）⇒ACTION
（見直し））の繰り返しである。

　経営改善支援のPDCAサイクルの例として以下があげられる。

　①　事業や財務の実態把握（Plan）

② 改善策の検討や経営改善計画の策定・実行（Do）

③ 定例的なモニタリングの実行（Check）

④ 実態認識や計画の見直し（Action）

h 進捗管理（モニタリング）

経営改善計画進捗管理のポイントとして以下があげられる。

○ 計画の計数的な達成状況、計画に遅れがある場合の要因チェック

○ 改善施策の実施状況、それによりどんな効果があったのかをチェック

○ 遅れは取り戻せるか、計画全体に及ぼす影響とはどの程度かチェック

○ 計画の変更は必要か、変更するとすればどの部分なのかチェック

⑵ 策定の時期

上記⑴のように経営改善計画を策定していくが、経営改善・事業再生のカギは早期着手である。こうした後ろ向きの仕事は経営者の判断が遅れがちになるので、金融機関がリードしてできるだけ早い経営改善着手を図りたいものである。

## 7 経営改善計画書記載事項

経営改善計画書の基本的記載事項の例は以下のとおりである。

① 経営方針、ビジョン

② 企業の概要

 ⓐ 業歴・沿革

 ⓑ 代表者略歴・後継者略歴

 ⓒ 事業内容

  ㋐ 業種

  ㋑ 取扱商品・製造品目とその特色

  ㋒ 主要販売先

  ㋓ 主要仕入先

  ㋔ 事業所・工場

136 第3章 経営改善支援

- ㋕ 従業員数（役員数・従業員数・うちパート等）
- ㋖ 組織図
- ㋗ 株主構成
- ㋘ 関連会社
- ㋙ 業績推移（過去3期〜5期）
- ⓓ ビジネスモデル俯瞰図
③ 企業の実態把握
- ⓐ 業界動向
- ⓑ SWOT分析およびクロスSWOT分析
  - ㋐ 外部環境（機会・脅威）
  - ㋑ 内部環境（強み・弱み）
    経営全般、人材・組織体制、商品、技術力、サービス、販売力、営業、仕入れ、生産、財務など項目に分けたうえで強み・弱みを把握する
④ 経営上の問題点・課題の抽出
- ⓐ 損益面
  - ㋐ 売上・営業面
  - ㋑ 原価（仕入れ・製造・原価管理）・粗利益面
  - ㋒ 販売管理費・営業利益面
  - ㋓ 営業外収支面
- ⓑ 財務面
  - ㋐ 売掛金・買掛金・その他流動資産・負債等
  - ㋑ 在庫・棚卸し
  - ㋒ 設備投資等
  - ㋓ 固定資産・資産売却等
  - ㋔ 借入金
  - ㋕ 自己資本
- ⓒ 業務面
- ⓓ 生産管理面

第1節　経営改善計画　137

ⓔ　業績管理面

　ⓕ　人事面・その他

　ⓖ　経営悪化に至った経緯

　　㋐　大口引っ掛かり

　　㋑　過去の設備投資

　　㋒　過去の不動産投資

　　㋓　財務の毀損要因

　ⓗ　経営改善に向けた取組実績

　　㋐　経費削減

　　㋑　人員削減

　　㋒　不採算部門閉鎖

　　㋓　役員報酬・人件費削減

　　㋔　資産売却

⑤　経営改善に向けた数値計画

　ⓐ　損益計算書計画

　ⓑ　貸借対照表計画

　ⓒ　資金繰り計画

　ⓓ　債務超過解消計画

⑥　経営改善に向けた今後の取組み・主要施策（アクションプラン）

　ⓐ　計画の骨子、総括

　ⓑ　損益（P／L）面の取組み・改善施策

　ⓒ　財務（B／S）面の取組み・改善施策

　ⓓ　事業面の取組み・改善施策

　ⓔ　資金繰り面の取組み・改善施策

⑦　その他

　○　経営改善計画終了年度までにおいて経常黒字計上・実質債務超過
　　　解消

　○　債務償還年数・EBITDA有利子負債倍率が基準（一般事業であ
　　　れば15年（倍）など）以内

## 8 経営改善計画策定支援事業（405事業）の活用

　経営改善計画を本格的に策定したい場合は、国の経営改善計画策定支援事業（405事業）を活用する。

　この事業は、金融支援を伴う本格的な経営改善の取組みが必要な中小企業・小規模事業者を対象として、国が認定した税理士などの専門家である認定経営革新等支援機関が経営改善計画の策定を支援し、経営改善の取組みを促すものである。中小企業・小規模事業者が認定経営革新等支援機関に対し負担する経営改善計画策定支援に必要となる費用の3分の2（上限額あり）を中小企業活性化協議会が負担する。

　環境変化等に十分対応できておらず借入金の返済負担等、財務上の問題を抱えており自ら経営改善計画等を策定することがむずかしい貸出先に対して、認定経営革新等支援機関が貸出先等の依頼を受けて経営改善計画策定支援を行うことにより、中小企業等の経営改善を支援するものである。また、持続的・安定的な事業継続や思い切った前向き投資のためには内部管理体制や経営の透明性確保に向けたガバナンス体制の整備が必要であり、この事業を活用すれば一歩進んだ経営改善が期待できる。中小企業庁ウェブサイト（https://www.chusho.meti.go.jp/keiei/saisei/05.html）などを参照されたい。

第1節　経営改善計画　139

# 第 2 節 経営改善支援ツール

## 1 資金繰り表

資金繰り表とは、企業が資金の管理をする際にキャッシュの動きや過不足を表にしたものである。キャッシュ（現預金）が不足し支払ができなくなることを資金ショートというが、それは倒産に直結するものである。

資金繰り表でみるべき点は将来の現預金残高である。これがマイナスとなると企業は資金が不足する。そうなると仕入先に支払ができない事態となる。もし手形を発行していたら不渡りを出し倒産に直結する。手形を振り出していなくても、取引先に支払延期を依頼せざるをえず、それが信用不安につながり、業績下落から倒産というパターンに陥る。このことから現状の資金繰りが続くといつキャッシュが尽きるかという観点で資金繰り検証を行うことは、業況悪化の把握には欠かせない。

いつ資金ショートになりそうであるか、そうならないためにキャッシュをどう手当をするかの観点で資金繰り表を読むことで、業況悪化に早く気づき、早めに手を打つことが可能となる。

このように資金繰り表は企業経営にとってとても重要なものであるが、資金繰り表で資金を管理している企業は思いのほか少ない。顧問税理士は税務署に提出する書類ではないので資金繰り表をつくらない。経営者も資金繰り表をつくったことがないという中小企業者は多い。したがって、金融機関が取引先の本業支援の一つとして資金繰り表作成支援をしない限り、業況悪化の兆候を掴むことはむずかしい。金融機関担当者が経営者と一緒に資金繰り表を作成し、現状の資金繰りが続くといつキャッシュが尽きるのかを経営者と共有し、資金繰りの検証を通じて、資金ショート予防の対策を立てて実行

140 第3章 経営改善支援

## 図表3-2　資金繰り表（簡易版）の例

月々の収入・支出の差引過不足

**資金繰り（　　　）表**

（自令和　　年　　月　　日 至令和　　年　　月　　日）

（単位：百万円）

| | | 年 月 | 年 月 | 年 月 | 年 月 | 年 月 | 年 月 | 年 月 | 年 月 | 年 月 | 年 月 | 年 月 | 年 月 | 合計 |
|---|---|---|---|---|---|---|---|---|---|---|---|---|---|---|
| 売　上　高 | | | | | | | | | | | | | | |
| 仕入・外注費 | | | | | | | | | | | | | | |
| 前期繰越現金・当座預金（A） | | | | | | | | | | | | | | |
| 収入 | 売上代金 現金売上 | | | | | | | | | | | | | |
| | 売掛金現金回収 | | | | | | | | | | | | | |
| | 手形期日落 | | | | | | | | | | | | | |
| | 手形割引 | | | | | | | | | | | | | |
| | その他収入 | | | | | | | | | | | | | |
| | 計（B） | | | | | | | | | | | | | |
| 支出 | 仕入・外注費 現金仕入 | | | | | | | | | | | | | |
| | 買掛金現金支払 | | | | | | | | | | | | | |
| | 手形決済 | | | | | | | | | | | | | |
| | 経費 賃金給与 | | | | | | | | | | | | | |
| | 支払利息・割引料 | | | | | | | | | | | | | |
| | 上記以外の経費 | | | | | | | | | | | | | |
| | 仕入・外注費、経費以外の支出 | | | | | | | | | | | | | |
| | 計（C） | | | | | | | | | | | | | |
| 差引過不足（D=B-C） | | | | | | | | | | | | | | |
| 財務 | 借入金 短期借入金 | | | | | | | | | | | | | |
| | 長期借入金 | | | | | | | | | | | | | |
| | 計（E） | | | | | | | | | | | | | |
| | 借入金返済 短期借入金 | | | | | | | | | | | | | |
| | 長期借入金 | | | | | | | | | | | | | |
| | 計（F） | | | | | | | | | | | | | |
| 計（G=E-F） | | | | | | | | | | | | | | |
| 翌月繰越現金・当座預金(H=A+D+G) | | | | | | | | | | | | | | |

（出所）　日本政策金融公庫ウェブサイト（https://www.jfc.go.jp/n/service/dl_chusho.html）

することはとても重要な本業支援となる。

　日本政策金融公庫ウェブサイトに掲載されている資金繰り表（簡易版）を参考資料として掲載しておく（図表3-2）。

## 2　認定経営革新等支援機関

　認定経営革新等支援機関とは、中小企業・小規模事業者が安心して経営相談等できるよう専門知識や実務経験が一定レベル以上の者である、国が認定した公的な支援機関であり、中小企業等経営強化法に基づき認定されてい

図表３－３　認定経営革新等支援機関チラシ（裏面は割愛）

（出所）　中小企業庁ウェブサイト（https://www.chusho.meti.go.jp/keiei/kakushin/nintei/）

る。具体的には商工会や商工会議所など中小企業支援機関のほか金融機関、税理士、公認会計士、弁護士等が主な認定支援機関として認定されている。

中小企業庁ウェブサイトには、全国の認定経営革新等支援機関が掲載されており、認定経営革新等支援機関チラシ（図表3－3）も掲載されている。

## 3　早期経営改善計画策定支援事業（ポストコロナ持続的発展計画事業）

早期経営改善計画策定支援事業（図表3－4）は、資金繰り管理や採算管理などの基本的な経営改善の取組みを必要とする中小企業・小規模事業者を対象として認定経営革新等支援機関が資金実績・計画表やビジネスモデル俯瞰図といった経営改善計画の策定を支援し、計画を金融機関へ早期に提出することを端緒として自己の経営の見直し・経営改善を促すものである。

中小企業・小規模事業者が認定経営革新等支援機関に対し負担する早期経営改善計画策定支援に要する計画策定費用および伴走支援費用について、中小企業活性化協議会が3分の2（上限25万円）を負担する。

また、計画遂行とあわせて経営者保証解除に取り組む場合、金融機関交渉費用（認定経営革新等支援機関である弁護士に限る）について中小企業活性化協議会が3分の2（上限10万円）を負担する。

## 4　経営改善計画策定支援事業（405事業）

405事業は、金融支援を伴う本格的な経営改善の取組みが必要な中小企業・小規模事業を対象として認定経営革新等支援機関が経営改善計画の策定を支援し、経営改善の取組みを促すものである。

中小企業・小規模事業者が認定経営革新等支援機関に対し負担する経営改善計画策定支援に要する計画策定費用および伴走支援費用について、中小企業活性化協議会が3分の2（上限300万円）を負担する。

また、計画遂行とあわせて経営者保証解除に取り組む場合、金融機関交渉費用（認定経営革新等支援機関である弁護士に限る）について、中小企業活性化協議会が3分の2（上限10万円）を負担する。

図表 3 - 4　早期経営改善計画策定支援事業の概要

| ビジネスモデル 俯瞰図 | 経営課題の内容と 解決に向けた基本方針 |
|---|---|
| 「事実を俯瞰」して、収益の仕組や商流等を「見える化」。 | 現状分析を踏まえた経営課題と解決策を検討。 |

| アクションプラン | 損益計画 |
|---|---|
| 「見える化」された課題を行動計画に落とし込み。 | アクションプランの改善効果を数値化して計画を策定。 |

| 資金繰表 （実績・計画） |
|---|
| 過去の資金繰り実績を分析、将来の資金計画を作成。 |

専門家と計画を策定して、経営改善に取り組みましょう！　計画策定後も専門家が伴走支援します。

| 進捗・取組状況の確認 | 対応策の検討 |
|---|---|
| 数値計画と実績の差異、およびアクションプランの取組状況の確認。 | 計画と実績に差異がある場合の対応策の検討。 |

| 金融機関等への報告 |
|---|
| 計画進捗状況を金融機関等に報告。 |

| 支援枠 | 補助対象経費 | 補助率 | 備考 |
|---|---|---|---|
| 通常枠 | 計画策定支援費用 | 2/3（上限15万円） | 伴走支援（期中）は 事業者の希望に応じて 実施いたします。 |
| | 伴走支援費用 | 2/3（上限 5 万円） | |
| | 伴走支援費用（決算期） | 2/3（上限 5 万円） | |

（出所）　中小企業庁ウェブサイト（https://www.chusho.meti.go.jp/keiei/saisei/04.html）

405事業には、通常枠と中小版GL枠がある。中小版GL枠とは、事業者が、金融支援を伴う本格的な事業再生または廃業のために中小版GLに基づく計画を策定する場合の、事業・財務の状況に関する調査・分析（DD）や計画策定やその後の伴走支援に要する費用（認定経営革新等支援機関である専門家への報酬）の3分の2を中小企業活性化協議会が負担するものである。

たとえば貸出先の顧問税理士が認定経営革新等支援機関であるならば、中小企業・小規模事業者の経営計画の策定を支援する「早期経営改善計画策定支援事業（ポストコロナ持続的発展計画事業）」および「経営改善計画策定支援事業（405事業）」の活用を促したい。

これらの事業は、自ら経営改善計画等を策定することがむずかしい中小企業等に対して認定経営革新等支援機関が貸出先の依頼を受けて経営改善計画策定支援を行うことにより貸出先の経営改善・事業再生・再チャレンジを支援するものである。また、条件変更などの金融支援を伴う本格的な経営改善の取組みが必要な貸出先に対して認定経営革新等支援機関が経営改善計画の策定を支援し、経営改善の取組みを促すものである。貸出先が認定経営革新等支援機関に対し負担する経営改善計画策定支援に必要となる費用の3分の2（上限額あり）を中小企業活性化協議会が負担する。

これらの事業は、金融支援を伴う本格的な経営改善に向け「収益力改善支援に関する実務指針」（2022年12月、中小企業庁）に基づく計画策定等の支援と「中小企業の事業再生等に関するガイドライン〈第三部〉中小企業の事業再生等のための私的整理手続」に基づく計画策定等の支援を行う。また、認定経営革新等支援機関の支援を受けつつ、現状分析をふまえた実現可能性の高い経営改善計画を策定することで、事業者自身で計画策定や管理のPDCAサイクルを構築できるようになることを目的としている。PDCAサイクルを構築するための内部管理体制や経営の透明性確保に向けたガバナンス体制の整備についても、重要な支援と位置づけており、業況が悪化傾向にあることが判明した場合のファーストアクションに最適な支援方法である。

## 5 「収益力改善支援に関する実務指針」

　中小企業庁（中小企業収益力改善支援研究会）から、2022年12月に公表された「収益力改善支援に関する実務指針」（以下「実務指針」という）は、経営者・支援者双方の視点が盛り込まれた収益力改善のためのマニュアルである。長期に及んだコロナ禍、原材料価格の高騰、ゼロゼロ融資の過剰債務問題等、中小企業者の経営環境が激変している。実務指針は、こうした中小企業が財務内容や資金繰りの悪化等で大きな業況悪化に陥る前段階で収益力改善に取り組むために、経営者および支援者の実務での指針を示したものである（図表3−5）。

　また、思い切った事業再構築に対する前向きな投資を行ううえでは規律ある経営が重要であり、ガバナンス体制の整備の促進が重要視される。この実務指針には収益力改善とガバナンス体制の整備に加えて伴走支援の実務と着眼点についても記述があり、405事業・ポスコロ事業（早期経営改善計画策定支援事業）を認定支援機関が行う際には本実務指針に沿って支援することが求められている。

　この実務指針の大きなポイントは、経営者と支援者とのそれぞれが収益力改善に取り組む際に各々のチェックリストを活用することである。経営者自らの気づきを醸成する「経営者のための経営状況自己チェックリスト」（図表3−6）と支援者による気づきを提供する「支援者による経営状況チェックリスト」（図表3−7）がある。

　経営者のための経営状況自己チェックリストでは自社の収益力改善の必要性を簡単に自己チェックでき、支援機関としての金融機関と一緒にチェックすることで収益力改善の必要性に経営者自らが気づく立て付けになっている。経営者自らが客観的な視点で自己チェックを行うことや、財務面のみならず非財務面においてもチェックできることで自社の経営状況を把握することができる。経営者自らが経営改善の必要性に気づき早い段階から取り組んでいくことを認識するチェックリストである。

　次に、支援者による経営状況チェックリストは、収益力改善に関して、経

## 図表３－５ 「収益力改善支援に関する実務指針」の概要

| 実務指針の狙いと運用方針 |
|---|
| ●中小企業を取り巻く環境が激変する中、本源的な収益力の改善に向けた取組や、思い切った事業展開を行うためのガバナンス体制の整備が必要。<br>●収益力改善やガバナンス体制整備の際に、経営者と支援者の対話に活用し、互いの目線合わせや信頼関係の構築につなげることを目的としている。<br>●経営改善計画策定支援事業（405事業・ポスコロ事業）については、認定経営革新等支援機関が本実務指針に沿った支援を行うことを求める。 |

| 収益力改善支援の実務と着眼点 |
|---|
| １．支援ニーズの掘り起こし<br>　○２種類（経営者向け・支援者向け）の経営状況チェックリストを活用し、経営者と支援者が互いの視点から、収益力改善ニーズを早期に認識<br>２．支援者による相談対応<br>　○対話と傾聴を基本姿勢に、「ローカルベンチマーク」や「経営デザインシート」等を活用しつつ、経営者が「腹落ち」できる取組を共に模索<br>　○経営課題が多様化・高度化する中、よろず支援拠点等も活用しつつ、幅広い支援者と早い段階で連携<br>３．計画策定支援　※策定する目的や求める内容は個別に考慮<br>　①現状分析…「ローカルベンチマーク」等を活用して、財務、商流、業務フロー、内外の経営環境等を分析<br>　②経営課題の明確化…①を踏まえた課題の明確化と経営者の「ありたい姿」の実現に向けた動機付け<br>　③課題解決策の検討…効率的かつ実行可能性の高い解決策検討<br>　④アクションプランの策定…具体的に実行できる行動計画の策定<br>　⑤数値計画の策定…④による効果を踏まえた見通しの数値化<br>　⑥資金繰りの検討…資金収支の予測と過不足への対策検討<br>　⑦金融支援内容の検討…金融機関とできるだけ多くの情報を共有の上、金融支援の必要性や返済計画等の理解を求める |

| ガバナンス体制の整備支援の実務と着眼点 |
|---|
| １．支援にあたっての考え方<br>　○ガバナンス体制の整備に取り組む目的は持続的な成長と中長期的な企業価値向上の実現<br>　○「中小企業の事業再生等に関するガイドライン」や「経営者保証に関するガイドライン」に示されている、経営の透明性確保及び事業者と経営者の資産等の分別管理等を踏まえた検討が必要<br>２．ガバナンス体制の整備に係る計画策定支援<br>　①現状把握　…以下の着眼点に基づき、定性・定量両面で情報を整理<br>　○経営の透明性確保<br>　○事業者と経営者の資産等の分別管理<br>　○内部管理体制の構築<br>　②課題明確化…①を踏まえた課題の明確化と経営者の「ありたい姿」の実現に向けて経営者自らの意思で取り組む動機付け<br>　③対応策の検討と事業者へのアドバイス…①②を踏まえて解決策を検討（優先順位等も考慮）「ガバナンス体制の整備に関するチェックシート」を活用した中小企業活性化協議会との意見交換の実施も有用 |

| 伴走支援の実務と着眼点 |
|---|
| １．進捗確認　…数値計画と実績の差異を多角的に確認（財務指標を活用しつつ、背景や要因等を含めて確認）<br>２．取組状況の確認　…アクションプラン等の取組状況を確認（内部統制や人員体制等、数値以外の変化にも着目）<br>３．対応策の検討と事業者へのアドバイス…計画の進捗状況の原因を分析し対応策を検討（経営者が、計画に固執せず柔軟に取り組めるよう後押し）<br>４．報告支援　…計画進捗状況等を整理し、金融機関等のステークホルダーと報告（共有）<br>５．計画の見直しとPDCAサイクルの構築…取組を一過性のものとせず、課題設定→計画策定→実行→検証・見直しのPDCAサイクルの構築を支援 |

| 経営者自らが経営課題や事業環境の変化を見極め、柔軟に対応・挑戦（自走）できることを期待 |
|---|

（出所）　中小企業庁ウェブサイト（https://www.chusho.meti.go.jp/keiei/saisei/download/05/03_02.pdf）

図表 3 - 6　経営者のための経営状況自己チェックリスト

| チェックポイント | 自己チェック | |
|---|:---:|:---:|
| | YES | NO |
| ① 毎月の試算表を作成しており、資金繰り表等で<br>当面（向こう1年分程度以上）の資金繰りを管理できている | ☐ | ☐ |
| ② 営業黒字が維持できており、繰越欠損はない | ☐ | ☐ |
| ③ 借入金を増やさなくても運転資金は確保できている | ☐ | ☐ |
| ④ 減価償却が必要な資産については、正しく費用を計上している | ☐ | ☐ |
| ⑤ 税金・社会保険料の滞納がない | ☐ | ☐ |
| ⑥ 経営理念やビジョンがあり、従業員と共有できている<br>（社是、社訓、スローガン、パーパス（注）等も含む）<br>（注）パーパス…企業の根本的な存在意義や究極的な目的等を示したもの | ☐ | ☐ |
| ⑦ 自社の強みの活用や弱みの克服に向けた取組を行っている | ☐ | ☐ |
| ⑧ 自社の業務フローや商流（取引の流れ）を十分理解している<br>また、販売先（ユーザー）は複数に分散している | ☐ | ☐ |
| ⑨ 市場動向（為替、原油価格、賃金水準等）で、<br>何が経営に影響を与えるかを理解し、対応策を考えている | ☐ | ☐ |
| ⑩ 事業を継続・発展させるための人材育成に取り組んでいる<br>（後継者を含めた経営陣の育成、技術やノウハウの伝承等） | ☐ | ☐ |

上記の項目のいずれかが「NO」となる場合で、その要因が説明できない 又は 解決する手段がわからない場合は、収益力改善について検討する必要があります。

（出所）　中小企業庁ウェブサイト（https://www.chusho.meti.go.jp/keiei/saisei/download/05/03_03.xlsx）より一部抜粋。

営者との対話のきっかけや目線合わせのツールとして活用することができる。

　このように、経営者と認定支援機関である金融機関とがこの実務指針を、対話を通した経営改善の目線合わせや豊かなコミュニケーションをとるツールとして活用したいものである。

## 図表３－７　支援者による経営状況チェックリスト

| | | |
|---|---|---|
| 財務状況 | ☐ | **★試算表や資金繰り表が管理されていない** |
| | ☐ | 売上が減少し続けている |
| | ☐ | 営業赤字又は営業利益が減少し続けている |
| | ☐ | 借入金が増加し続けている |
| | ☐ | 借入金の返済能力が十分でない（キャッシュフロー等） |
| | ☐ | 経営陣と会社の間で、金銭や不動産の貸借がある |
| | ☐ | 売掛債権と買掛債権の回転率に大きな乖離がある |
| | ☐ | 減価償却費が正しく計上されていない |
| | ☐ | 税金・社会保険料の滞納がある |

| | | | |
|---|---|---|---|
| 非財務 | 経営者 | ☐ | **★経営者が経営理念やビジョンを持っていない** |
| | | ☐ | 経営者が自社の課題を把握できていない 又は 現状改善の意欲が見られない（向き合わない） |
| | | ☐ | 経営者の後継人材がいない |
| | 事業 | ☐ | 自社の強みの活用及び弱みの克服に向けた取組が行われていない |
| | | ☐ | 事業環境の整備（ITへの投資や活用等）に着手していない |
| | | ☐ | 単位時間あたりの付加価値（生産性）の向上に向けた取組が行われていない |
| | 環境・関係者 | ☐ | 同種・同業の他社と比較して強みが見当たらない |
| | | ☐ | 市場動向（原材料価格、為替、人件費等）や競合相手について関心がない |
| | | ☐ | 商流が特定の取引先に偏っている |
| | | ☐ | 従業員が定着していない 又は 十分な採用（人材確保）ができていない |
| | | ☐ | 取引金融機関数が極端に多い 又は 頻繁にメインバンクが変わっている |
| | 内部管理体制 | ☐ | 各部門に責任者・キーパーソンがおらず指示命令系統が機能していない |
| | | ☐ | 事業計画や目標が従業員と共有できていない |
| | | ☐ | 新しい商品・サービスの開発や事業変革に取り組んでいない |
| | | ☐ | 技術やノウハウの伝承、現場における人材育成に取り組んでいない |

> 上記を参考として中小企業者をチェック
>
> 　上記項目にあてはまるものがあり、その要因が説明できない 又は 解決する手段が検討されていない場合は、当該事業者に、収益力改善について検討を促す必要があります。改善に取り組む際は、「経営改善計画策定支援事業（405事業・ポスコロ事業）」（詳細は右下のQRコード参照）等の活用もご検討ください。
>
> 　特に★の項目にあてはまる場合は、まずは「ポスコロ事業」の活用をご検討ください。
>
> ※金融機関への説明に窮する場合、金融機関で取組方針に迷う場合は、早期着手をご検討ください。

（出所）　中小企業庁ウェブサイト（https://www.chusho.meti.go.jp/keiei/saisei/download/05/03_04.xlsx）より一部抜粋。

## 6 「業種別支援の着眼点」（金融庁）の活用

　金融庁は、地域金融機関等の現場職員の事業者支援能力の向上を後押しするため、「業種別の経営改善支援の効率化に向けた委託調査」（委託先：公益財団法人日本生産性本部）を実施し、地域金融機関等の現場職員が担当先である中小企業・小規模事業者への事業者支援に着手する際のポイントや、事業者の特性に応じた支援ノウハウ等を業種別に整理した「業種別支援の着眼

**図表3－8　業種別支援の着眼点（一部）**
中小飲食業の目利き（決算資料編）　その1

事業者支援の初動における、中小規模の飲食業の決算資料編のポイントをまとめます。普段から利

| 1 | 原価率 | ・同業種の業界平均に必ず着目し確認<br>・原価率20％・30％・35％という目安を押さえる<br>・原価率＝売上原価÷売上高<br>・原価の構成にも着目する（深掘りポイント） |

　売上高は「客数×客単価」に起因し、実態把握をヒアリングで行う必要があります（後述）ので、確認してみましょう。商品別・業態別の大まかな目安は下図のとおりです。
　どのような材料で構成されているかについても、原価を構成する重要な要素です。例えば焼肉で影響しているかについても、併せてヒアリングできるとよいと思います。

　中小飲食業の場合「原価≒材料費」と考えて捉える場合が多く、一般に飲食業は、様々なメニューの低い餃子が提供できるので利益が残りやすくなります。居酒屋では「乾杯のビール」のあとの2益は変化します。また、高級感やこだわりを"売り"にしていないような飲食店の原価が異常に高にも注目してください。

利益が少ない・・・～売価の

　同じ原価でも売価に違いがあれば、原価率に変化が出ます。例えば、飲食店社長に売価が低すぎから』という答えが返ってくることもあるでしょう。そのような考え方に基づく場合、重要になるスの高級フランス料理を一度に配膳して立ち食いで、低価格で提供する"というくらい提供方法にす。

（出所）　金融庁「業種別支援の着眼点」31頁（https://www.fsa.go.jp/policy/chuukai/2403

点」（以下「着眼点」という）を2023年3月に公表した。

　この「着眼点」は、金融庁ウェブサイトにおいてPDF版・PowerPoint版・動画版にて公表されており、自由に入手・視聴できる。それまで、企業をみるには一概に業種でくくることは困難で結局個社別でしかみることはできないといわれてきたが、「着眼点」ではありそうでなかった業種別の企業の見方が整理されている。この「着眼点」は、金融機関等の若手・中堅現場職員が、効率的かつ効果的に経営改善支援を実践するための初動対応に際して必

飲食業
決算資料編

用することもあり、建設業や製造業等と比べても、イメージがつきやすい業種かと思います。

まずは、原価率を決算資料等で確認しましょう。業種と原価率の関係に着目し、専門書等を参考に

あれば、ほぼ肉で構成されますが、かつ丼であれば種類もより増えます。どの材料が原価に大きく

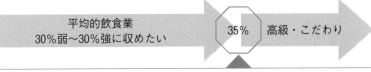

の組み合わせで粗利益を確保しています。例えば、ラーメン餃子セットを頼んでもらうと、原価率
杯目からは、サワー等にさりげなく誘導すると、売価に大きな差はなくても、原価率の違いから利
い場合は、売上や材料費の計上が不適切である可能性もあります。お店のイメージと原価率の均整

問題か？　原価の問題か？～

る、または原価が高すぎるのではないかと尋ねると、『うちは良い食材を安くお客様に提供したい
のは、売価・原価の高低よりも、顧客回転率ということになります。極端な例えとして、"フルコー
インパクトがないと、高コスト・低価格路線で利益を確保するのは、一般論として難しいといえま

要となる業種別の特性をふまえた点に絞って取りまとめられている。掲載されているのは、全業種共通、建設業、飲食業、小売業、卸売業、運送業、製造業、サービス業、医療業、介護業、宿泊業であり、決算書から弾き出すことができる定量項目のほか、業界特有の数値には表れない定性項目についても解説されている。中小企業者の本業支援に勤しんでいる金融機関職員は、まずはその内容に触れてほしい。

参考資料として着眼点の一部を掲載する（図表3－8）。

## 7 『業種別審査事典』（金融財政事情研究会）

「着眼点」は、大きなくくりでの業種別の見方だが、『業種別審査事典』は、伝統産業・主要産業はもちろん、コロナ禍や技術の発展を受けて新たに創出され成長が期待されるテック企業・ベンチャー企業まで、金融機関が取引をしているあらゆる業種・業態を幅広く網羅している。

企業分析のエキスパートによって執筆・監修されており、統計データだけでなく業種特有の情報も提供され、多様な定量・定性データについて、業務・商品、取引形態、資金需要、最新のデータに基づく市場動向はもとより、不確実性が強まるなか業種間の「つながり」を意識した商流（サプライチェーン等）まで、わかりやすい明解な構成で確認することができる。

『業種別審査事典』を活用することで業界事情や業界用語等を理解し、訪問先の企業の経営者と「共通言語」に基づいたコミュニケーションができるとともに、当該業界に関する最低限の知識を獲得し、これを融資判断に活用することが可能である。

また、当該業種の経営者に広く共通する悩み（需要減、低収益性、仕入条件の悪化、販路の縮小、人手不足、後継者難、海外取引ノウハウの欠如など）を受けた経営支援のポイントが記載されており、さらにコロナ禍の影響を明快に解説し、今後、注目すべきDX、SDGs・ESG、カーボンニュートラルといったテーマも業種にあわせて解説されている。

貸出先の本業伴走支援で業種・業態を分析するには必須のコンテンツであり、筆者もクライアントの経営コンサルティング業務に活用している。

## 8 ローカルベンチマーク

　経済産業省は金融機関や支援者が企業と経営について対話を行うツールとして、ローカルベンチマーク（以下「ロカベン」という）を推奨している。

　ロカベンとは、企業の経営状態の把握、いわゆる企業の健康診断を行うツールであり、企業の経営者と金融機関・支援機関等がコミュニケーション（対話）を行いながら、ローカルベンチマーク・シートなどを使用し、企業経営の現状や課題を相互に理解することで、個別企業の経営改善や地域活性化を目指すものである。

　財務面における六つの指標（図表3－9）、商流・業務フロー（図表3－10）、非財務面における四つの視点（図表3－11）の3枚組のシートで、政府の各種施策と連携しており、各種補助金等の申請にも活用されている。

　財務面における六つの指標とは、売上持続性を示す売上増加率、収益性をみる営業利益率、生産性をみる労働生産性、健全性の指標であるEBITDA有利子負債倍率、効率性を示す営業運転資本回転期間、安全性を示す自己資本比率である。自社の経営状態が、同業種の企業と比べてどのような位置にあるのかを点数化し、チャートで表示できる機能もあり、経営診断ツールの一種である。

　一般的に経営診断ツールというと財務情報を分析するものが一般的であるが、ロカベンの特徴は財務と非財務との両面から企業の健康診断を行うことにある。

　商流・業務フローにおける商流とは取引の流れのことで、自社のビジネスがどのような取引関係から成立しているかを把握する。業務フローでは、自社の業務の流れを整理し、自社のこだわりや工夫である差別化ポイントを発見することに主眼を置く。

　非財務面における四つの視点とは、経営者、事業、企業を取り巻く環境・関係者、内部管理体制で、企業の現状を整理する。経営者の視点では、どのような経営理念やビジョンをもっているか、どのような事業展開をしていきたいか、後継者の育成についてはどう考えているかについて確認していく。

図表3－9　ローカルベンチマーク①

2022年版

■ 基本情報

| 商号 | 株式会社○○ |
|---|---|
| 所在地 | 東京都○○ |
| 代表者名 | ○○　○○ |
| 業種_大分類 | 13_観光業 |
| 業種_小分類 | 1301_観光業 |
| 事業規模 | 中規模事業者 |

| 売上高 | 5,130,250（千円） |
|---|---|
| 営業利益 | 15,000（千円） |
| 従業員数 | 30（人） |

■ 財務指標（最新期）

| 指標 | 2022年3月 | | |
|---|---|---|---|
| | 算出結果 | 貴社点数 | 業種基準値 |
| ①売上増加率 | 7.8% | 4 | －4.2% |
| ②営業利益率 | 0.3% | 3 | 0.0% |
| ③労働生産性 | 500（千円） | 4 | －379（千円） |
| ④EBITDA有利子負債倍率 | －0.1（倍） | 5 | 13.7（倍） |
| ⑤営業運転資本回転期間 | 0.8（ヶ月） | 3 | 0.5（ヶ月） |
| ⑥自己資本比率 | 35.4% | 4 | 15.3% |
| 総合評価点 | 23 | B | |

■ 財務指標（過去2期）

| 指標 | 2021年3月 | | |
|---|---|---|---|
| | 算出結果 | 貴社点数 | 業種基準値 |
| ①売上増加率 | －2.4% | 3 | －4.2% |
| ②営業利益率 | －0.3% | 3 | 0.0% |
| ③労働生産性 | －393（千円） | 3 | －379（千円） |
| ④EBITDA有利子負債倍率 | 61.2（倍） | 2 | 13.7（倍） |
| ⑤営業運転資本回転期間 | 2.8（ヶ月） | 1 | 0.5（ヶ月） |
| ⑥自己資本比率 | 2.1% | 2 | 15.3% |
| 総合評価点 | 14 | C | |

※総合評価点のランクはA：24点以上、B：18点以上24点未

（出所）　経済産業省ウェブサイト（https://www.meti.go.jp/policy/economy/keiei_innova

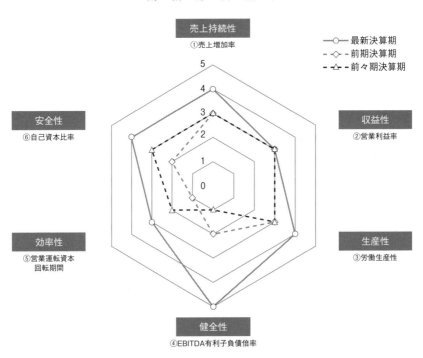

| 2020年3月 |||| 
|:---:|:---:|:---:|
| 算出結果 | 貴社点数 | 業種基準値 |
| −1.2% | 3 | −4.2% |
| 0.0% | 3 | 0.0% |
| 0（千円） | 3 | −379（千円） |
| — | 1 | 13.7（倍） |
| 1.1（ヶ月） | 2 | 0.5（ヶ月） |
| 24.2% | 3 | 15.3% |
| 総合評価点 | 15 | C |

※1 各項目の評点および総合評価点は各項目の業種基準値からの乖離を示すものであり、点数の高低が必ずしも企業の評価を示すものではありません。非財務情報も含め、総合的な判断が必要なことにご留意ください。

※2 レーダーチャートで3期分の財務分析結果の推移が確認できるため、各指標が良化（あるいは悪化）した要因を非財務の対話シートを活用しながら把握することで、経営状況や課題の把握に繋がります。

満、C：12点以上18点未満、D：12点未満
tion/sangyokinyu/locaben/sheet.html）

図表 3-10　ローカルベンチマーク②

〈製品製造、サービス提供における業務フローと差別化ポイント〉

〈商流把握〉

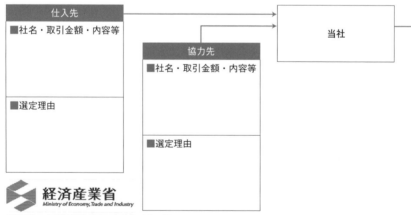

（出所）　経済産業省ウェブサイト（https://www.meti.go.jp/policy/economy/keiei_innova

| 商号 | 株式会社○○ |
|---|---|
| 売上高 | 5,130,250（千円） |
| 営業利益 | 15,000（千円） |
| 従業員数 | 30（人） |

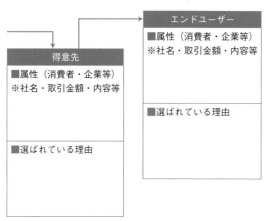

tion/sangyokinyu/locaben/sheet.html）

第2節　経営改善支援ツール　157

図表3−11　ローカルベンチマーク③

| | | |
|---|---|---|
| ①経営者 | 経営理念・ビジョン<br>経営哲学・考え・方針等 | |
| | 経営意欲<br>※成長志向・現状維持など | |
| | 後継者の有無<br>後継者の育成状況<br>承継のタイミング・関係 | |
| ②事業 | 企業及び事業沿革<br>※ターニングポイントの把握 | |
| | 強み<br>技術力・販売力等 | |
| | 弱み<br>技術力・販売力等 | |
| | ITに関する投資、活用の状況<br>1時間当たり付加価値（生産性）<br>向上に向けた取り組み | |

対話内容

現状認識

課題

（出所）経済産業省ウェブサイト（https://www.meti.go.jp/policy/economy/keiei_innova

| 商号 | 株式会社○○ |
|---|---|
| 売上高 | 5,130,250（千円） |
| 営業利益 | 15,000（千円） |
| 従業員数 | 30（人） |

| | | |
|---|---|---|
| ③企業を取り巻く環境・関係者 | 市場動向・規模・シェアの把握<br>競合他社との比較 | |
| | 顧客リピート率・新規開拓率<br>主な取引先企業の推移<br>顧客からのフィードバックの有無 | |
| | 従業員定着率<br>勤続年数・平均給与 | |
| | 取引金融機関数・推移<br>メインバンクとの関係 | |
| ④内部管理体制 | 組織体制<br>品質管理・情報管理体制 | |
| | 事業計画・経営計画の有無<br>従業員との共有状況<br>社内会議の実施状況 | |
| | 研究開発・商品開発の体制<br>知的財産権の保有・活用状況 | |
| | 人材育成の取り組み状況<br>人材育成の仕組み | |

の総括

| 将来目標 | |
|---|---|

現状と目標のギャップ

| 対応策 | |
|---|---|

tion/sangyokinyu/locaben/sheet.html）

事業の視点では、自社がどのような仕組みで、どのように利益をあげているのかを考え、自社の強みと弱みとがどこにあるかを明確にする。

企業を取り巻く環境・関係者の視点では、市場環境、販売先や取引先企業、取引金融機関、従業員など、自社の外部環境やステークホルダーについて整理し、市場規模・シェア・競合の動向、取引先・顧客との関係、従業員の満足度などについて考える。

内部管理体制の視点では、品質管理、情報管理体制は整っているか、事業計画・経営計画が従業員と共有されているか、商品・サービスの開発体制、人材育成の取組みはどうなっているかなど、組織について考える。

このようにロカベンは経営改善のための対話にとって非常に有効なツールである。2022年7月のローカルベンチマーク活用戦略会議の事務局説明資料における金融機関向けアンケート調査では、ロカベンの認知度は「内容をよく知っている」「聞いたことがある」をあわせて90%を超えており高水準の認知度となっており、約4割の金融機関で活用が進んでいる状況にある。金融機関としての積極活用をしないまでも、各担当者が自身の貸出先支援のツールとして経営者との対話で活用できる。

## 9　知的資産経営報告書の活用

知的資産とは特許やブランドなどの知的財産を一部に含み、さらに組織力、人材、技術、経営理念、顧客等とのネットワークなど、財務諸表には表れてこない目に見えにくい幅広い経営資源の総称である。知的資産は企業の本当の価値・強みともいえ、企業競争力の源泉であり、この知的資産という強みを認識し、収益につなげる経営を知的資産経営と呼ぶ。

知的資産経営に関しては、2005年10月に経済産業省より「知的資産経営の開示ガイドライン」が公表され、2007年3月に独立行政法人中小企業基盤整備機構が知的資産経営報告書を作成するための「中小企業のための知的資産経営マニュアル」を発行した。その後知的資産経営報告書のエッセンスをA3判1枚にまとめることができる「事業価値を高める経営レポート作成マニュアル改訂版（2019年1月改訂）」になって現在に至っている（図表3−

160　第3章　経営改善支援

12)。

　貸出先で業況が悪化傾向にある企業に関しては、いま一度過去の栄光であった自社の強みを再認識させることが業況改善への近道である。企業が勝ち残っていくためには、差別化による競争優位の源泉を確保することが必要であることは論をまたないが、中小企業者は特に意識をしていない身の回りにある知的資産の活用により他社との差別化ができる可能性がある。そうした意味で知的資産経営報告書を作成することは、業況悪化の兆候がみられる中小企業者にとっては有効である。

## 10　「経営デザインシート」

　「経営デザインシート」は内閣府が提供している、これからの経営（ビジネス）をデザイン（構想）するためのツール（フレームワーク）である（図表3－13）。

　このシートでは顧客が求める価値を創出・提供する仕組み、「価値を生み出す仕組み（価値創造メカニズム）」に着目し、「これまで」と「これから」と「価値を生み出す仕組み」を比較しながら、そのギャップを埋めるために「何をするべきか」を考えていく。

　「経営デザインシート」を使うことで、経営者の頭のなかにある将来のビジネスの構想を整理し、見える化することができる。

　また、シートを従業員や支援者との対話ツールとして活用して、目指す方向性を共有することもできる。

## 11　「金融機関向け事業再生支援高度化の手引き」

　「金融機関向け事業再生支援高度化の手引き」は、地域経済活性化支援機構（REVIC）から2024年3月25日に公表された（https://www.revic.co.jp/pdf/publication/kodokaguide.pdf）。

　この手引きは、各地の地域金融機関が地域の事業者の実情に応じて事業再生支援に取り組む重要性が高まっていることをふまえ、地域金融機関における事業再生支援人材・担い手の拡充とその能力の高度化のために、株式会社

## 図表 3−12 事業価値を高める経営レポート

| 事業価値を高める経営レポート | 商号： | 作成日： 年 月 日 |
|---|---|---|

**キャッチフレーズ**

**Ⅰ. 経営理念（企業ビジョン）**

**Ⅱ-1. 企業概要**

**Ⅱ-2. 沿 革**
- ・
- ・
- ・

**Ⅱ-3. 受賞歴・認証･資格等**
- ・
- ・
- ・

**Ⅲ-1. 内部環境（業務の流れ）**

① ② ③ ④ ⑤ 顧客提供価値

| 業務の流れ | 他社との差別化に繋がっている取組 |
|---|---|
| ① | |
| ② | |
| ③ | |
| ④ | |
| ⑤ | |
| 顧客提供価値 | |

**Ⅲ-2. 内部環境（強み・弱み）**

【自社の強み】

【自社の弱み】（経営課題）

【その理由・背景】

【その理由・背景】

（出所） 中小企業基盤整備機構ウェブサイト（https://www.smrj.go.jp/supporter/tool/gu

Ⅳ．外部環境（機会と脅威）

| 機　会 | 取組の<br>優先順位 |
|---|---|
|  |  |
|  |  |
|  |  |
|  |  |
|  |  |

| 脅　威 | 取組の<br>優先順位 |
|---|---|
|  |  |
|  |  |
|  |  |
|  |  |
|  |  |

Ⅴ．今後のビジョン（方針・戦略）

| 外部環境と<br>知的資産を<br>踏まえた<br>今後のビジョン | ① |  |
|---|---|---|
|  | ② |  |
|  | ③ |  |

| 今後の<br>ビジョンを<br>実現するための<br>取組 |  |
|---|---|

Ⅵ．価値創造のストーリー

| 知的資産・KPI | 【過去〜現在のストーリー】<br>（　年〜　年）<br>知的資産の活用状況 |  | 【現在〜将来のストーリー】<br>（　年〜　年）<br>知的資産の活用目標 |  |
|---|---|---|---|---|
|  | 人的資産<br>※従業員が退職時に一緒に持ち出す資産（ノウハウ、技能、経験、モチベーション、経営者の能力など） |  | 人的資産 |  |
|  | 構造資産<br>※従業員の退職時に企業内に残留する資産（システム、ブランド力、もうかる仕組みなど） |  | 構造資産 |  |
|  | 関係資産<br>※企業の対外的関係に付随した全ての資産（販路、顧客・金融機関などとの関係など） |  | 関係資産 |  |
|  | その他<br>※上記3分類に属さないもの（資金、設備など） |  | その他 |  |

| KGI | 【現在】 | 【将来】 |
|---|---|---|
|  |  |  |

idebook/soft_asset1/index.html）

第2節　経営改善支援ツール　163

図表3－13　経営デザインシート

(出所)　首相官邸ウェブサイト（https://www.kantei.go.jp/jp/singi/titeki2/keiei_design/

index.html）

第2節　経営改善支援ツール

地域経済活性化支援機構（以下「機構」という）が有する豊富な事業再生支援の知識・ノウハウを集約したものである。

　機構が行う地域金融機関等と連携した積極的な事業再生支援や、地域金融機関の役職員を対象とした研修などで活用され、これらの取組みにより事業再生支援の知識・ノウハウを移転することで、各地域金融機関の事業再生支援人材を育成し、事業者支援能力の高度化がなされる。

　ページ数が311ページもあり、幅広く事業再生の知識について網羅されている。貸出先の事業再生支援にかかわる金融機関職員には必須のツールである。

## 12　ミラサポplus（プラス）

　ミラサポplusは、経済産業省と中小企業庁が共同運営する、中小企業に対する補助金や助成金などの最新の支援内容を網羅した無料で利用できるウェブサイトである。

　サイト上では、中小企業が利用できる補助金・助成金など国からの支援内容を簡単に検索することができる。ミラサポplusから得られる情報は、経営戦略マップ、国の支援制度の検索と人気の補助金、利用した事業者の事例検索、ローカルベンチマーク、電子申請のサポート、経営相談などであり、ミラサポplusの無料会員になればいつでも最新の補助金や助成金の支援内容を検索することができ、また電子申請のサポートまで受けられ、利用者の事例も閲覧できるため、具体的にどのような内容で補助金を活用したのか参考にすることができ、また、経営診断、現状分析などのツールも利用することができる。

　ミラサポplusのウェブサイトには相談機関一覧も掲載されている（図表3 −14)。

166　第3章　経営改善支援

図表3－14　ミラサポplusに掲載されている相談先

[経営全般に関すること]

| 相談先 | 説明 | 連絡先 | URL |
|---|---|---|---|
| よろず支援拠点 無料 | 国が設立した無料の経営相談所。中小企業・小規模事業者が抱える経営課題についてワンストップで対応します。 | まずは、お近くのよろず支援拠点にご相談ください。 | 各都道府県よろず支援拠点一覧 https://yorozu.smrj.go.jp/base/ |
| 中小企業電話相談ナビダイヤル 無料 | お近くの経済産業局が支援策の紹介、経営相談に対応します。 | 0570-064-350 平日（月～金曜日） 9：00～12：00 13：00～17：00 | |
| 経営アドバイス（対面相談・Web相談） 無料 | 全国9箇所の地域本部で、経験豊富な専門家が、直接またはweb会議システムを用い、アドバイスいたします。 | 最寄りの地域本部へお申し込みください。 | 中小機構　経営に関する相談 https://www.smrj.go.jp/sme/consulting/tel/index.html |
| メール経営相談 無料 | 24時間、いつでもどこからでも、専用のwebフォームに相談内容を入力・送信いただけます。 | 専用webフォーム 初回用 2回目以降 | 中小機構　経営に関する相談 https://www.smrj.go.jp/sme/consulting/tel/index.html |
| がんばる中小企業経営相談ホットライン 無料 | 中小企業診断士等の経営アドバイザーが経営相談にお電話で対応します。 | 050-3171-8814 平日9：00～17：00 | |

第2節　経営改善支援ツール　167

| 相談先 | 説明 | 連絡先 | URL |
|---|---|---|---|
| 経営相談チャット サービス（E-SOD AN） 無料 | 経営に関するお悩みにＡＩ（人工知能）と専門家がチャットでお答えします。 | 人工知能：24時間 365日 専門家：平日9：00〜17:00 | https://bizsapo.smrj.go.jp/ |
| 認定経営革新等支援機関 有料※支援機関の規定による | 様々な経営課題に対して、税務、金融及び企業財務に関する専門的知識や、支援に係る実務経験を持つ、専門性の高い支援機関が対応します。 | 認定経営革新等支援機関検索システムより、条件にあった支援機関をお探しの上、ご相談ください。 https://ninteishien.force.com/ NSK_CertificationArea | https://www.chusho.meti.go.jp/keiei/kakushin/nintei/kikan.html |
| 都道府県等中小企業支援センター 無料 | 中小企業・小規模事業者の経営上の課題、資金調達などの各種相談に応じる中小企業支援センターが各地に設けられています。 | 47都道府県と13政令指定都市に設置 都道府県等中小企業支援センター一覧 | |

[**資金繰りに関すること**]

| 相談先 | 説明 | 連絡先 | URL |
|---|---|---|---|
| 中小企業金融相談 無料 | 資金繰り全般について相談に対応します。 | 0570-783-183 平日9：00〜17:00 | |
| 金融庁電話相談 無料 | 民間金融機関に関する取引についての相談に対応します。 | 0120-156-811 平日9：00〜17:00 | https://www.fsa.go.jp/receipt/ |

[ITツールやシステムの導入に関すること]

| 相談先 | 説明 | 連絡先 | URL |
|---|---|---|---|
| 認定情報処理支援機関（スマートSMEサポーター）<br>有料※支援機関の規定による | ITツールやシステムの導入に関する相談に対応します。 | ご質問は以下のフォームから御願いいたします。<br>https://mm-enquete-cnt.meti.go.jp/form/pub/keieisien/smartsme | https://www.smartsme.go.jp/SSS_SearchPage |

[知的財産活用に関すること]

| 相談先 | 説明 | 連絡先 | URL |
|---|---|---|---|
| 知財総合支援窓口<br>無料 | 知的財産に関する相談に対応します。 | 0570-082100<br>平日9：00～17：00 | 全国の知財総合支援窓口一覧<br>https://chizai-portal.inpit.go.jp/area/ |

[事業承継に関すること]

| 相談先 | 説明 | 連絡先 | URL |
|---|---|---|---|
| 事業承継・引継ぎ支援センター<br>無料 | 事業承継の悩みや経営者不在の悩みを抱える事業者の相談に対応します。 | まずは、お近くの事業承継・引継ぎ支援センターにご相談ください。 | https://shoukei.smrj.go.jp/ |

[取引トラブルに関すること]

| 相談先 | 説明 | 連絡先 | URL |
|---|---|---|---|
| 下請かけこみ寺<br>無料 | 中小事業者が抱える取引上のトラブルを、専門家が問題解決に向けてサポートします。 | 0120-418-618<br>平日9：00～17：00 | 下請かけこみ寺一覧<br>https://www.zenkyo.or.jp/kakekomi/address.htm |

第2節　経営改善支援ツール　169

**[事業再生等に関すること]**

| 相談先 | 説明 | 連絡先 | URL |
|---|---|---|---|
| 中小企業活性化協議会 [無料] | 過剰債務等で経営状態が悪化している事業者の相談に対応します。 | まずは、お近くの中小企業活性化協議会にご相談ください。<br>お問い合わせ先<br>中小企業庁経営支援部経営支援課<br>電話：03-3501-1763 | 中小企業活性化協議会の窓口一覧<br>https://www.smrj.go.jp/supporter/revitalization/01.html |

**[M&Aに関すること]**

| 相談先 | 説明 | 連絡先 | URL |
|---|---|---|---|
| M&Aの認定支援機関 [有料※支援機関の規定による] | M&Aに関する相談に対応します。 | 登録支援機関データベースより、条件にあった支援機関をお探しの上、ご相談ください。<br>https://ma-shienkikan.go.jp/search | https://ma-shienkikan.go.jp/ |

（出所）　ミラサポplusウェブサイト（https://mirasapo-plus.go.jp/supporter/）

## 第**3**節 コンサルティングツール

### 1 アンゾフの成長マトリクス

　時代の変化により「経営環境が大きく変わってしまった」との声を中小企業からよく聞く。経営環境の今後の見通しも不透明ななかで、環境変化に不安を抱えている経営者も多い。経営を取り巻く環境が大きく変わるなかで成長を続けるためにはどのような成長戦略をとればよいか、そのヒントとなる考え方、フレームワークの一つが「アンゾフの成長マトリクス」である。

　貸出先が経済社会の変化に対応するために、事業計画の検討を行うにあたって、「アンゾフの成長マトリクス」を使って貸出先支援を行いたい。

　アンゾフは成長戦略を「製品」と「市場」との2軸に置き、それをさらに「既存」と「新規」に分けた。その各マトリクス中の戦略が貸出先が売上拡大するためのとるべき戦略となる。

　一つ目は、「既存製品×既存市場」の「市場浸透戦略」である。これはいままでの市場に既存製品やサービスを投入して売上高や市場シェアの拡大を目指す戦略である。市場浸透戦略では製品の認知度を上げたり購入意欲を高めたりすることが大きな課題となり、戦略の主な目的になってくる。

　貸出先への具体的なアドバイスとしては値上げである。たとえば不採算の商品・サービスはもともと赤字であり減ってもよいからと値上げをしてみる。それでも売れなかった場合は撤退するが値上げをすることで思いのほか売れることがある。消費者心理はわからないものである。

　人気商品も値上げの対象になりうる。たとえばアパホテルでは正月やGWなどに価格が高くなる。また、人気レストランは平日より土日の値段が高くなる。これはダイナミックプライシング（需要と供給を考慮して商品やサー

第3節　コンサルティングツール　171

図表3-15　アンゾフの成長マトリクス

|  |  |  | 製品（自社が提供する製品・サービス等） | |
| --- | --- | --- | --- | --- |
|  |  |  | 既存 | 新規 |
| 市場 | （対象となる個人・組織） | 既存 | 市場浸透戦略<br>既存製品×既存市場 | 新製品開発戦略<br>新規製品×既存市場 |
|  |  | 新規 | 新市場開拓戦略<br>既存製品×新規市場 | 多角化戦略<br>新規製品×新規市場 |

（出所）　ミラサポplusウェブサイト（https://mirasapo-plus.go.jp/hint/15043/）

ビスの料金を変える価格戦略）による最適な価格設定をすることで実質的値上げを実現する方法である。宿泊業やレストランは毎日の稼働率が売上に大きく影響するため、繁忙期や繁忙時間帯は価格をより高くし、収益の最大化をねらう戦術である。

　次のアドバイスは重ね売りである。いまある商品・サービスを同じ顧客に別個買ってもらう戦術である。有名な方法として、マクドナルドのハンバーガーを買った人にドリンクやポテトを勧める方法がある。たとえば建築屋がリフォームを勧める、スーパー・コンビニがレジ周りに甘いものを置き自然と手にとってもらう戦術である。このように関連商品を勧めることで、一定数はその商品を購入する。そこで重要なのはタイミングで、購入直前、購入直後のいずれかがベストなタイミングになる。購入前後の顧客の心理状態は、財布の口が開いている状態であるので、セールスをするならまさにその時である。ECサイトでもこの手法はよくみかける。商品をカートに入れた直後に関連商品が表示されたり、注文直後にも関連商品が表示されたりする経験があるだろう。

　長く商売をしていると、たくさん物を買う顧客はさらに買うということがわかる。さらに、さらに買う顧客はなおいっそう買う。このように既存の顧客に既存の商品・サービスをより多く買ってもらうのは重ね売りの極意である。

　このような顧客は優良顧客であり、そこに数千円の商品・サービスを売っ

172　第3章　経営改善支援

ているようでは優良顧客を活かしきれていない。できれば、数十万円、数百万円の商品を重ね売りすることを考える。優良顧客は特別扱いをしながら特別な商品を提案すると喜んで購入することをアドバイスする。

その逆で、特売商品・目玉商品で集客し、利益のあがるものを重ね売りする戦術もある。たとえばドラッグストアは、集客の目玉商品で安い野菜や豆腐を売っている。それで大きく集客し、重ね売りで利益率の高い薬を手にとってもらう戦術をとっている。このような例を交えて貸出先にアドバイスをすると理解されやすい。

二つ目のマトリクスは、「新規製品×既存市場」の「新製品開発戦略」である。これは、いままでの市場に新しい製品やサービスを投入して売上を拡大しようとする戦略である。既存市場のニーズに対応した製品・サービスを開発すること、競合製品・サービスと差別化を図ることができる製品やサービスを開発することがポイントになる。

その戦術は新商品の重ね売りである。これは既存客に対して信頼があるからこそできる方法で、たとえばMacのPCを使っている人にiPhoneを、長く使え壊れなかったカシオの電卓愛好者にGショックを、会計事務所が税務顧問先に企業防衛保険やMAS監査（企業のPDCAを回す会議商品）を売るイメージである。

新商品をつくり続けるのは企業の宿命である。同じ商品が10年も売れ続けるほど現在の外部環境は甘くはない。新商品をつくるのであれば既存客に売れる新商品を開発するほうが得策である。すなわち、顧客は新しいものを使ってみたいという欲求があると同時にだれも使ったことがないのに大丈夫かという不安がつきまとうが、既存の顧客であれば企業との過去の信頼関係によりこの不安が薄くなっているのでうまくいくというわけである。

三つ目のマトリクスは、「既存製品×新規市場」の「新市場開拓戦略」である。これは既存の製品やサービスを新しい市場に投入する戦略である。

新規市場として一番先に思い浮かぶのが地域である。たとえば岐阜の大手会計会社が名古屋に進出するというイメージである。これは自社の信頼を新しい地域で売る戦略で、既存製品の海外進出・海外展開も新市場開拓戦略の

第3節　コンサルティングツール　173

一例といえる。

新規市場は地域だけではない。たとえばアデランスは当初は男性アイテムであったが、いまでは女性アイテム（ウィッグ）が主流となっている。当初は働く男子がターゲットだったワークマンが、ワークマン女子、レディスワークマン、フィッシングワークマン、トレッキングワークマン、山ガールワークマンなど新市場に限りはない。

四つ目のマトリクスは、「新規製品×新規市場」の「多角化戦略」である。これは新しい市場に新しい製品やサービスを投入する戦略である。多角化戦略はほとんど経験のない新市場に売れるかわからない新製品を投入するためリスクの大きい戦略である。またマーケティングのコスト、製品・サービスの開発コストがかかるなどのリスクもある。

この戦略は、リーマンショックやコロナ禍などの大きな経済変動によって売上が消滅するなどの状況下で、リスクがあっても新しい収益源を求めざるをえないときなどにとられるハイリスク・ハイリターンの戦略である。

中小企業にはハイレベルの戦略であるが、事業環境の激変によりビジネスモデルの転換、新たなビジネス開発、事業再構築を考えている企業も多く、企業の持続可能性を高めるためには必要な戦略である。

この多角化戦略について、アンゾフは同じように四つのパターンに分類している。

一つ目は「水平型多角化」で、いままでの技術やノウハウを活かしながらいままでの市場と「類似した市場」に新製品・新サービスを投入する多角化である。たとえば「自動車メーカーがバイクを生産する」ケースでは、いままでの技術・設備・ノウハウを活かすことができ、相乗効果・シナジー効果も期待できる。

二つ目は「垂直型多角化」で、いままでの技術やノウハウとの関連性は低いものの、いままでと「似た市場（バリューチェーンの川上や川下等）」に新製品・新サービスを投入する多角化である。たとえば「スーツ販売店が、社内でスーツの製造も行う」ケースで、水平型と比べると技術・ノウハウの獲得、新設備の導入などの多角化の負担が大きくなることからリスクは高く

174　第3章　経営改善支援

なる。

三つ目は「集中型多角化」で、いままでの技術・ノウハウとの関連性が高い新製品・新サービスを異なった市場に投入する多角化である。たとえば「カメラメーカーが医療用レンズを開発する」ケースで、集中型多角化を成功させるためには自社の強み（技術・ノウハウ等）を中心軸にして同心円状に事業を拡大していく戦略がとられるため、「同心円的多角化」とも呼ばれている。

四つ目は「集成型多角化」で、いままでの技術・ノウハウ・市場ともまったく関係ない事業に進出する多角化である。前の三つとは異なり相乗効果・シナジー効果が低く、またリスクも高くなる。例として「大手スーパーマーケットが銀行業務に進出する」ケースである。中小企業ではフランチャイズチェーンへの加盟などにより多角化のリスクを抑える方法がとられることもある。

このようにアンゾフの成長マトリクスを活用して、貸出先の売上拡大のコンサルティング支援をすることはとても重要である。

## 2　ランチェスターの法則

ランチェスターの法則とは、英国人ランチェスターが第一次世界大戦における飛行機の損害状況を調べて得た法則である。簡単にいうと「武器の性能が同じであれば、必ず兵力数の多いほうが勝つ」という当たり前の法則である。

しかし、商品・サービスの差別化がむずかしい現代では企業活動にも多くが当てはまり、中小企業・小規模事業者が大企業に勝つための法則として活用されている。

その法則には弱者の戦略、強者の戦略があり、貸出先にはそれを使うことによって市場で戦う戦略をアドバイスする。

ランチェスターの法則による強者とは、市場シェア１位でかつシェア26.1％以上の会社である。市場には圧倒的に弱者が多いため、ランチェスターの法則を活用するのは弱者（中小企業・小規模事業者）となる。

第3節　コンサルティングツール　175

弱者のとる基本戦略は差別化であり、戦術としてはたとえばターゲットを決めて重点化する一点突破がある。ある部門、ある商品をねらい市場で1位をとり強者に風穴を開ける戦術である。

　また、ニッチ市場をねらう、ライバルの少ない市場をねらい一騎打ちで戦う、接近戦（フェイストゥフェイス）で戦う、手の内をみせないなどの戦術をとる。地域に根ざす協同組織金融機関がこの戦術を使い地域の市場では大手銀行に対抗できていることを思い浮かべると、ランチェスターの法則が理解できる。

　貸出先へのアドバイスとしては、差別化戦略の着眼点は製商品、サービス、教育、ブランドなどであり「○○社なら安心」「○○社しか扱っていない」というなら・しか経営をアドバイスする。

　中小規模の貸出先へのランチェスターの法則の具体的アドバイスは、しないことを決める、やめたことにより浮いた戦力を1点に集中する、勝つための第一歩は捨てることである、捨てればそこから売上も減るが同時に経費も減るので心配ない、赤字店舗は撤退し赤字商品は扱わない、商品・サービスは絞り込む、何でもあるのは顧客にとって何もないのと同じ、セグメントを絞り込む、セグメントを離れてニーズ・ウォンツに絞り込むなどである。

　一方で、強者の戦略は弱者がとる戦術に直ちに追随する同質化戦略である。弱者がしてきたことと同じことをすれば規模が大きいほうが勝つというもので、弱者が打ち出そうとしている差別化を潰す戦略である。もし、貸出先が市場シェアが高い企業であればこれをアドバイスする。戦術としては、大きな市場をターゲットとする広域戦術、「下手な鉄砲も数撃ちゃ当たる」という確率戦術、メディア、広告、ネット、空中戦などを活用して弱者とは離れて戦う遠隔戦術、すべての武器を使い戦う総合戦術などがある。ロシアとウクライナの戦争をイメージするとわかりやすい。

## 3　貸出先の利益改善アドバイス

　貸出先の利益を改善させるには、①単価を上げる、②原価を下げる、③数量を上げる、④経費を下げるという四つの観点からアドバイスを行う。これ

は利益改善4原則といわれている。

①単価を上げる（値上げ）具体的方法には「製品構成の見直しをする」「高付加価値製品の開発をする」「ブランド戦略を導入する」「追加機能をつけたり、アフターサービスを充実させたりするなど付加価値を追加する」「コンサルティング販売、コーディネート販売など戦略的販売手法を導入する」「営業担当者の教育をする」「顧客リストの整備と分析をする」などがある。

②原価（仕入れ）を下げる具体的方法には「仕入先の絞り込みをする」「競争入札等を取り入れ外注先の見直しをする」「材料構成の見直しを行う」「アウトソーシング、内製化など製造方法の見直しを行う」「拠点網の見直し・改善など物流コストの削減を行う」「設備投資による低コスト化を図る」「大量仕入れ・長期契約などの仕入方法の見直しを行う」「仕入先・外注先をM&Aで吸収する」などがある。

③数量を上げる具体的な方法には「販売拠点の増設をする」「販売チャネルの増強をする」「売り場面積の拡大をする」「営業時間の延長をする」「特に売れ筋商品など品揃えの増強をする」「既存顧客に徹底的な重ね売りをする」「新市場の開拓をする」「新商品の開発をする」「セット販売をする」「OEMへの参入を図る」「増員、教育、目標制度、インセンティブなどの手法で営業力の強化を図る」「広告宣伝の見直しをする」「イベントでの販売を実施する」などがある。

④経費を下げる具体的な方法は「パートの積極活用をする」「給与体系、リストラ、パート・契約社員の活用・教育などの観点から人件費の見直しと生産性の向上を図る」「事務所スペース・拠点の見直しをする」「営業拠点の統廃合や賃借料の削減を行う」「事務所費用の節約をする」「金融機関の選別・直接金融の活用など資金調達方法の見直しをする」などがある。

利益改善4原則のうちどれが一番効果のある方法かは、図表3−16をみればわかる。

現在の売上を100として、変動費である仕入れが70とすると、限界利益（粗利）は30になる。そこから固定費（経費）20を引くと利益が10残るのを

図表3－16　利益改善4原則の効果

| | 現在 | ①10%値上げ | ②原価10%↓ | ③数量10%↑ | ④経費10%↓ |
|---|---|---|---|---|---|
| 売上高 | 100 | 110 | 100 | 110 | 100 |
| 変動費<br>（仕入れ） | 70 | 70 | 63 | 77 | 70 |
| 限界利益<br>（粗利） | 30 | 40 | 37 | 33 | 30 |
| 固定費<br>（経費） | 20 | 20 | 20 | 20 | 18 |
| 利益 | 10 | 20 | 17 | 13 | 12 |
| 利益増加 | | ＋10 | ＋7 | ＋3 | ＋2 |

（出所）　筆者作成

基本パターンとする。そのなかで利益改善4原則のうちそれぞれ、①単価を上げるため10％値上げをする（売上高110になる）、②原価（仕入れ）を10％下げる（変動費である仕入れが63になる）、③数量（売上）を10％上げる（売上高110となるとともに変動費（仕入れ）が77になる）、④経費を10％下げる（固定費（経費）が18になる）場合に最終利益がどうなるかを表したのが、図表3－16である。

　これをみると一番利益増加に効果があるのは①単価を上げる（値上げ）方法であることがわかる。したがって、貸出先に利益増加のアドバイスを行うときは、①単価を上げる（値上げ）、②原価（仕入れ）を下げる、③数量を上げる、④経費を下げるという順に優先順位をつけてアドバイスする必要がある。

　金融機関の行職員は貸出先に利益を出すために経費を削減することを提案しがちだが、実はそれが一番効果が小さいことに気がつくだろう。貸出先支援では経費削減を強くいうより商品・サービスの価値に見合った値上げをアドバイスすることを優先し、経費削減については、いかに経費を有効に使って売上・利益をアップさせるかというアドバイスがより重要であることがわかる。

178　第3章　経営改善支援

## 4 キャッシュフロー改善4原則

　貸出先のキャッシュフローを改善させるには、①利益を上げる、②回収を早くする、③支払を遅くする、④在庫を少なくするという四つの観点からアドバイスを行う。これをキャッシュフロー改善4原則という。

　①利益を上げるには利益改善4原則をアドバイスする。

　②回収を早くするには「与信管理を徹底する」「電子債権への切替の際に分割利用をする」「契約書・約定書をきちんと作る」「請求書を早く発行する」「手形期日の短縮交渉など取引条件の改善を行う」「商品の付加価値を上げる」「営業担当者の教育を行う」「販売先の見直しをする」「販売チャネルの見直しをする」「売掛債権管理の強化をする」などをアドバイスする。

　③支払を遅くするには「締め日自体を遅らせる」「検収作業を遅らせる」「仕入先別の買掛金台帳を作成して管理する」「仕入条件の改善交渉を行う」「仕入取引先の見直しを行う」「仕入方法の見直しを行う」「長期契約・大量発注を検討する」などをアドバイスする。

　④在庫を少なくするには「部品・仕掛品の共通化」「リードタイムの短縮」「製品数を絞り込む」「在庫管理システムの導入など在庫管理の強化を行う」「マーケティングを強化する」「適正在庫の設定を行い管理を徹底する」「生産方法・生産管理の改善を行う」「材料など在庫の保管方法の見直しをする」「材料搬入方法の見直しを行う」「仕入先の見直しをする」「仕入条件の見直しをする」などをアドバイスする。

## 第 4 節 モニタリング

### 1 貸出先支援を念頭に置いたモニタリングのしかた

　経営改善計画や事業計画書は「つくって終わり」ではない。素晴らしい計画ができたとしても実行が伴わないと机上の空論で終わる。それを防ぐためには計画のモニタリングが必要になる。モニタリングでは、計画書の内容に沿って、損益、財務など業況の推移のほか、資金繰りの状況、提案したソリューション、取引先が検討している改善策や策定された経営改善計画の実施状況、進捗状況を確認していく。

　事業計画のモニタリングでは数値結果に目が行きがちであるが、単に計画に対する数値差異を指摘するのではなく、差異があった場合はその原因分析をし、必要な対応策をともに考え実行することが重要である。

　すなわち、定期的に計画と実績とを比較しモニタリングすることで、計画・目標と実績数値とのギャップを明らかにし、アクションプランの進捗状況を把握しPDCAサイクルを回すことで経営改善につなげることが重要なのである。

　また、改善策を実行しているか、実行できない場合の要因は何か、実行しても効果が不十分ではないか等を検討し、改善の実行または見直しに向け適切な助言や支援を行う。

　金融機関と継続的に計画をモニタリングすることで、経営者がよい数値が出せるように頑張るなどの経営者への意識づけやアクションプラン実行の手助けにもなり、経営者と金融機関との信頼関係も深まることになる。

　こうした姿勢がまさに貸出先支援を念頭に置いたモニタリングになる。

　モニタリングのサイクルは最初から3カ月ごと、6カ月ごとと決めておい

180　第3章　経営改善支援

図表3－17　モニタリングサイクル

| 業況の回復度合い、資金繰りの状況 | | |
|:---:|:---:|:---:|
| 悪い | 普通 | 良い |
| 1カ月 | 3カ月 | 6カ月 |

（出所）　筆者作成

てもよいし、業況の回復度合い、資金繰りの状況によって変更をしてもかまわない。図表3－17のように業況の回復度合い、資金繰りの状況によって、悪い場合は1カ月ごと、普通の場合は3カ月ごと、良好な場合は6カ月ごとなどモニタリグサイクルを1～6カ月のスパンで決めるのもよい。

## 2　モニタリングで確認する主なポイント

### (1)　売上計画のモニタリング

売上高のモニタリングでは、最初に売上が計画どおり推移しているか、下降傾向を示しているのかなど、大きな傾向を掴む。

次に、総売上高のチェックだけでなく、商品製品別・地域支店別・部門別など取引先の状況にあわせて細かくモニタリングする。

計画を下回った場合、その要因は何かを徹底的に議論することが必要である。どの商品・地域・支店・販売先が減っているのか、その要因は受注減少なのか、市場シェアの低下なのか、商品のライフサイクルに問題があるのか確認する。そして、それを改善するにはどうしたらよいのか、すなわち営業力の強化なのか、新商品・サービスの開発なのか、現在の商品・サービスの新たな活用方法を考えるのか、販路開拓のためどんな新たな取組みをするかなど、新たなアクションプランを考え、実行する。

計画が下回っているだけでなく上回っていても差異の原因分析を行うことが重要である。計画を上回っている要因をとらえ、さらに販売を伸ばすことが考えられるからである。

### (2)　費用計画のモニタリング

費用計画のモニタリングでは、経費削減計画と実績との差異分析をする。

第4節　モニタリング　181

計画どおり削減できていない費用について、今後どのような取組みを行い計画達成を実現するかを考える。

経費削減では、決算書の販売費・一般管理費の各項目を詳しく分析・モニタリングする。前年度と比較して不要な経費をなくしたり、減らしたりする。

人件費などの固定費が高止まりしていないか、物件費で不要なものはないかなど、モニタリングではその要因を見つけ対策を考える。

また、仕入原価等に着目してモニタリングをする方法もある。

売上総利益が未達成の場合は、その原因（売上の利幅が問題なのか、仕入れや製造原価の問題なのか、仕入コストが上昇していないか、販売価格にコストが転嫁できているかなど）をモニタリングする。

改善策として、粗利率を上昇させるために仕入先の多様化による仕入原価の削減、生産管理の徹底による原材料のロス削減、在庫管理の徹底による不良在庫削減などを具体的に考える。

### (3) 利益計画のモニタリング

損益計算書には六つの利益（売上総利益・営業利益・経常利益・特別利益・税引前当期利益・当期純利益）がある。モニタリングで特に着目するのは売上総利益・営業利益・経常利益である。

売上総利益は企業の粗利、つまり商売の基本的な利益である。売上総利益率（粗利率＝売上総利益÷売上高×100）に注目し、前期・前々期と比較する。大きな変化があったときは、その原因（売上の利幅が問題なのか、仕入れや製造原価の問題なのか、仕入コストが上昇していないか、販売価格にコストが転嫁できているかなど）をモニタリングする。

改善策として、粗利率を上昇させるために仕入先の多様化による仕入原価の削減、生産管理の徹底による原材料のロス削減、在庫管理の徹底による不良在庫削減などを考える。具体的には、仕入コストを下げるため新しい仕入先を紹介する、昔からの付合いという理由でコスト度外視の仕入れを行っていた場合は見積り方式による仕入先の選定に変更することを提案する。

営業利益はその企業の本業での利益である。営業利益が赤字の会社は、本

182　第 3 章　経営改善支援

業で利益をあげることができていないということである。何か大きな根本的な問題があるという視点でモニタリングをする。企業の経営改善・事業再生においては営業利益が出ているかが大きなポイントになる。たとえ全体で赤字でもキラリと光る営業利益の出ている部門があれば企業の経営改善・事業再生は可能となる。全体の営業利益が赤字であっても、売上高と同じように商品製品別・地域支店別・部門別など、どこかが黒字であれば、その部門を大きく伸ばすことで経営改善につなげることができる。別の見方をすれば赤字の部門を切り離せれば再生可能ともいえる。

　営業利益を増加させるためには、売上高を増加させるか経費（販売費・一般管理費）を削減するか、どちらかしかない。経費削減では、販管費を詳しく分析・モニタリングして不要な経費をなくしたり減らしたりする。人件費などの固定費が高止まりしていないか、物件費で不要なものはないかなど、モニタリングではその要因を見つけ対策を考える。

　経常利益は企業の経済活動全体での利益である。営業利益が黒字であるにもかかわらず経常利益が赤字の場合は、本業ではかろうじて利益が出ているけれども借入金が多すぎて多額の支払利息負担があり、結果として赤字になるケースが考えられる。この場合は財務体質の改善が重要となる。条件変更で元金返済猶予を行っている場合は、金利減免の新たな条件変更対応を加えることも検討する。最終的に金利の支払が続けられる限りは、その企業の存続は何とか可能と考えられる。

　支払利息負担が多く条件変更をしている企業にみられる特徴は設備過剰である。将来の事業拡大を見込んで設備投資をしたものの、当初予定していた受注が受けられず、借入返済が負担となり条件変更に至るパターンである。こうした場合の改善策は、設備が稼働するように販路開拓を行う、既存の取引先のシェアアップを行う、当初の事業拡大見込先への再申込みを行う、新事業分野への転換を検討するなどである。

## (4)　キャッシュフローのモニタリング

　キャッシュフロー（以下「CF」という）は融資の返済原資を確認する重要なポイントである。決算書から簡易に算出するには、当期純利益に売上原

価と販管費にある減価償却費を足す。これが簡易CFと呼ばれるもので、融資の返済はこの簡易CFから行われる。条件変更から脱却するには、年間でいくらの融資約定弁済資金が必要かを算出して、それ以上の簡易CFをあげられる企業体質をつくることに尽きる。

　CFが回っているかをモニタリングするにはキャッシュフロー分析を行う。本業の営業活動から生み出される営業CF、不動産や設備投資など固定資産の購入・売却に関するキャッシュの増減を示す投資CF、借入等の資金調達に伴って発生するキャッシュの増減を示す財務CFをモニタリングする。

　条件変更を行ったということは、営業CFがマイナスの状態もしくは営業CFがプラスであっても投資CF、財務CFのマイナスをカバーできていない状態が想定される。

　営業CFがマイナスの場合は事業を行うことでキャッシュが流出している状態である。これを改善するためには本業の収益力を高めるしか方法はない。モニタリングでは、条件変更をした以降のCFの状況をチェックし外部専門家・外部機関の力を借りて、営業CFを増やす経営努力をする。債務者が本業の事業活動から稼ぎ出す営業CFは多ければ多いほどよい。

### (5)　返済計画・資金繰り計画のモニタリング

　返済計画・資金繰り計画のモニタリングでは毎月の実績を記入してもらう。特に資金繰りは、決算書の内容が良好であっても資金繰りがつかずに倒産するケースがあるので、企業の存続のため大変重要なものである。

　資金繰り表のモニタリングは、経常収支、経常外収支、財務収支に着目して行う。経常収支は本業での資金収支なので、賞与や納税など特殊な支出がある月を除きプラスが基本である。

　経常外収支は将来の前向きな設備投資の有無などを確認する。財務収支では資金調達、返済計画が順調に行われているかをチェックする。

### (6)　計画の進捗が芳しくないとき

　経営改善計画の進捗が芳しくない場合「売上および利益が計画の80％を下回る水準」になると計画の見直しが必要となる。

　しかし、中小企業においては必ずしも80％で機械的に判断してはいけな

184　第3章　経営改善支援

い。乖離の要因をよく分析し今後の改善の可能性があるかどうかの検討を十分に行い、改善ができそうな場合はヒアリングや資料の検証を通じて根拠をできる限り明確にしたうえで適切なアドバイスを行う。

改善できそうにない場合は計画の見直しを図ることも必要である。経営改善計画の見直しにおいては、改善のための追加的な施策の検討やそれに伴う計数計画の修正等を考える。

経営改善計画を見直した後の計画期間は計画策定当初と同様の考え方（見直し時点から起算）になる。

## 3　訪問活動でのモニタリングと留意点

訪問活動でのモニタリングは、社長の顔色、従業員の態度、社内の雰囲気、在庫の状況などの定性面をみることである。各金融機関で活用している事業性評価シートや経営改善チェックシートなどを活用して行うこともできる。

### (1)　社長のモニタリング

中小企業・小規模事業者は、その経営において社長、経営者の比重が非常に高いのが特徴である。したがって、社長のマネジメント能力などをチェックするのが社長のモニタリングである。以下、代表的な社長のモニタリングポイントを列記する。

　　○　代表者はどのようなタイプか（創業社長、2代目、3代目、社員からの登用など）

　　○　代表者の在職年数はどのくらいか

　　○　代表者・役員の平均年齢はどのくらいか

　　○　経営者としてのビジョンはあるか

　　○　明確な経営理念・経営戦略はあるか

　　○　代表者が数字に強いか、会社の内容を数字で把握しているか

　　○　代表者は嘘をつかない人物か

　　○　仕事に対して情熱をもっているか

　　○　前向きに考え、チャレンジ精神があるか

- ○ 常に勉強しているか
- ○ 意思決定の方法はどのようになっているか（トップダウンかボトムアップか）
- ○ 経営のスピードは速いか
- ○ 権限委譲が適正になされているか
- ○ 役員報酬の支払状況はどのようになっているか
- ○ どんぶり勘定ではないか
- ○ 会社と個人の公私混同はないか
- ○ 社外の役職が多すぎないか
- ○ 代表者の背景資産はどのくらいあるか
- ○ 代表者の健康状態はどのようになっているか
- ○ 事業承継はどうなっているか（後継者は育っているか）
- ○ 人材育成への取組状況はどうなっているか
- ○ 所有不動産の担保設定状況はどうなっているか

### (2) 事務所のモニタリング

　融資の条件変更をしている会社の事務所には、そこになんらかの悪化原因が潜んでいる。会社の雰囲気が何かおかしいと直感的に感じることも重要で、以下、代表的な事務所のモニタリングポイントを列記する。

- ○ 経営理念が掲げてあるか
- ○ 経営目標等が掲示されているか
- ○ ホワイトボード、掲示板はどのようになっているか
- ○ 会社の雰囲気はどのようになっているか（接客態度、電話応対、服装、規律など）
- ○ 社員の教育状況はどのようになっているか
- ○ 挨拶がきちんとできているか
- ○ 掃除、机の上は整理整頓されているか
- ○ 神棚がしっかり祀ってあるか
- ○ 社員のモチベーションは高いか
- ○ 社員の採用状況、年齢構成、人事状況はどのようになっているか

○ 労働環境の改善、5S（整理、整頓、清掃、清潔、しつけ）に取り組んでいるか

○ トイレは綺麗か

○ 社内規定は整備されているか

○ 社員の定着状況はどのようになっているか

○ コンプライアンス体制はできているか

○ 番頭は存在するか

○ 開発スタッフのレベルはどうか

○ 出入りの人に不自然さはないか

## (3) 工場・倉庫のモニタリング

　工場・倉庫は企業の生産活動の拠点である。企業の中枢となる部分なので必ず現場に出向き、自分の目で確かめながらモニタリングを行う。以下、代表的な工場・倉庫のモニタリングポイントを列記する。

【工場】

○ 整理整頓がなされているか

○ 生産工程に問題はないか

○ 適切に設備が配置されているか

○ 人の配置は合理的か

○ 遊んでいる従業員はいないか

○ 従業員の働きぶりはどうか

○ 工場に活気があるか

○ 社内教育は行き届いているか

○ 製品の製造過程にボトルネックはないか

○ 重要部品の管理は徹底されているか

○ 不良品がどれくらいあるか

○ 設備能力、稼働率はどれくらいか

○ 仕掛品の滞留はないか

○ どのような改善を行っているか

○ 他社との差別化が図れる設備があるか

第4節　モニタリング　187

○　自慢の設備はどのような状況か

【倉庫】

○　整理整頓がなされているか

○　ゴミが散らかっていないか

○　不良在庫が放置されていないか

○　通路が歩きやすい導線になっているか

○　商品の管理は徹底されているか

○　どの在庫がどこにあるか明確になっているか

○　決算書における在庫との整合性はあるか

○　在庫がどのように動いているか

○　売れ筋、死に筋商品は把握できているか

○　決算書、帳簿と整合しているか

○　在庫の棚卸しはいつ行っているか

○　直近の棚卸しはいつ行ったか

○　時価でいくらぐらいの在庫なのか

○　在庫の急な増加、急な減少がないか

### (4)　在庫のモニタリング

　工場・倉庫をモニタリングするには、在庫管理をどうみるのかの知識が必要である。在庫（棚卸資産）については、ひとくくりで在庫としてみるのではなく、製品、半製品、仕掛品、原材料に分けてモニタリングすることもポイントである。

　「製品」とはできあがった最終生産品のことである。「半製品」とは中間的な製品としてすでに加工が終わり、貯蔵中の販売可能な製品のことである。

　「仕掛品」とは製品、半製品を製造のため仕掛中（加工中）のもののことである。製品・半製品は販売可能だが、仕掛品は販売できないところに違いがある。

　「原材料」とは、製品の製造過程で消費され製品そのものをつくる材料でまだ使用されていないものをいう。

　以前筆者が取引先の陶磁器製造販売業の倉庫を訪れた時のことである。倉

庫には、売れ残った陶磁器が新聞紙に包まれて山のように積んであった。社長は倉庫を案内しながら「陶磁器は腐らないから、これらの在庫は必ず売れる。だからこのなかには不良在庫といえる物はない」といっていた。しかし、やがてその会社は倒産してしまった。倒産直後に再び倉庫をモニタリングしたが、破れた新聞紙の隙間からみえたのは大手食品会社のロゴの入った陶磁器だった。陶磁器は腐らないといっても、さすがに大手食品会社のロゴが入った陶磁器を販売することはできない。在庫の山は実は不良在庫の山だったのである。倉庫をモニタリングするときは、在庫の中身も確認しなければならないという教訓である。

### (5) 企業の技術力・販売力（営業力）のモニタリング

　訪問活動によるモニタリングでは、企業の技術力・販売力（営業力）のモニタリングも行う。なぜなら、企業の成長可能性をみるうえで、技術力や販売力は見逃してはならないものだからである。企業の将来性に期待して、現段階での決算等の数値のみにとらわれない定性面の評価を行うことは重要である。そのモニタリングポイントを金融庁パンフレット「知ってナットク！中小企業の資金調達に役立つ金融検査の知識」等を参考にすると次のようになる。

- ○　特許権、実用新案権等の知的財産権を背景とした新規受注契約の状況や見込みはあるか
- ○　新商品・サービスの開発や販売の状況をふまえた今後の事業計画書等はあるか
- ○　取扱商品・サービスの業界内での評判等を示すマスコミ記事等はあるか
- ○　主力サービス・製品の先進性はあるか
- ○　取扱商品の商況、採算性、業界シェアはどうなっているか
- ○　取扱商品に独創性・ブランド性はあるか
- ○　新商品・新サービスの開発状況はどうなっているか
- ○　既存商品のライフサイクルはどうなっているか
- ○　消費者ニーズは把握できているか

○　広告宣伝力はあるか

○　今後の市場規模や業界内シェアの拡大動向等はどうか

○　販売先や仕入先の状況や評価、同業者との比較に基づく販売条件や
　　仕入条件の優位性はあるか

○　企業の技術力・販売力に関する中小企業診断士等の評価はどうか

○　長年の取引関係、人脈はあるか

○　販売予算の策定状況、管理分析はできているか

○　マーケット調査の状況はどうか

# 第4章

## 事業再生支援

## 第 1 節 事業再生の歴史

　過去を知ることは現在を知ることであり、未来を予測することにつながる。バブル期以降の不良債権問題から貸出先支援に至る歴史を振り返る。

### 1　バブル経済

　かつての日本の中小企業の大きな特色として、金融機関の借入れ（間接金融）に大きく依存していたこと、不動産担保・経営者保証に依存した融資を受けていたことがあげられる。1990年代前半のいわゆるバブル期においては、不動産（土地）神話（不動産の価格は上がり続けること）をほとんどの人が信じて疑わなかった。金融機関も企業から融資申込みがあると不動産の評価を見直して積極的に資金需要に応じてきた。当時はEBIT（支払金利前税引前利益）やキャッシュフローで借入れを返済しようという発想は少なかった。

　物事に永遠というものはなく、やがてバブルが弾けると不動産価格、株価が急速に下落し、不動産神話は崩壊した。企業の借入れはもともと不動産価値に依存していたため、借入れを返済できない多くの企業が生まれた。借入金をEBITやキャッシュフローで返済すると何十年、企業によっては何百年もかかる状況が生まれた。これがいわゆる不良債権問題である。

### 2　不良債権問題

　そもそも不良債権とは何だろうか。金融機関の不良債権の開示基準は2種類ある。それは「リスク管理債権」と「金融再生法開示債権」である。両者はほぼ同じものだが、「リスク管理債権」は貸出金のみを対象としているのに対し「金融再生法開示債権」は融資先の総与信（貸出金・支払承諾・外

為・未収利息・仮払金）を対象としているので、開示金額は若干「金融再生法開示債権」のほうが大きくなる。一般に新聞などに載っているのは「金融再生法開示債権」のほうである。

金融機関は保有資産（貸出金）について適切な償却・引当をするために自己査定を行っている。そして、債務者を次のようにグループ分けしている。

- ○　正常先：業績良好、財務内容の問題のない先。
- ○　要注意先：管理に注意を要する先。
- ○　要管理先：要注意先のなかで特に注意を要する先。具体的には3カ月以上延滞している先や条件変更で条件を緩和した先など。
- ○　破綻懸念先：今後経営破綻に陥る可能性の大きい先。具体的には、実質債務超過の先や連続して赤字を計上している先など。
- ○　実質破綻先：法的破綻には至っていないが、それと同等で実質的に破綻している先。
- ○　破綻先：銀行取引停止処分、破産手続開始、民事再生手続開始など法的・形式的な経営破綻の事実が発生している先。

このグループ分けで「要管理先」「破綻懸念先」「実質破綻先」「破綻先」がいわゆる不良債権と呼ばれるものである。

不良債権処理は要管理先以下の債権をいかにオフバランスするかにあるが、貸出先支援は「正常先」から「破綻懸念先」までの幅広い債務者区分の範疇で行われる。

## 3　バブル崩壊

バブル崩壊後は不動産価格や株価の下落が止まらなくなった。銀行の大口貸出先が経営危機となり、倒産することもあった。それにより連鎖倒産が起こり多くの雇用が失われ、それがさらなる負のスパイラルに陥る景気悪化を生み出した。

そこで国は単純に不良債権処理として企業を倒産させるのではなく、再生させることで経済を活性化するという発想の転換を図った。企業においては、事業の悪い部分は切り離し、EBITが出る事業に着目して事業を再生さ

第1節　事業再生の歴史　193

せていこうという考え方に変わってきた。その頃、コア・コンピタンス（中核的な強み事業部分）という言葉が流行したものである。

## 4　不良債権処理と制度改革

　小泉政権、竹中大臣になって、一本筋の通った不良債権処理が始まった。不良債権処理の社会的整備を行い、使い勝手の悪い制度や法律を相当なスピードでもって見直した。その内容は以下のとおりである。

　　1999年4月　債権回収会社（サービサー）が設立される。

　　1999年7月　金融検査マニュアル（預金等受入金融機関に係る検査マニュアル）が制定される。

　　2000年2月　特定調停法（特定債務等の調整の促進のための特定調停に関する法律）が施行される。

　　2000年4月　民事再生法が施行される。

　　2001年4月　商法の改正により会社分割制度が新設される。

　　2001年4月　緊急経済対策が発表され、いわゆる「2年・3年ルール」が盛り込まれた。メガバンクに対し破綻懸念先債権について既存分は2年以内、新規発生分は3年以内にオフバランスするようにとの指導がなされた。

　　2001年6月　整理回収機構（RCC）の業務に企業再生支援を加えることが閣議決定に盛り込まれる。

　　2001年9月　私的整理ガイドライン（私的整理に関するガイドライン）が公表される。

　　2002年4月　金融庁より「より強固な金融システムの構築に向けた施策」が公表され、いわゆる「5割・8割ルール」が盛り込まれた。メガバンクに対し破綻懸念先債権について原則1年以内に5割、2年以内に8割をメドとしてオフバランスするようにとの指導がなされた。

　　2002年10月　金融庁より「金融再生プログラム」が発表され、不良債権問題解決への構造改革を加速する方針が打ち出される。

194　第4章　事業再生支援

2003年3月　金融庁より「リレーションシップバンキングの機能強化に
　　　　　　関するアクションプログラム」が公表される。中小地域金融
　　　　　　機関が中小企業と関係（リレーション）を深くもちながら、
　　　　　　同時に不良債権問題を解決していこうとする指針が打ち出さ
　　　　　　れた。

2003年4月　会社更生法が全面的に改正され、施行される。

2003年4月　中小企業再生支援協議会が設置される。

2003年5月　産業再生機構が業務を開始する。

2005年3月　金融庁から「地域密着型金融の機能強化の推進に関するア
　　　　　　クションプログラム」が公表される。リレーションシップバ
　　　　　　ンキングの新アクションプログラムとして、2005年度、2006
　　　　　　年度の2年間で地域密着型金融のいっそうの推進を図ること
　　　　　　がうたわれた。

2006年5月　会社法が施行される。

　こうして、主要銀行不良債権比率は2002年3月をピークとする8.4％から
2005年9月には2.4％、地域銀行においては、2002年9月をピークとする
8.3％から2005年9月には5.2％まで下がり、不良債権処理が事業再生支援と
名を変えて進展した。

　2006年9月、長期間にわたり日本の不良債権処理を行った小泉政権が終わ
り安倍政権（この後、ほぼ1年おきに首相が変わるが）となり、そこで「再
チャレンジ」の考え方が生まれた。それまで不良債権先は市場から淘汰され
ることが経済を活性化するとの考えだったが、退場ではなく再チャレンジで
きる気運が芽生えてきた。

## 5　リレーションシップバンキング

　地域密着型金融は「地域金融機関が、顧客の取引先と長期的な信頼関係を
築いて豊富な顧客情報を蓄積し、質の良い金融サービスを提供することを地
域密着型の金融機関のビジネスモデル」として、2003年3月に「リレーショ
ンシップバンキングの機能強化に向けた行動計画」のなかで金融庁が発表

第1節　事業再生の歴史　195

し、奨励しているものである。

その後2005年3月に金融庁が公表した地域密着型金融（リレーションシップバンキング）の新アクションプログラムでは、具体的な取組みとして、地域企業の創業・新事業支援機能等の強化、取引先企業の経営相談等の強化、早期事業再生に向けた取組みなどをあげ、地域密着型金融のいっそうの推進を目指した。

2007年8月には監督指針を改正して、地域密着型金融の推進を通常の金融監督行政の恒久的な枠組みとして位置づけた。そうして地域密着型金融は地域金融機関に深化、定着し、具体的には経営改善支援、事業再生支援、担保・保証に過度に依存しない融資等の取組みが行われてきた。

一方、中小企業からは、そうした取組みにとどまらず、経営課題への適切な助言や販路拡大等の経営支援、ニーズに合致した多様な金融サービスが強く期待されてきたため、それを受けて2011年3月金融庁は「中小・地域金融機関向けの総合的な監督指針」の改正を公表し、2011年5月16日よりその適用を開始した。この改正では、地域密着型金融の目指すべき方向、特に地域金融機関が発揮すべきコンサルティング機能を具体的に提示した。

## 6　リーマンショック

2008年9月、リーマンショックといわれる世界的な金融危機が勃発した。当然日本経済にも大きな影響があり、とりわけ地域の中小企業の業況・資金繰りの大幅悪化につながった。このリーマンショックを契機に潮目が大きく変わる。

## 7　信用保証協会等による緊急保証制度

2008年10月、リーマンショックを受けて、信用保証協会等による緊急保証制度が開始された。これは「安心実現のための緊急総合対策」（2008年8月29日に政府与党策定）において決定された新しい保証制度「原材料価格高騰対応等緊急保証」が2008年10月31日から開始となったものである。この制度は、原油に加え原材料価格の高騰や仕入価格の高騰を転嫁できていない中小

196　第4章　事業再生支援

企業者の資金繰りを支援するため、現行制度の抜本的な拡充・見直しを行ったものであった。そしてこの緊急保証制度は、景気の状況にあわせて進化していった。

## 8 民主党への政権交代

2009年9月、自民党から民主党への政権交代があり「コンクリートから人へ」のスローガンのもと大きく世の中が変わるものと期待された。期待はずれで終わったものの、中小企業金融円滑化法（中小企業者等に対する金融の円滑化を図るための臨時措置に関する法律）の考え方は、いまも大きな影響を及ぼしている。

## 9 企業再生支援機構

2009年10月、リーマンショックによる金融経済情勢の急速かつ大幅な悪化という厳しい地域経済の現状を打開するために、地域経済を支えるさまざまな企業の事業再生・活性化のための支援組織として、有用な経営資源を有しながら過大な債務を負っている中堅事業者、中小企業者その他の事業者の事業の再生を支援することを目的として企業再生支援機構が誕生した。

## 10 中小企業金融円滑化法施行

2009年12月4日、中小企業金融円滑化法が施行された。金融庁は、同法の施行をはじめとして、金融検査マニュアル・監督指針の改定、金融機関に対する金融円滑化の要請など、金融の円滑化に向けたさまざまな施策を行った。中小企業金融円滑化法は金融機関が融資機能、コンサルティング機能を最大限発揮して、中小企業を育成するという社会的責任を果たすことを求めた。この法律をきっかけとして、金融機関は中小企業からの条件変更等の求めに真摯に応じながら、継続的な企業訪問等を通じ経営・財務状況等の実態をきめ細かく把握し、必要な経営相談・経営指導を行う取組みにより中小企業との継続的な信頼関係を築こうとした。そして取引先である中小企業について、経営改善計画の策定支援など積極的な事業再生等への取組みを行い、

第1節 事業再生の歴史 197

さらにビジネスマッチングに関する情報などの情報機能やネットワークを活用した支援の取組みなど金融機関のもつコンサルティング機能を最大限に発揮し、真の中小企業育成と再生に腰を据えて取り組むことが求められていた。これは本書でいう貸出先支援を法律で定めたものともいえる。

中小企業金融円滑化法は、二度にわたる延長の末、2013年3月に終了したが、その精神は永遠であるともいわれた。

## 11　東日本大震災

2011年3月11日、東日本大震災が発生した。東北地方太平洋岸の壊滅的経済破綻、さらに福島原子力発電所事故により、日本経済全体がメルトダウンしたかのような状況に陥った。また、東日本大震災では、二重ローンの問題（震災前からの債務に加え、震災後に新たな債務を抱えるという問題）も発生した。これは震災にあった地域企業にとっては大きな問題であり、企業再生のために一番有効な手段が震災前からの債務の免除であった。たとえば再生ファンド等が金融機関から企業向け震災前債権を買い取り、債権・債務関係を整理したうえで企業の再生を図るというスキームである。

2011年4月4日、中小企業者の経営改善等を支援するための金融機関によるコンサルティング機能の発揮は喫緊の課題であり、すみやかに監督指針の適用を開始する必要があるとのことで、「中小企業者等に対する金融の円滑化を図るための臨時措置に関する法律に基づく金融監督に関する指針（コンサルティング機能の発揮にあたり金融機関が果たすべき具体的な役割）」（以下「円滑化指針」という）の適用が開始された。

これは中小企業金融円滑化法の延長にあたって、金融庁がコンサルティング機能の発揮に対する明確な指針を示したものである。

円滑化指針ではまず、その基本的な考え方が述べられている。概要は「金融機関は中小企業金融円滑化法の施行後、貸付条件の変更等への取組みに積極的に取り組んでおり、その実行率は9割を超える水準で推移している。しかし一方で、借り手のモラルハザードなど金融規律の低下を懸念する意見等が出ている。また貸付条件変更を行った債務者については、条件変更を行っ

198　第4章　事業再生支援

ている間に、真に経営改善、事業再生が図られることが必要で、そのために
は債務者自身が、自らの本質的な経営課題を正確かつ十分に認識し、当該経
営課題に対して真正面に向き合ったうえで、経営改善、事業再生等に意欲を
もって主体的に取り組んでいくことが重要である。同時に金融機関は債務者
のこうした自助努力を、経営再建計画の策定支援、条件変更後の継続的なモ
ニタリング、経営相談、指導といったコンサルティング機能を発揮すること
により最大限支援していくことが求められている」というもので、債務者と
金融機関が二人三脚で取り組んでいくという基本的な考え方が明確になって
いる。

　円滑化指針では、金融機関の果たすコンサルティング機能の流れとして、
①債務者の経営課題の把握・分析、②（適切な助言などにより債務者自身の
課題認識を深めつつ）主体的な取組みの促し、③最適なソリューション（経
営課題を解決するための方策）の提案・実行、④進捗状況の管理・モニタリ
ングという4ステップを明示している。

## 12　事業性評価融資

　2013年9月、金融モニタリング基本方針が策定され、融資審査における事
業性の重視が打ち出された。

　2014年6月「「日本再興戦略」改訂2014—未来への挑戦—」において事業
性評価という言葉が大きくクローズアップされた。「企業の経営改善や事業
再生を促進する観点から、金融機関が保証や担保等に必要以上に依存するこ
となく、企業の財務面だけでなく、企業の持続可能性を含む事業性を重視し
た融資や、関係者の連携による融資先の経営改善・生産性向上・体質強化支
援等の取組が十分なされるよう、また、保証や担保を付した融資についても
融資先の経営改善支援等に努めるよう、監督方針や金融モニタリング基本方
針等の適切な運用を図る。このような事業性を重視した融資の取組に資する
観点から、地域金融機関等の融資判断の際に活用できる技術評価の仕組みの
構築に取り組む」と記載されている。

　2014年10月、その流れを受けて策定されたのが、金融庁の「平成26事務年

度金融モニタリング基本方針(監督・検査基本方針)」で、事業性評価とは、財務データや担保・保証に必要以上に依存することなく、借り手企業の事業の内容や成長可能性などを適切に評価することとされている。

金融モニタリング基本方針では、金融庁は金融機関に対して次のような対応を重点的に行うこととした。

---

ア.様々なライフステージにある企業の成長可能性や持続可能性を適切に評価するための取組状況について、以下の点を含め、確認する。

(ⅰ) 主要な営業地域について、地域毎の経済や産業(主要な産業セクターを含む)の現状・中長期的な見通しや課題を、具体的にどのように把握・分析しているか。また、こうした分析結果を、具体的にどのように企業の成長可能性や持続可能性の評価に役立てているか。

(ⅱ) 特に、金融機関のビジネス上重要な取引先企業(地域の経済・産業を牽引する企業、大口与信先等)や主たる相談相手としての役割が期待されている取引先企業(メイン先等)の経営状況や経営課題、ニーズについて、具体的にどのように把握しているか。

(ⅲ) その他の取引先企業について、具体的にどのように企業の状況等を把握しているか。

(ⅳ) 財務内容や返済履歴等といった過去の実績に必要以上に依存することなく、その成長可能性や持続可能性を含む事業価値を見極めるために具体的にどのような取組みを行っているか。

(ⅴ) 職員の目利き能力やコンサルティング能力の更なる向上、組織としてのノウハウの蓄積等を図るため、具体的にどのような取組みを行っているか。

---

これらのことから、金融機関に求められる「事業性評価融資」とは、地域の経済・産業の現状および課題を適切に認識・分析したうえで、こうした分析結果を活用し、さまざまなライフステージにある企業の事業内容や成長可

能性などを適切に評価した融資を行うことであり、いままで以上に事業面における目利き能力発揮を期待されることになった。さらに取引先企業に対して外部機関や外部専門家を活用しつつ、中長期的な視点に立って、その成長可能性や持続可能性を含む事業価値を評価することに加え、財務内容や返済履歴等といった過去の実績に必要以上に依存することなく、数値に表れない非財務情報における取引先企業の強みをしっかりと評価することが重要となった。

## 13 「経営者保証に関するガイドライン」

全国銀行協会と日本商工会議所は「経営者保証に関するガイドライン研究会」を設置し、2013年12月に中小企業・小規模事業者等の経営者による個人保証の契約時と履行時等の課題への対応策について、課題の解決策の方向性を具体化した経営者保証に関するガイドラインを策定した。

このガイドラインは2014年2月1日から適用され、対象債権者（金融機関、信用保証協会、サービサー、公的金融機関）は、法的拘束力はないもののガイドラインを自発的に尊重し遵守することで、経営者保証なしの融資の考え方が浸透してきた。

ガイドラインは金融庁も積極的活用を促しており、「「経営者保証に関するガイドライン」の活用に係る参考事例集（2014年12月改訂版）」において、営業現場の第一線までの周知徹底と事例集を参考に創意・工夫しながら金融機関組織全体でのガイドラインのいっそうの活用を求めたものの、遅々として進まなかった。

## 14 「金融行政方針」の公表

2015年9月から毎年、金融行政方針が公表されることとなった。金融行政方針は金融庁の各事務年度における行政方針を示したものだが、政府や金融庁が金融市場および金融機関に対して実施する政策や規制の枠組み、金融機関が取り組むべき課題、今後の金融機関のあるべき姿など、示唆に富んだ情報が含まれている。

金融行政方針は、経済の安定と成長を図るために金融システムの健全性を維持し金融機関の健全な運営を促進することを目的としており、具体的には金融機関の経営管理、リスク管理、消費者保護に関する規制強化や金融市場の透明性向上、デジタル化推進などが含まれる。

## 15 「金融仲介機能に向けたプログレスレポート」の公表

金融庁では、地域金融機関による金融仲介機能のいっそうの発揮に向け、金融庁・財務局等の取組みを「金融仲介機能の発揮に向けたプログレスレポート」として取りまとめ、2019事務年度より公表している。

地域金融機関は地域企業・地域経済の持続的な成長の実現に向けて、取引先企業の事業に対し資金面を含めさまざまな支援を提供することを通じて取引先企業の経営課題の解決をすることが期待されている。特に物価高騰や人手不足等の影響により事業者を取り巻く環境は依然として厳しい状況が続いているなかにあっては、そうした事業者に対する支援の重要性が増している。プログレスレポートでは、事業者支援関連の施策を中心に金融仲介機能の発揮に向けた金融庁・財務局等の各事務年度の取組みを整理し、その概要を紹介して、本レポートが金融仲介機能の向上に向けた議論の後押しにつながることを期待している。

## 16 新型コロナウイルス感染症対応

2020年1月以降、新型コロナウイルス感染症の感染拡大が進み、政府は政策金融機関による特別貸付や信用保証等に加え、民間金融機関にも協力を要請し、実質無利子・無担保融資（ゼロゼロ融資）などにより盲目的に資金供給を行った。

2020年3月6日には麻生財務大臣兼金融担当大臣談話が公表され、政策金融機関、民間金融機関の双方に対して事業者の業況や当面の資金繰り等についてのきめ細やかな実態把握、既往債務の元本・金利を含めた返済猶予等の条件変更、各金融機関の緊急融資制度の積極的な実施（担保・保証徴求の弾力化含む）等を含めた新規融資のニーズへの対応などが強く要請された。あ

わせて、返済猶予等の条件変更の対応状況の報告が求められ、財務省・金融庁から公表することとされた。貸付条件の変更等がなされた貸付債権の実行率は約99％であった。

ゼロゼロ融資などコロナ関連融資は、審査がなされることはほとんどなく、条件に当てはまるかどうかがその基準となった。

## 17　金融検査マニュアル廃止

金融検査マニュアルは1999年に導入され、検査官が金融機関を検査する際に用いる手引書として位置づけられた。チェックリストに基づいた徹底的な検査・監督手法は、自己査定、償却・引当、リスク管理、法令遵守・顧客保護等における態勢の確立と不良債権処理に大きな役割を果たした。一方、金融機関による主体的な創意工夫を妨げてきた等の弊害も指摘され、2020年12月に金融検査マニュアルは廃止された。

2019年12月18日、金融庁は、「検査マニュアル廃止後の融資に関する検査・監督の考え方と進め方」を公表した。これは、2018年6月29日に公表された「金融検査・監督の考え方と進め方（検査・監督基本方針）」をふまえ、個別分野ごとの考え方と進め方を示すディスカッション・ペーパーの一環として、融資の観点から「金融システムの安定」と「金融仲介機能の発揮」のバランスのとれた実現を目指す当局の検査・監督の考え方と進め方を整理したものである。ディスカッション・ペーパーには、金融機関の経営理念や戦略などに着目した検査を行う、融資先の将来の経営リスクなどに応じた引当金の計上も認める等の方針が盛り込まれている。

## 18　過剰債務に苦しむ中小企業への事業再生等支援

ゼロゼロ融資をはじめとする資金繰り支援策は雇用調整助成金や持続化給付金などの各種補助金・給付金等による支援策と相まって倒産を抑制し、事業継続や雇用維持に大きな効果があった。一方で、中小企業の抱える債務が過剰となり、その返済や新たな資金調達が困難となることで倒産の多発が想定された。

こうした状況を受け、政府は2021年6月18日に閣議決定した「成長戦略実行計画」において、中小企業の実態をふまえた事業再生のための私的整理等のガイドラインの策定について検討した。それを受けて、全国銀行協会が事務局となって設置した「中小企業の事業再生等に関する研究会」が検討を行い、2022年3月4日に「中小企業の事業再生等に関するガイドライン」（第4章第3節2）を公表した。

## 19　経営者保証なしの融資の本格化

経営者保証ガイドライン公表から10年近く経過したものの、その割合は徐々に増えてはいたが、経営者保証がない融資は定着したとはいえない状況が続いた。金融機関が中小企業等に対して融資を行うときは、経営者の個人保証をとることが融資慣行となっており、経営者保証は、融資先への信用補完と中小企業経営者に対する経営の規律づけになっていた。一方で、経営者にとって個人保証は精神的、財務的に負担となり自由な経営を妨げるほか、経営者保証は創業や事業承継の足かせになっているとの批判もあった。

そのため金融庁、経済産業省、財務省は、経営者保証に依存しない融資慣行の確立を加速させるため2022年12月に「経営者保証改革プログラム」を策定し、それに基づいて金融庁は監督指針を改正し、経営者保証は大きな転換期を迎えることになった。

この監督指針改正により金融機関は2023年4月から、新規融資に際し経営者に個人保証を求める場合は「どの部分が十分ではないために保証が必要になるのか」「どのような改善を図れば保証の変更・解除の可能性が高まるのか」を説明するよう求められ、その内容を記録して金融庁に件数を報告することを義務づけられた。

その結果、2024年3月には、民間金融機関の「新規融資に占める経営者保証に依存しない融資の割合」は1年の間に34％から48％へ一気に跳ね上がることとなった（図表4-1）。

民間金融機関の業態別にみると、新規融資に占める経営者保証に依存しない融資の割合は、主要行61％、地方銀行55％、信用金庫37％、信用組合22％

図表４−１　経営者保証に依存しない新規融資の割合

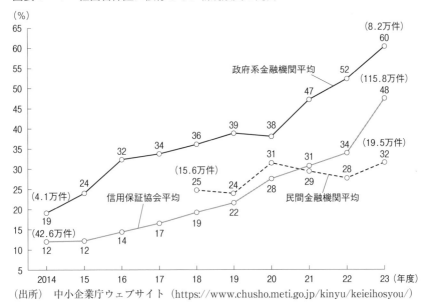

（出所）　中小企業庁ウェブサイト（https://www.chusho.meti.go.jp/kinyu/keieihosyou/）

という状況である。主要行・地方銀行は50％を超えているが、協同組織金融機関である信用金庫・信用組合はまだまだ低い。これは、協同組織金融機関の融資は２億8,000万円が限度の信用保証協会保証付融資でほとんどまかなえる状況にあり、保証協会に経営者保証をつけない融資制度が少ないことがその原因と考えられる。

　こうした結果を受けて経済産業省は新たに、保証料上乗せにより経営者保証の提供を不要とする信用保証制度を創設した。2024年３月15日から申込受付を開始しており、経営者保証ガイドラインの３要件（①法人・個人の資産分離、②財務基盤の強化、③経営の透明性確保）についてより緩和した要件を設定したうえに、経営者保証なしの保証料率は0.25％もしくは0.45％の２段階とし、時限措置として上乗せした保証料の一部につき軽減措置も行っている。この保証制度を協同組織金融機関が積極的に活用することになると、今後は、さらに経営者保証のない融資が定着することになる。

## 20 貸出先支援のターニングポイントになる金融庁監督指針改正

### ⑴ 貸出先支援は資金繰り支援から経営改善・事業再生のフェーズへ

#### a 2024年4月の金融庁監督指針改正に至る背景

2023年5月、国が感染症法上の新型コロナの扱いをインフルエンザなどと同じ5類に移行してから社会経済活動は正常化した。他方で、原材料・エネルギー価格等の高騰や円安、人手不足の影響等により、厳しい環境に置かれた事業者が数多く存在している。そして2024年4月にゼロゼロ融資の返済開始の最後のピークが訪れた。

こうした状況下において金融庁は、地域金融機関は地域産業や事業者を下支えし地域経済の回復・成長に貢献することが重要であり、これがひいては地域金融機関自身の事業基盤の存立にかかわる問題であると再認識した。そして過剰債務を抱えた地域の中小企業に今後起こりうる業況悪化の未然防止と早期に事業改善をさせる観点から、地域金融機関が顧客企業の状況変化の兆候を適時適切に把握し素早い対応をすることが重要であると考えた。

この背景を受けて金融庁は、金融機関による資金繰り支援中心のフェーズから事業者の実情に応じた経営改善や事業再生支援の新しいフェーズへの移行が必要と判断し、2024年4月に金融機関向けの監督指針の改正を行った。

#### b 改正監督指針の内容

改正監督指針では、大きく①経営改善・事業再生支援等の本格化への対応、②一歩先を見据えた早め早めの対応の促進、③顧客に対するコンサルティング機能の強化をうたっている。以下、監督指針の主な改正事項をピックアップする。

##### ⒜ 顧客企業における平時から有事への移行

地域金融機関は、顧客企業が取りうるソリューションが多いうちから顧客企業の経営者の目線に立って丁寧に対話し、その経営判断をサポートすることが重要である。そのため、地域金融機関は収益力の低下、過剰債務等による財務内容の悪化、資金繰りの悪化等が生じたため、経営に支障が生じ、ま

206　第4章　事業再生支援

たは生じるおそれがある状況へ移行する兆候があるかどうか継続的に把握することに努めるとした。

顧客企業における平時から有事への移行は、自然災害や取引先の倒産等によって突発的に生じるだけでなく事業環境や社会環境の変化に伴い段階的に生じることが十分に想定される。そのため地域金融機関は必要に応じて自ら有事への段階的移行過程にあることを認識していない者を含めた顧客企業に対し、有事への段階的な移行過程にあることの認識を深めるよう働きかけていくとしている。

このように金融機関には、事業者の現状のみならず状況の変化の兆候を把握し一歩先を見据えた対応が求められる。

(b) **顧客企業による経営の目標や課題の認識・主体的な取組みの促進**

金融機関は、顧客企業が自らの経営の目標や課題を正確かつ十分に認識できていない場合も含め、経営の目標や課題への認識を深めるよう適切に助言し、顧客企業がその実現・解決に向けて主体的に取り組むよう促すことが必要である。

また、今後、顧客企業を取り巻く状況が変化することを想定し、有事に移行してしまったときに提供可能なソリューションについても積極的に情報提供を行う等、顧客企業の状況の変化の兆候を把握し顧客企業に早め早めの対応を促すとした。

加えて、よろず支援拠点、中小企業活性化協議会、信用保証協会、再生系サービサー等第三者からの知見・助言・提案を活用し、「中小企業の事業再生等に関するガイドライン」第3部に定める再生・廃業型私的整理手続の実施の活用をする。

新たによろず支援拠点の活用、信用保証協会による支援の強化が加わったのが過去の同様の方針との違いである。

(c) **計画策定支援**

地域金融機関は、顧客企業の経営改善に寄与する内容となるよう、顧客企業の置かれた状況を十分にふまえた計画策定支援への積極的な関与を行う。

また、地域金融機関が国や地方公共団体の中小企業支援施策を活用して資

金繰りの管理や自社の経営状況の把握などの基本的経営改善計画等の策定支援を行う場合には、優越的地位の濫用の防止にも留意しつつ、当該支援施策の活用が真に顧客企業のニーズに合致したものであることを確認する。

地域金融機関における計画策定支援では、早期経営改善計画策定支援（通称：ポスコロ事業）の活用が求められる。

### (d) 経営改善・事業再生支援に関する積極的な取組み

地域金融機関は、自身が主たる取引金融機関である顧客企業に対しては丁寧に対話を行ったうえで実情に応じた経営改善支援や事業再生支援等に積極的に取り組んでいく。

また、貸付残高が少ない顧客企業や保全されている債権の割合が高い顧客企業、信用保証協会の保証付融資の割合が高い顧客企業に対しても、自身の経営資源の状況等をふまえつつ必要に応じて早めに他の金融機関や信用保証協会、外部専門家、外部機関等と連携し、顧客企業の実情に応じた経営改善支援や事業再生支援等に取り組んでいく。

さらに、国や地方公共団体の中小企業支援施策を活用しつつ基本的経営改善計画の策定を金融機関が支援した場合には、当該金融機関が率先して当該計画の進捗状況について適切にモニタリングを行う。

ここでのポイントは、貸付残高が少ない、担保で保全がとれている、信用保証協会保証付融資の先であっても能動的な経営改善支援や事業再生支援等に取り組むことが求められている点である。

### (e) 金融機関からの発信と本部の役割

金融機関は、地域の面的再生や地域産業の下支えへの積極的な参画に関する取組みや顧客企業の経営状況に応じたソリューションや経営改善・事業再生支援に関する取組みを積極的に発信する。

地域密着型金融の取組みを組織全体として推進するため、本部は営業店支援態勢の整備に努める。

たとえば営業店が顧客企業との日常的・継続的な関係を通じて把握した経営状況・経営課題等について本部と当該内容を共有し、必要に応じて営業店と本部が一体となって実効性ある支援に取り組むなど、適切な役割分担のも

とで顧客企業の経営課題に応じた最適なソリューションを提供するための態勢整備に努める。

また、顧客企業の有事への移行の予兆を把握し、顧客企業に早め早めの対応を促すための態勢整備に努める。

トップヒアリングを実施するにあたっては必要に応じて各地域金融機関の取組状況や地域経済の抱える課題等について政府系金融機関や信用保証協会、外部専門家、外部機関等と意見交換を実施する。その結果はヒアリングにおける対話材料として活用するとともに、監督対応にも活用する。

### (f) 小 括

このように監督指針の改正では、過剰債務を抱える貸出先に対しては安易な返済猶予を促すのではなく抜本策の実施を促している。

資金繰り支援にとどまらない経営改善支援や事業再生支援等について先延ばしすることなく実施する必要があるとして、貸出先支援にあたっては、収益低下・過剰債務など事業を続けるのに支障が出る経営状況かどうかを早期に判断し、新たによろず支援拠点の活用などを促している。

その意味で金融機関の今後は、貸出先支援に力を入れることが重要となる。

### (2) 再生支援の総合的対策

貸出先支援は国の総合的対策に準拠する必要もある。2024年3月8日、経済産業省は、民間ゼロゼロ融資の返済本格化に加え保証付融資の増大や再生支援のニーズの高まりをふまえ、中小企業支援をよりいっそう強化すべく、金融庁・財務省とも連携のうえ「再生支援の総合的対策」を策定した。こうした国の総合的対策はその時々の経済環境に応じて出されるが、根本的な施策は今後も大きく変わることはない。

### a 資金繰り支援

事業者への資金繰り支援については事業者に最大限寄り添ったきめ細かな支援の徹底を要請される。

融資判断においても、それぞれの事業者の現下の決算状況・借入状況や条件変更の有無等のみで機械的・硬直的に判断せず、事業の特性、各種支援施

第1節 事業再生の歴史 209

策の実施見込み等もふまえ、今後の経営改善や事業再生につながるよう、丁寧かつ親身に対応する方針は変わらない。

返済期間・据置期間が到来する既往債務の条件変更や借換え等については、申込みを断念させるような対応をとらないことはもちろん、事業者の実情に応じた迅速かつ柔軟な対応を継続する。

具体的には、突発的に起こる地震などによる被災地域については配慮したうえで、経営改善・事業再生支援に重点を置いた資金繰り支援とする方向であることをふまえ、早期に借換えを促すなど適切に資金繰り支援に取り組むよう要請される。

### b　資本性劣後ローン

過大な債務等に苦しむ事業者に対しては、その財務内容を改善し新規融資を供給しやすくする手段として、積極的に資本性劣後ローンの活用を検討することを要請される。

日本政策金融公庫のコロナ資本性劣後ローンや日本政策金融公庫において作成している業種別活用事例集や事業計画書を十分活用すること等により、小規模事業者も含め、引き続き資本性劣後ローンの利用促進に取り組むこととされる。

しかし、筆者の関与する中小企業の多くにおいても日本政策金融公庫の資本性劣後ローンの活用を促したが、実際のところハードルが高いのが現実である。

民間金融機関においても資本性劣後ローンを活用した支援について前向きに検討することとされる。日本政策金融公庫等とも連携し、協調融資商品の組成拡大等に努めることを要請されているが、実際のところ中小・零細金融機関で資本性劣後ローンを商品化して推進するのはむずかしいのが現実である。

### c　官民金融機関による支援の強化

民間金融機関においては、監督指針の趣旨・内容について営業現場の第一線までもれなく説明し、運用開始までに確実に浸透させることが要請される。

特に、日常的・継続的な関係強化を通じた事業者の予兆管理と認識共有（プッシュ型での情報提供）、メイン・非メインにかかわらない金融機関自身の経営資源の状況をふまえた対応促進という観点で、事業者の現状のみならず状況の変化の兆候を把握し、一歩先を見据えた対応が求められる。

人材の育成に関しては、地域経済活性化支援機構（REVIC）による事業再生支援に関する実践的な研修の活用などを通じて自身の経営改善・事業再生支援に努めること、事業者の経営状況に応じたソリューションや経営改善・事業再生支援に関する取組みを積極的に発信することが求められる。

2024年1月に改定された「中小企業の事業再生等に関するガイドライン」の活用について、改正内容も含めその趣旨・その内容を営業現場の第一線の職員等まで十分に浸透させ、事業再生計画の成立や円滑な廃業に向けて、主体的に支援することが求められる。

中小企業活性化協議会等の外部機関との連携についても、現場の職員等までその認知を広げ、事業者の経営改善・事業再生・再チャレンジに向けた早期相談につなげるよう努めることとされている。

官民金融機関等においては、新規融資時はもちろんのこと条件変更時や経営改善・事業再生支援等を行う適時のタイミングで事業者の社会保険料や税金等の納付状況を含めた資金繰りの積極的な把握に努めること、また、社会保険料や税金等を滞納している事業者に対しては優先的に支払うべき債権であることを認識させるとともに必要に応じて既往債務の条件変更を提案することなど、事業者の状況をふまえた対応を徹底することが要請される。

筆者はよろず支援拠点でコーディネーターを務めているが、特に社会保険料の滞納に対する強権的な対応は多くの中小事業者を破綻に追い込んでいると感じる。

## d 信用保証協会による支援の強化

総合的対策には信用保証協会による支援の強化が含まれている。

信用保証が2億8,000万円まで使えるとなると、多くの中小企業は保証協会保証付融資だけで資金繰りなどをまかなうことができるため、信用保証協会による支援の強化は重要となる。

第1節 事業再生の歴史 211

再生支援の総合的対策では、協会ごとの経営支援効果検証指標の設定、求償権消滅保証等の活用、保証協会が主体的に中小企業活性化協議会への相談持込みを実施し事業再生支援をするなど数多くの高度な支援の強化を求めている。

　今後は、信用保証協会が能動的に保証先支援を行うことが重要となる。

e　中小企業活性化協議会による支援の強化

　中小企業活性化協議会においても、その評価が低い地域もあり、支援レベルの底上げが期待される。

　さらに、事業承継・引継ぎ支援センターやよろず支援拠点などの他の支援機関との連携を強化するとともに、信用保証付融資先が増加した状況をふまえ、信用保証協会との連携についてもいっそう実効的なものにするよう努めるとされる。

　筆者は岐阜県よろず支援拠点のコーディネーターを務めているが、中小企業活性化協議会、事業承継・引継ぎ支援センター、よろず支援拠点、信用保証協会との連携については、十分に可能な体制にあり、今後は活発化していくことが予見できる。この4機関は親和性もあり、金融機関においても貸出先支援に際して大いに活用していただきたい。

f　再生ファンドによる支援の強化

　中小企業基盤整備機構の出資する中小企業官民再生ファンドは長く活動しており、存続期間の拡充等を通じて事業者支援を強化することは可能である。

　しかし、小規模事業者への支援は大規模・中規模事業者と同じ手間暇がかかるため、後回しになるのが現実である。

　官民金融機関や信用保証協会における再生ファンドのエグジット対応や再生計画実行中のリファイナンスにおいては過去の債務免除等の事実だけをもって融資や保証審査の判断を行うのではなく、足下の事業計画等をふまえて個々の事業者の実情に応じた柔軟な対応に努めることは当然であるが、いまだに債権放棄に抵抗がある金融機関担当者を目にするのもまた現実である。

## g 経営者保証

経営者保証への安易な依存をなくし事業者の持続的な成長と中長期的な企業価値の向上を促すため事業者のガバナンス向上に向けた支援を行うなど、経営者保証改革プログラムの趣旨をふまえた事業者支援をいっそう促進する動きは、主要行、地方銀行レベルでは2023年4月以降劇的に改善されている。

一方で、信用金庫・信用組合の協同組織金融機関ではいまだに進んでいないのが実態である。

これに関して、信用保証協会において信用保証料上乗せにより経営者保証の提供を不要とする信用保証制度が2024年3月から開始されたことおよび制度創設後の3年間で行った保証承諾案件に限り信用保証料の負担軽減策を講じることから、大きく進展することが見込まれる。

2023年11月「廃業時における「経営者保証に関するガイドライン」の基本的考え方」が改定され、廃業手続の早期着手により保証人の手元に残せる資産が増加する可能性があること等が明確化された。保証債務整理手続における早期相談の重要性等を経営者に対していっそう周知するとともに、経営者の個人破産の回避に向けて誠実に対応したい。

2024年6月、金融庁は、「経営者保証改革プログラム」を受けて実施した経営者保証に依存しない融資を促進するための取組事例を収集した「経営者保証に依存しない融資を促進するための取組事例集」を公表した。同事例集は各金融機関から提出を受けた資料により作成されており取組みに対する評価等については各金融機関における見解であり、金融庁の見解を示したものではないが、経営者保証なしの取組みがかなり進展していることが伺われる内容となっている。

金融機関の経営者保証の徴求基準の見直しや柔軟化に関する取組みの主な具体例は以下のとおり。

○　「原則、経営者保証をいただかない」方針を対外公表し、同方針に沿って規定を変更し運用している。

○　新規のプロパー融資については原則、経営者保証を徴求していな

い。

○ 事業性融資について原則経営者保証を求めないことを基本方針として、貸付規程、貸出権限規程、貸出事務取扱要領を改正した。

○ 正常先は経営が破綻する可能性が低いと判断されることから、原則としてすべて経営者保証を不要とした。

○ 正常先のなかで最下位以外の区分は、原則として経営者保証を求めないこととした。また、正常先最下位区分であっても、経常運転資金を除く短期資金は、上位区分と同様に原則として経営者保証を求めないこととした。

○ 要注意先以下は、延滞の有無、債務超過の有無、条件緩和の有無、経営支援の有無を点検し、一つでも該当する場合はガイドラインの趣旨に基づく判定を行い、経営者保証の要否を検討することとした。

○ 連帯保証人を徴求する場合はすべて本部稟議とすることにより、経営者保証の必要性について本部において検証を行うこととした。

○ 以下の融資案件について、経営者保証（個人保証）を原則、不要とした。

　① 取引実績があること、商品仕入れの反復利用先であること等の一定要件を満たす商品用不動産仕入れ（商品担保）

　② 物件単体での賃料収入にて返済が可能、法人のみの資産・収益力で返済が可能等の一定要件を満たす収益物件購入・建築資金（物件担保）

　③ 賞与資金、売掛金回収までのつなぎ資金等、短期資金（手形・でんさい割引、決算資金）

　④ 十分な物上保証（物的担保：不動産担保）があること

## 第2節 事業再生の機関

### 1 中小企業活性化協議会

#### (1) 中小企業活性化協議会とは何か

中小企業活性化協議会(以下「協議会」という)は、2022年4月1日に中小企業再生支援協議会の支援業務部門と経営改善支援センターとを統合し、新たな支援業務を担う組織として発足した、収益力改善、事業再生、再チャレンジまで幅広く経営課題に対応する、国が設置する公正中立な機関である。

#### (2) 協議会事業のポイント

##### a 秘密を厳守し、事業再生を支援

協議会が行う私的整理は、金融機関等の債権者以外に企業の窮状を知られない手法を取り入れており、風評による信用低下などを回避しつつ経営再建を進めることができる。

過大投資等により過剰債務を抱え一時的に経営が悪化していても、主力事業では黒字が見込まれ財務や事業の見直しなどにより再生可能な中小企業に対し、窓口相談、再生計画策定支援、金融調整等の支援を行う。

##### b 強力な支援体制

協議会では、統括責任者であるプロジェクトマネージャー(PM)のほか、PMを補佐する複数のサブマネージャー(SM)を配置している。PMとSMは、主に地方銀行等出身者や公認会計士等士業が務めている。案件によっては弁護士、公認会計士、税理士、中小企業診断士などの外部の専門家等を支援チームに迎え、対策に取り組む体制を整えている。

### c 支援内容

#### (a) 第1次段階：窓口相談

たとえば財務上の課題をもっている中小企業が協議会に相談すると、協議会は面談や提出資料の分析を通して経営上の問題点や具体的な課題を抽出する。そのうえで課題解決に向けてPMやSMが適切なアドバイスを行う。

協議会において収益力改善、再生計画策定支援もしくは廃業・再チャレンジ支援が妥当であると判断した場合、それぞれの第2次段階に進む。

また、関係支援機関の機能活用が適当であると判断した場合は、よろず支援拠点等の支援機関を紹介する。

相談にあたっては、直近3期分の決算書等、会社概要がわかる資料等が必要である。

#### (b) 第2次段階：収益力改善、再生計画策定、廃業・再チャレンジ支援

収益力改善支援事業として、経営環境の変化に伴う収益力の低下などに対し現状の課題・問題点、ビジネスモデルを分析したうえで、収益力改善に向けた計画策定支援を行う。

経営環境の変化に対応した収益力改善の必要があり、収益力改善により財務的安定を図りたい、自社の課題・問題点を客観的に把握したい、経営環境の変化に対応したビジネスモデルを構築したい、収益力改善に向けた具体的な行動計画を策定したい、ガバナンス体制を整備したい等の課題を抱える中小企業が利用できる。

再生計画策定支援（事業再生支援）では、企業概要を調査のうえ、事業計画を策定する。また、必要な金融支援策を策定して、それらを再生計画として取りまとめる。

金融支援策は、リスケジュール等の弁済条件変更や債権放棄等の抜本的な支援策を、金融機関と調整しながら策定する。

深刻な経営状況のため金融支援を得る必要があり、経営再建に向けて問題点等に対するアドバイスがほしい、事業を継続しつつ金融支援を得て立て直しを図りたい、再生が困難な場合、新たな挑戦への支援がほしい等の課題を抱える中小企業が利用する。

## 図表4－2　中小企業活性化協議会による再生事例①（運輸業）

事例2．プレ再生支援によりアクションプランを策定の上、よろず支援拠点との連携による着実な実行を図り、再生計画策定を目指す事例

### ▌事例概要

**会社内容**：タクシー事業及びバス事業を営む運送業者。売上高2億円、従業員50名。タクシーは観光客や地域の高齢者の通院の交通手段として重宝され、また路線バス廃止区域の循環バス事業を運営しており公共的役割を担う。

**コロナによる影響**：観光客の減少及び地元住人の外出機会の減少により減収。

**現況**：新規契約獲得等の自助努力も行ったがコロナ禍の減収の影響が大きく、赤字幅が急拡大。拠点集約等を実施したものの、配車ミスや運転手の接客態度への苦情が発生するなど管理体制が不十分。

### ▌再生におけるポイント

・地域の交通手段として重要な役割を担っているが赤字幅が拡大しており、事業面の精緻な分析に基づく経営改善が必須。

・協議会とよろず支援拠点が連携し、よろず支援拠点の専門家がマーケティング等の個別のアクションプランの実施をサポートすることで計画の実行可能性を高めた。

### ▌金融支援の内容

・特例リスケジュールの出口として協議会のプレ再生支援に移行。

・リスケジュールにより一定期間の元金据置後、毎期の返済額を計画キャッシュ・フローの範囲内に抑えることで資金繰りの安定化を図る。アクションプランの実行により収益力を改善し、3年間のプレ再生計画終了後には再生計画への移行を目指す。

| アクションプランの概要 | | |
| --- | --- | --- |
| | 現状分析 | 施策内容（抜粋） |
| 組織風土・経営戦略 | ・従業員の目標達成意欲が低い<br>・ルーズな社風<br>・会社の経営方針が不明確 | ・事業戦略、雇用計画、投資計画を明文化し、従業員に公表する。<br>・事業戦略としてコスト競争力の構築、接客力の強化、地域固定客との信頼関係の維持と認知度向上を目指し他社と差別化。 |
| 経営管理 | ・採算管理がされていない<br>・従業員教育が実施されていない | ・事業別採算管理の見直し、間接費の把握によるコストの見える化。<br>・年間教育計画の策定、指導体制構築。 |
| オペレーション管理 | ・営業活動が不十分、広告販促の効果が不明瞭<br>・非効率な配車、配車ミス発生により顧客離れの懸念<br>・顧客苦情対応、事故対応のマニュアルが未整備 | ・既存、新規見込先への定期的な営業活動の徹底。<br>・SNSマーケティングの導入により認知度を向上。<br>・配車番の教育徹底。受付方法の標準マニュアル見直し。<br>・曜日、時間帯毎の実車の効率性分析を導入し、運転手のシフト作成を見直し。<br>・運転手への苦情を全社共有し、接客を改善。 |

（出所）　中小企業庁・中小企業活性化全国本部「中小企業活性化協議会における運輸業の支援事例」3頁（https://www.chusho.meti.go.jp/keiei/saisei/2022/support_case_03.pdf）

第2節　事業再生の機関　217

## 図表4－3　中小企業活性化協議会による再生事例②（飲食業）

事例4．既存借入を資本性劣後ローンに借り換えて財務基盤を強化し、新規資金の調達により資金繰り安定化を図ることにより、経営改善へと舵を切った事例

### ▌事例概要

**会社内容**：多店舗展開を行う中華料理店、売上高5億円程度、従業員約150名。過去より利益は確保できているが、収益性が低く、設備投資控除後キャッシュ・フローはマイナスに推移。過去の出退店資金を借入で賄ってきたため過剰債務状態。

**コロナによる影響**：コロナ影響により宴会需要が激減し売上が減少した結果、大幅赤字。債務超過に陥る。

**現況**：過大な本社経費が収益を圧迫しており、かつコロナ流行直前にオープンした新店の集客ができておらず赤字が継続している状況。

### ▌再生におけるポイント

・収益性向上のため、不必要な本社経費の削減、FLコストを抑える施策の実施、新店の撤退判断、専門家関与による伴走支援体制。

・低迷する外食部門の補完として事業再構築補助金を申請し、飲食店向けの調味料を開発。

### ▌金融支援の内容

・財務基盤強化のために既存借入金5,000万円と新規資金3,000万円を資本性劣後ローン（期日一括弁済）として借換・調達し、資金繰り安定化を図るために上記3,000万円に加えてメイン金融機関からも2,000万円の新規資金を調達。

・リスケジュールを行うことにより資金繰り安定化を図り、改善施策に注力。

---

### アクションプランの概要

#### ■アクションプラン例

| 項目 | 施策内容 |
|---|---|
| 本社経費削減 | ・削減対象科目を設定し、毎月モニタリングを実施することにより目標金額までの削減を見込む |
| FLコスト（※）改善 | ・原価率の高い商品の提供を抑える仕組みの構築<br>・店舗間異動等による人員配置の最適化 |
| 新商品の開発 | ・事業再構築補助金による飲食店向け調味料の開発 |

#### ■KPI　本社経費削減目標　（単位：万円）

| 削減対象科目 | 2019年<br>（実績） | 2020年<br>（実績） | 2021年<br>（実績） | 2022年<br>（計画） |
|---|---|---|---|---|
| 人件費 | 4,500 | 4,800 | 4,600 | 3,500 |
| その他経費 | 9,000 | 9,000 | 7,600 | 6,900 |

#### ■KPI　FL比率（※）

| 店舗 | F比率 | L比率 |
|---|---|---|
| A店 | 30% | 29% |
| B店 | 27% | 34% |
| ⋮ | ⋮ | ⋮ |

| F比率 | L比率 |
|---|---|
| 29% | 29% |
| 27% | 29% |
| ⋮ | ⋮ |

※FLコストとは食材費（Food）と人件費（Labor）の合計金額のこと。
　FL比率とは売上高に占める、FLコストの比率のこと。

---

（出所）　中小企業庁・中小企業活性化全国本部「中小企業活性化協議会における飲食業の支援事例」5頁（https://www.chusho.meti.go.jp/keiei/saisei/2022/support_case_02.pdf）

## 図表 4－4　中小企業活性化協議会による再生事例③（宿泊業）

事例 4．事業スポンサーを活用した第二会社方式による債務免除を実施し、事業承継を図った事例

### ▌事例概要

**会社内容**：客室数約15室。従業員30名程度。コロナ前は売上高3億円程度。バブル期の過大投資のため借入が多額となり、かつ長引く不況で売上が低下していたが、コスト削減により近年は償却前営業利益は黒字を継続していた。

**コロナによる影響**：休館を余儀なくされ、売上高が2億円台となり赤字計上。

**現況**：後継者不在。従業員数も高齢化による退職で減少。人員不足により予約を断ることがあり機会損失が発生している。

### ▌再生におけるポイント

・自力再生が困難であり同業の事業スポンサーによる再生を図る。

・事業スポンサーは資金繰りの状況に応じて運転資金拠出を約束。

・事業スポンサーが新代表者となり、同業者としてのノウハウ、人材を含めた経営資源を活用。

### ▌金融支援の内容

・新設分割により設立した新会社株式を事業スポンサーが旧会社から2億円で取得。

・旧会社において新会社株式売却代金等により、金融機関へ2億円を返済。返済後の借入金4億円（保証協会の求償権を含む）は旧会社の特別清算手続の中で実質債務免除を実施。

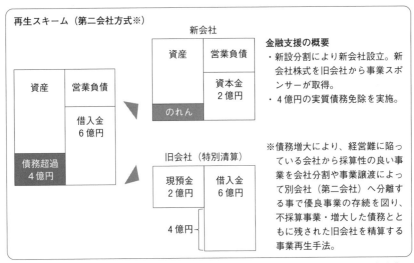

（出所）　中小企業庁・中小企業活性化全国本部「中小企業活性化協議会における宿泊業の支援事例」5頁（https://www.chusho.meti.go.jp/keiei/saisei/2022/support_case.pdf）

廃業・再チャレンジ支援では、再生がきわめて困難と判断した場合でも相談企業や保証人が「円滑な廃業」や「経営者・保証人の再スタート」に向けて各種のアドバイスや代理人弁護士の紹介を受けられる再チャレンジ支援を行う。

また、企業の債務整理に伴い、経営者や保証人は経営者保証ガイドライン（単独型）に基づく保証債務の整理について協議会の支援を受けることができる。

## 2　地域経済活性化支援機構（REVIC)

### ⑴　地域経済活性化支援機構（REVIC）とは何か

REVICは、2008年のリーマンショック以降の金融経済情勢の急速かつ大幅な悪化等を受けて、地域経済の再建を図るため、有用な経営資源を有しながら、過大な債務を負っている事業者の事業再生を支援することを目的に、「株式会社企業再生支援機構法」に基づき、2009年10月に株式会社企業再生支援機構として設立された。

その後、2013年に法改正に伴い「株式会社地域経済活性化支援機構法」に法律名が改められ、それに伴い社名も株式会社地域経済活性化支援機構に変更され、再出発した。

2014年には、再チャレンジ支援業務やファンド出資業務の追加等、事業再生や地域活性化の支援を効果的に進めることを目的とする法改正がなされ施行、また、2018年には地域における総合的な経済力の向上を通じた地域経済の活性化を図るため一部の業務期限について3年の延長がなされ、2020年6月には、新型コロナウイルス感染症の拡大により経済への影響が深刻化する状況下において地域の中堅・中小企業の経営基盤等の改善を支援するため、さらに期限を5年延長する機構法の改正がなされ、現在に至っている。

REVICは、地域経済の活性化に資する支援に取り組むとともに、地域金融機関に対して専門人材による知見・ノウハウの移転をよりいっそう進めている。

## (2) 地域経済活性化支援機構（REVIC）活用事例

REVICは地域の中核となる企業を中心とした事業再生を支援する。具体的には、有用な経営資源を有しながら過大な債務を負っている事業者について、事業再生計画に基づく過大な債務の削減等を通じた財務の再構築や事業内容の見直し、十分な事業利益の確保による競争力の回復と事業再生を支援し、手続化された合理的スキームにのっとり事業再生を円滑に実施する。

## (3) 地域経済活性化支援機構（REVIC）の活用によるメリット

### a 公的・中立的立場で利害調整を円滑化

REVICは公的・中立的な第三者であり当事者だけでは難航しがちな債権者間の利害調整等に対応できる。

また、債権回収の一時停止要請や債権の買取りを行い、事業再生計画の遂行をスムーズにすることができる。

### b 出資・融資による資金支援

REVICは金融機関等が有する貸出債権の買取りや事業者に対する出資・融資による資金提供を行うことができる。

### c プロフェッショナル人材のノウハウ活用

全国から金融や事業再生、法務、会計等のプロフェッショナルが集結しており、案件に応じて事業者に最適な人材を派遣して事業再生に関する助言・指導等の支援を行うことができる。

### d 事業者・金融機関双方の税負担軽減

再生支援決定を受けて債務免除が行われた事業者は評価損の損金算入および期限切れ欠損金の優先控除が認められるので、債務免除益への課税を回避することができる。

また、金融機関等は、債権放棄した金額を貸倒損失として損金の額に算入することができる。

### e 金融機関における債務者区分の改善

金融庁の監督指針において、REVICが策定支援する事業再生計画が「実現可能性の高い抜本的な経営再建計画」と認められる場合は、当該事業再生計画に基づく貸出金は「貸出条件緩和債権」に該当しないものと判断してさ

図表4－5　地域活性化支援機構による再生事例

| 事例番号 | 48 |
|---|---|
| 対象事業者 | 株式会社タカキュー |
| 事務所所在地 | 東京都板橋区 |
| 業種 | 紳士服及び関連洋品雑貨の企画・販売等 |
| 持込金融機関等 | みずほ銀行、グロースパートナーズ株式会社（スポンサー） |
| 取引金融機関等 | みずほ銀行他4金融機関 |
| 財務数値等<br>（2023年2月期） | 売上高：11,976百万円、営業利益：△785百万円、EBITDA：△383百万円、当期純利益：△1,050百万円、資本金：100百万円、総資産：6,407百万円、純資産：△1,934百万円、借入金総額：4,026百万円、従業員数：482名（内 正社員323名）※従業員数は2023年8月末時点、内臨時雇用者数は1日8時間換算の平均人員数 |
| 経緯 | 対象事業者は創業以来70年超にわたり、幅広い顧客層に良質な素材とファッション性をアピールした高付加価値商品を提供し、根強いファンを獲得してきたが、市場環境が年々厳しさを増す中で、多様化する消費者ニーズに合わせた商品提供の遅れ等により2019年2月期には営業赤字を計上した。さらに、新型コロナウイルス感染症の蔓延や、原材料価格・エネルギーコストの高騰、急激な為替相場の変動による原価上昇等により、厳しい経営環境が継続した。このような中で、抜本的な事業再建を図るため、主力金融機関であるみずほ銀行及びスポンサーであるグロースパートナーズ株式会社と協議の上で機構に対して再生支援を申し込むに至った。 |
| 機構の支援意義 | 対象事業者はコロナ禍で窮境に陥っているものの、70年超の歴史を有する老舗衣料品販売事業者であり、紳士服領域を中心に高い知名度を誇る。北海道から九州まで全国に店舗を展開し、400人を超える従業員を雇用しており、地域雇用の創出にも貢献している。さらに、約80社を超える全国各地の仕入先との間で取引関係を有し、バリューチェーンの上流に位置する国内毛織物産業を含めた地域産業の維持・発展にも貢献しており、対象事業者は、各地域にとって有用な経営資源を有するとともに、多くの地域雇用を支えていることから、機構がコロナ禍窮境企業に対する再生を支援することは、コロナ禍後における事業者支援の促進及び地域経済の活性化と雇用の安定に資するものといえ、支援の意義が認められると考える。 |
| 事業計画の骨子 | スポンサーの有するBtoC型ビジネス、ECビジネスに関する知見、専門家によるマーケティング等のサポート機能、社外関与先との提携・連携等といったシナジー創出の機会を最大限活用し、MD改革、OMO推進、顧客の囲い込み等の施策に取り組み、収益の改善を図る。また、スポンサーに対する出資と金融機関に対する金融支援を依頼することで、東京証券取引所（市場区分：スタンダード市場）の上場を維持する。 |
| 再生スキーム | 「債権放棄」「DES」 |
| スキームの概要 | 対象事業者はスポンサーに対し第三者割当増資を実施し、金融機関に金融支援を依頼することによって東京証券取引所の上場を維持する。 |

222　第4章　事業再生支援

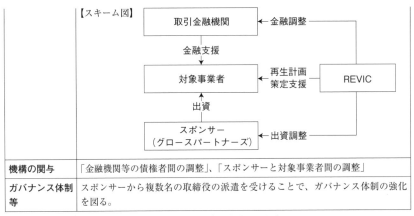

| 機構の関与 | 「金融機関等の債権者間の調整」、「スポンサーと対象事業者間の調整」 |
|---|---|
| ガバナンス体制等 | スポンサーから複数名の取締役の派遣を受けることで、ガバナンス体制の強化を図る。 |

（出所）　地域活性化支援機構「再生支援案件事例集」49頁（https://www.revic.co.jp/pdf/publication/examples_revic.pdf）

図表 4 − 6　地域経済活性化支援機構のスキーム

（注）　再生スキームによってはスポンサー支援型による再生支援を行う場合もあり、スポンサー支援型の場合、REVICは経営人材の投入や投融資等を行わないケースもある。
（出所）　地域経済活性化支援機構ウェブサイト（https://www.revic.co.jp/business/regen/03.html）

しつかえないとされているため、債務者区分の改善が期待できる。

f　病院や学校を含む幅広い支援対象

　支援対象から除外される事業者（大規模事業者・地方三公社・第三セクター等）以外のすべての事業者が対象となる。

　また、個人事業主を含め経営形態を問わず病院や学校等を含むすべての業種が支援対象となるため、幅広い事業者の再生支援を行うことができる。

## 3  事業再生ADR

### (1)  事業再生ADRとは何か

ADR（Alternative Dispute Resolution）とは裁判外紛争解決手続のことである。2007年に施行された裁判外紛争解決手続の利用の促進に関する法律（ADR法）により、法務大臣の認証を受けた民間の事業者がADR事業を行えるようになった。産業活力の再生及び産業活動の革新に関する特別措置法（産活法）の改正によって、経済産業大臣の認定を受けると事業再生についてADR事業を行うことができる。

事業再生ADRは中立的な立場のADR機関が利害調整を行うため、私的整理ガイドラインによる再生案件でよく生じるメイン寄せといった弊害がないので、より活用されるようになった。政府等が出資するなど公的な機関である行政型ADR（中小企業活性化協議会、REVIC）、裁判所の主催する司法型ADR（特定調停）、民間事業者による民間型ADR（特定認証ADR）等に分類される。

民間型の事業再生ADRである特定認証ADRに対しては、再生企業の事業価値を毀損することがないという利点に加え、簡易迅速性、柔軟性、秘密保持性などのADRの利点を活かすべく創意工夫された事業再生サービスが提供される。事業再生実務家協会が2008年10月に認証および認定を取得し、特定認証ADR第1号として活動を開始した。

事業再生ADRは主に中堅・大企業の私的整理で使われている。制度導入から長年経過したこともあり実務は定着しているが、実際には中堅・大企業以外の利用がむずかしく制度自体の知名度が低いため、利用件数は伸び悩んでいるのが実態である。また、他の私的整理と同じく債権者全員の同意が必要なため意見調整に時間がかかることもあり、今後の多数決型の導入が議論・検討されている。

経済産業省によると、事業再生ADRは2024年3月までに99件（330社）の手続利用申請があり、このうち70件（252社）で事業再生計画案に対し債権者全員が合意している。

## (2)　事業再生ADRを利用するための条件

　事業再生実務家協会では、事業再生ADRを利用するための条件をあげている。それは、①過剰債務によって経営が困難な状況であり自力での再生が困難であること、②技術や人材などの事業基盤を有し事業に収益性と将来性があり、債権者からの支援で事業再生の可能性があること、③民事再生法や会社更生法などの法的整理手続申立てにより信用力低下をもたらし事業価値が著しく毀損されるなど、事業再生が滞るおそれがあること、④事業再生ADRによって債権者が破産手続よりも多く回収できる可能性があること、⑤手続実施者選任予定者の意見や助言に基づいて公正かつ経済的合理性を有する事業再生計画案の策定可能性があることであり、私的整理ガイドラインに準拠している。

## (3)　事業再生ADRのメリット・デメリット

### a　メリット

　事業再生ADRは債権者と金融債務者との間で行われるため取引先には秘密裏に進めることができ、円滑な商取引の継続で事業に支障が出ない。

　中立公平な立場から利害調整をする事業再生ADRは公平性・信頼性が担保される。

　当事者だけでなく信頼できる専門家の監督下で手続が進行するため、手続が安定しており円滑に実施できる。

　一般的には法的整理は約6カ月、私的整理は1年以上かかるといわれるが、事業再生ADRは手続の開始から終了まで約3カ月の場合もあるため、事業を迅速に再構築したい場合に向いている。

　中小企業基盤整備機構の債務保証（中堅・大企業向け）により手続中の一時的な資金繰りのためつなぎ融資を受けられる可能性がある。特定認証紛争解決事業者が必要性を確認したつなぎ融資について、法的整理に移行した場合、他の債務と比べて優先弁済すべく裁判所が判断する際に、確認された事実が考慮される。

　法的整理との連携について、仮に特定調停に移行した場合、裁判所は事業ADR手続が実施されていたことを考慮して裁判官だけで調停することの相

当性を判断する。

　税制上の優遇措置者について、債権者の債権放棄が寄付金ではなく損金として算入できるため無税償却できるといった税制上の優遇措置を受けられる。

b　デメリット

　事業再生ADRの主なデメリットは、債権者全員の同意が必要になる、公平な第三者が仲介する手続であるため私的整理と比べて手続がむずかしい、計画策定やデューディリジェンスにかかる費用、斡旋者である事業再生実務家協会や事業再生計画の策定を委託する弁護士・専門家にかかる費用などが高額になりやすいことである。

### (4)　事業再生ADR手続の流れ

　経済産業省「事業再生ADR制度について（令和6年度)」によると手続の流れ（モデルケース）は以下のとおり。

① 債務者が特定認証紛争解決事業者に事業再生ADR制度の利用を申請、受理。

② 特定認証紛争解決事業者が債務者と連名で債権者に対し、一時停止の通知（債権の回収、担保権の設定や破産手続、再生手続、更生手続、特別清算の開始を申し立てないよう通知）を発出。

③ 事業再生計画案の概要の説明のための債権者会議

　債務者が資産、負債の状況、事業再生計画案の概要を説明。質疑応答や債権者間の意見交換を実施。議長、手続実施者（弁護士等）の選任、一時停止の具体的内容と期間、次回以降の債権者会議の開催日時と開催場所について決議。

④ 事業再生計画案の協議のための債権者会議

　手続実施者が事業再生計画案が「公正かつ妥当で経済的合理性を有するか」について意見を陳述。

⑤ 事業再生計画案の決議のための債権者会議

　事業再生計画案について決議を行い、全員の同意で私的整理の成立。1人でも不同意の場合は法的整理に移行する。

226　第4章　事業再生支援

## 4 事業再生ファンド

### (1) 事業再生ファンドとは何か

1990年代後半から国内で事業再生を目的とするファンド（以下「事業再生ファンド」という）が数多く設立されるとともに中小企業再生案件も含めさまざまな再生案件に関与し、事業再生における主要プレーヤーとしての地位を確立してきた。

事業再生ファンドとは、各出資者が事業再生を目的として共同で事業を行うとともに事業から生じる収益を分配する仕組みである。

具体的には、投資対象となる再生案件を発掘し、対象企業の再生計画策定等を支援し、対象企業に対する投資を実行する。そして、対象企業の事業再生を支援し事業価値向上の実現を通して事業再生の進捗に応じて投資を回収する。この再生後のファンドによる最終的な投資回収をイグジット（EXIT、出口）という。これらの手順を経て回収された収益を各出資者に分配する等の事業を出資者が共同で行うものである。

一般的な事業再生ファンドは、過剰債務があるものの事業価値がある（営業利益が相応に計上されている企業）と判断される企業（金融機関の債務者区分でいえば要管理先・破綻懸念先）の再生を図るために、金融機関の貸出債権を時価で購入する。そして、事業再生ノウハウと外部ネットワークをもった再生支援コンサルティング会社が一定期間（1〜2年）に経営改善や債権放棄により要注意先以上の財務内容に改善をして企業再生を図るものである。

以下、図表4－7で流れを説明する。

① ファンドの管理運営会社が投資家を募り、事業再生ファンドを設立する。

② A金融機関は貸出債権を時価で事業再生ファンドに売却する（A金融機関にとっては実質的な債権放棄となるが、不良債権のオフバランス効果がある）。

③ 事業再生ファンドは再生支援コンサル会社と提携し再生業務を委託

第2節 事業再生の機関 227

図表4－7　事業再生ファンド基本スキーム

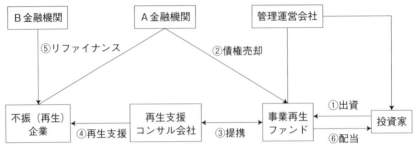

（出所）　筆者作成

する。

④　再生支援コンサル会社は不振企業の再生支援を行う。必要に応じ事業再生ファンドは債権放棄・DESを行う。不振企業を要注意先以上のレベルに財務内容を改善させる。

⑤　事業再生ファンドおよび再生企業は、出口としてB金融機関に貸出債権の買戻融資を依頼する（B金融機関としてはリファイナンス資金を再生企業に融資することになる。再生企業はB金融機関からリファイナンス資金を借りて事業再生ファンドに返済する）。

⑥　事業再生ファンドはその時点の時価（事業再生後なので価値が上がっている）で貸出債権を再生企業に売却して収益をあげて投資家に配当する（投資家の利回りは、年10〜30％が一般的である）。

(2)　事業再生ファンドの形態

　ファンド組成に先立ち各出資者がファンドに出資し共同で事業を行うため、出資者間で契約を締結しファンド出資・運営等に関するルール等を定める。この契約については、商法に基づく匿名組合契約、投資事業有限責任組合法に基づく投資事業有限責任組合契約、海外法に基づくパートナーシップ契約等、さまざまな形態がある。

　各出資者の間でその契約を締結するとともに、当該契約に基づきファンド運営会社（一般的に一部の出資者またはその関係者等がファンド運営会社となる）が投資案件発掘・組成、投資実行、投資先企業支援、投資回収、収益

分配等の各業務を遂行する。

### ⑶　事業再生ファンドの投資形態

こうした事業再生ファンドが実行する投資はその形態に応じて「エクイティ型」「デット型」に大別される。

エクイティ型投資とは、対象企業の株式等（エクイティ）を対象とする投資である。普通株式や優先株式等への投資により議決権の過半数（または3分の2以上等）を取得し経営権を獲得したうえ、経営者を派遣して当該企業の再生を自ら主導する。再生計画履行による事業価値向上後に株式等を売却し投資収益を確保する。

デット型投資とは、対象企業が有する金融債務（デット、債権者の視点からは金融債権）を対象とする投資である。対象企業に対する全金融債権または相当割合の金融債権を主力金融機関等から「時価」で買い取り、主要債権者として再生計画の策定および履行を支援する。投資期間中の元利金受領およびイグジット時のリファイナンス（既往金融機関等による新規融資）により投資対象債権の弁済という形で投資を回収し収益を確保する。

債権を譲渡する金融機関の視点では、ファンドに対し債権譲渡を行う場合、自らが再生計画の当事者として直接債権放棄等を行う場合と比較して、①当該不良債権を早期にオフバランスできること、②債権譲渡に伴う損失に係る損金計上について税務上容認されやすいこと等のメリットがある。

### ⑷　官民一体型事業再生ファンド

2003年に中小企業再生を支援するためのファンドへの出資事業が、独立行政法人中小企業基盤整備機構（以下「中小機構」という）の業務として追加され、以降、中小機構が出資する事業再生ファンド（以下「官民ファンド」という）も、地域中小企業の再生にかかわる主要プレーヤーとなった。

官民ファンドは、「官」である中小機構、地方公共団体および保証協会等、ならびに「民」である地域金融機関、地域事業法人およびファンド運営会社等が出資する投資事業有限責任組合であり、中小機構は各ファンドにおいてファンド総額の50％を上限として出資を行っている。

第2節　事業再生の機関　229

## (5) 官民ファンドの具体例

筆者は、2008年3月に組成された全国で16番目の官民ファンドである、ぎふ中小企業支援ファンドの設立に携わったことがある。具体例としてぎふ中小企業支援ファンドを中心に、官民ファンドによる地域中小企業の再生への取組みについて紹介する。

### a ぎふ中小企業支援ファンドのスキーム

本ファンドは、2008年3月に、中小機構、岐阜県に本店のある13の地域金融機関およびファンド運営会社によって組成され、同年12月に岐阜県信用保証協会も出資をした。信用保証協会が官民ファンドに出資をした初めての案件である。

#### (a) 無限責任組合員 (GP)

投資事業有限責任組合は民法上の任意組合に近い性格を有しているが、任意組合ではすべての組合員が一様に無限責任を負う一方、投資事業有限責任組合では、責任限定の有無に応じ、組合員が有限責任組合員と無限責任組合員に類別される。

無限責任組合員はGeneral Partner (GP) とも呼ばれ、組合の債務について無限責任を負うとともに組合の業務を執行する権限と裁量を有する出資者である。一般的に無限責任組合員がファンドの運営会社として業務を執行しており、本ファンドにおいては、無限責任組合員である株式会社ぎふリバイタルがファンド運営会社となっている。

株式会社ぎふリバイタルは、本ファンドの運営を目的として、ファンド事業やコーポレート・アドバイザリー等の投資銀行業務を幅広く手がける株式会社リサ・パートナーズの100％出資により岐阜県岐阜市に設立された。株式会社リサ・パートナーズはNECキャピタルソリューション株式会社の子会社であり、多くの地域金融機関と提携し各地域の金融機関に対して独自のソリューションを提供するとともに、地域企業の再生を積極的に推進している会社である。全国各地で官民ファンドの運営を行っているほか、地域金融機関等との共同出資により多くの地域企業再生ファンドを組成している。

(b)　**有限責任組合員（LP）**

有限責任組合員は組合の債務について出資金の範囲で有限責任を負うが、業務執行に関しては組合契約で定める一部事項を除き、関与する権限を有していない。本ファンドにおいては中小機構、岐阜県内に本店を置く13金融機関および岐阜県信用保証協会が有限責任組合員として出資を行っている。有限責任組合員は一般的にLimited Partner（LP）とも呼ばれている。

岐阜県信用保証協会については、2008年6月の法改正で信用保証協会による事業再生ファンド等に対する出資が認められたことに伴い、同年12月にぎふ中小企業支援ファンドに新たに加入した。信用保証協会による事業再生ファンドへの参加は、本件が全国で初めての事例となった。

(c)　**ファンド総額および出資方法**

本ファンドにおいては、投資案件実行等により資金が必要となるつど、ファンド運営会社からの要請に応じて各組合員が、組合契約で合意した出資金額に応じた比率によりファンド総額を限度として出資を行うこととされている。このようにファンドが資金の必要性に応じて随時出資を受ける方法をキャピタルコール方式という。

(d)　**ファンド組成条件**

主なファンド組成条件は以下のとおりである。

①　目的：過剰債務により業況が悪化しているものの、本業には相応の収益力があり再生が見込まれる中小企業の再生を中長期的に支援すること等

②　形態：投資事業有限責任組合

③　存続期間：組成から7年間（ただし、組合員合意のうえで10年間まで延長可）

④　投資先企業に対するハンズオン支援（ファンド自らが対象企業に対して行うきめ細かく中長期的な再生・経営支援）の実施

⑤　中小企業再生支援協議会との連携

b　**投資対象案件**

ぎふ中小企業支援ファンドの投資対象案件については、主として、中小企

業再生支援協議会の支援により再生計画を策定完了した県内・県外の中小企業等に対する投資で、組合員である地域金融機関から持ち込まれた案件とされている。業種の制約はないが、当然ながら反社会性のあるもの、公序良俗に反するもの等については除外されている。

なお、官民ファンドは民事再生法や会社更生法等が適用される法的整理案件をも投資対象としている。

### c 官民ファンドの役割

#### (a) 投資形態

官民ファンドの投資形態についても、一般の事業再生ファンドと同じく「デット型」「エクイティ型」に類別することができる。デット型投資案件では、ファンドが金融債権者から対象企業向け債権を「時価」で買い取り債権を集約化したうえ、主要債権者として当該企業の再生を支援する。

エクイティ型投資案件では、対象企業が発行する普通株式や優先株式（エクイティ）をファンドが引き受けることにより対象企業に新規資金を供給するとともに経営権を確保し、経営者等を派遣し当該企業の再生を主導する。

中小企業再生では、エクイティ型投資におけるイグジットが限定され回収リスクが大きくなることから、とりわけ地域中小企業の再生を目的とする官民ファンドにおいては、投資案件のほとんどがデット型となっている。

#### (b) デット型投資案件におけるファンドの関与手順

デット型投資案件における官民一体型再生ファンドの関与手順は、以下のとおり。

① 対象企業に対する貸付債権を有する金融機関等が当該貸付債権を「時価」でファンドに譲渡し、ファンドがこれを取得する。

② ファンドは対象企業による再生計画履行をきめ細かく中長期的なハンズオンで支援する。

③ ファンドは投資実行後、ハンズオン支援に注力するとともに、金利および約定弁済あるいは再生計画に基づく事業外担保の処分等により債権を順次回収する。

④ 再生計画が履行され対象企業の損益財務状況が一定レベルまで改善

232　第4章　事業再生支援

された段階で、対象企業は金融機関から新規借入れ（リファイナンス）を行い、ファンドに対する残債務を弁済する。

⑤　ファンドは、利払い、約定弁済、担保処分およびリファイナンス等によって受領した回収金を一定のルールに基づき各出資者に配分する。またファンドは、上記取引を通じて、債権譲受価格である債権の「時価」とイグジット（リファイナンス）を含めた当該債権からの回収総額の差額に相当する投資収益を獲得する。

## ⑹　貸出先支援における官民ファンドの活用

官民ファンドが取り組む案件のほとんどが協議会による再生計画策定支援を受けている。

第一段階として、貸出先と主力金融機関とが協議のうえ協議会に案件を持ち込む。次に、協議会の支援が決定し、事業デューディリジェンスおよび財務デューディリジェンスを経て再生スキームの検討を行った結果、当該スキームのなかで官民ファンドの活用が想定される場合は、ファンドにおいても当該案件に関する必要情報の開示を受け、並行的に投資判断のための調査・分析を進める。

官民ファンドでは、協議会等からの情報開示を得て、譲受対象債権や担保不動産に係るデューディリジェンスを実施したうえで、協議会が策定支援を行う再生計画案の精査・検証を行い、必要に応じてその内容について調整を行う。

こうしたプロセスを経て譲受対象債権の時価を算定し、債権譲渡者である金融機関（以下「譲渡金融機関」という）との間で譲渡価格の交渉に入る。譲渡金融機関においては、債権譲渡価格の合意が再生計画案合意の前提となる（すなわち、官民ファンドに債権を譲渡することを前提として再生計画に合意する）ケースもあるが、この場合は再生計画に係る債権者間調整と対象債権譲渡価格の交渉とを並行的に進め機関決定を行うこととなる。

譲渡条件合意後は、債権譲渡、会社分割等を含む再生スキームの実行、投資先企業に対するハンズオン支援の実施、イグジットというプロセスを経て、投資先企業はファンドから「卒業」する。

第 2 節　事業再生の機関　233

### 図表4－8　官民ファンドによる再生事例（宿泊業）

事例3．中小企業基盤整備機構が出資をする中小企業再生ファンドを活用した第二会社方式による債務免除を実施し、自力再生を図った事例

#### ▍事例概要

**会社内容**：客室数約50室。従業員20名程度。コロナ前は売上高2億円程度。団体旅行ニーズの縮小に伴い売上は落ち込み、債務超過となる。近年は代表者変更に伴いターゲットを個人客（家族客）に変更する等の方針転換により黒字化を達成。

**コロナによる影響**：利用客数は3割程度減少。売上高は1.3億円に落ち込み、再び営業赤字に転落。

**現況**：一部の仕入先に対する買掛金の支払い猶予（滞納）が発生。必要な投資・修繕を行えず、施設の老朽化、温浴施設に故障が生じている。

#### ▍再生におけるポイント

・現代表者の経営手腕が評価され、新会社においても代表者として続投。
・事業再生官民ファンドによるガバナンス体制の強化（社外役員の派遣）。
・ファンドからの新規借入により、滞納債務の解消、緊急性の高い修繕の実施。

#### ▍金融支援の内容

・金融機関からの借入金総額7億円（保証協会の求償権を含む）をファンドが買い取り、2億円を新会社へ承継。残余の5億円については旧会社の特別清算手続において実質債務免除。
・滞納債務の弁済原資、緊急性の高い修繕等の資金として、1億円をファンドが融資。

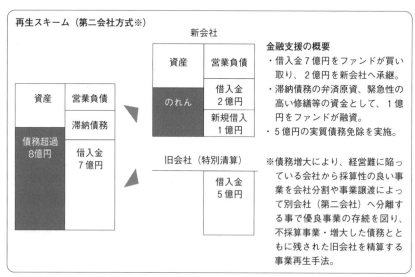

（出所）　中小企業庁・中小企業活性化全国本部「中小企業活性化協議会における宿泊業の支援事例」4頁（https://www.chusho.meti.go.jp/keiei/saisei/2022/support_case.pdf）

## ⑺　官民ファンド活用のメリット

### a　対象企業にとってのメリット

　官民ファンドは、収益のみを追求するものではなく中長期的な観点から投資を行うこととされている。一方、たとえば投資期間が短く設定された外資系ファンド等では短期間で高収益を得られるようなファンド運営を求められる。こうしたファンドが投資する場合、短期かつ急激なリストラ策の実施や高収益事業部門の早期売却等が計画に織り込まれるなど再生計画も少なからずその影響を受けることが想定され、官民一体型再生ファンドの投資案件とはこの点で大きく違うこととなる。官民ファンドが関与する事例では対象企業にとってより合理的で達成可能性が高い再生計画が策定されるメリットがある。

　地域中小企業の再生案件ではほとんどすべてのケースにおいて信用保証協会が債権者となっている。官民ファンドは信用保証協会との間で代位弁済実行後に同協会が有する求償権をファンドに時価譲渡することの適否や譲渡する際の条件等について随時、緊密に意見交換を行っている。こうした状況下、官民ファンドが関与し再生案件を進める場合、信用保証協会との調整・連携が円滑になされる。

　また、信用保証協会による事業再生への取組みの一環として、近年協議会の活用が求められており、中小企業基盤整備機構が出資を行う再生ファンドが策定支援等を行った再建計画等に基づく場合には、信用保証協会が求償権を不等価譲渡（時価による譲渡）することや求償権先に対する新規保証を行うこと等が可能とされている。

　とりわけ第二会社方式で新会社に事業を移転する場合、業種や地域によっては、たとえば温泉旅館の場合の温泉組合等地元の関連団体等の承認を得ることが必要となるケースもある。こうした場合、公的な性格を有する官民ファンドが主要債権者として、あるいは主要株主として関与していることは、諸調整を円滑に進めるうえで一定のアドバンテージになる。

　第二会社スキームでデット型投資を行う場合、官民ファンドが地方銀行やメガバンク等の債権を譲り受ける一方、信用金庫、信用組合等の地元金融機

関が第二会社スキーム実行後の新会社と取引を維持し、割引手形取引を継続したり必要に応じて新規運転資金を供給するケース等も想定される。こうした場合、公的な性格を有する官民ファンドが主要債権者として関与し、ハンズオン支援を行うとともにモニタリングを徹底実施することは、地元金融機関による継続支援をより円滑にするというメリットがある。

### b　譲渡金融機関にとってのメリット

譲渡金融機関は一般的な債権譲渡同様、官民ファンドに債権を譲渡することによって対象債権を早期にオフバランス化し不良債権比率の引下げを図ることができる。

官民ファンドは、協議会と密接に連携し対象企業の事業性について詳細にデューディリジェンスを行い事業価値を評価するとともに、その結果を債権譲受価格に反映させる。また、制度上、短期的な収益獲得を目的としないこと等とされており、こうした観点もふまえ、債権譲受価格を算定する際に適用する割引率についても一定の配慮を行っている。その結果、譲渡金融機関にとって、より合理的な債権譲渡条件となる可能性が高く、いわば「地域目線」での債権譲渡が期待できるというメリットがある。

官民ファンドは投資先企業に対し中長期的にきめ細かくハンズオン支援を実施することとしており、こうした過程で、対象企業の経営陣を支援しつつ、そのパフォーマンスを監視する。官民ファンドが関与することによって、対象企業におけるガバナンスがいっそう強化され、譲渡金融機関を含め金融債権者による再生計画への合意形成を促すことができる。

公的機関である協議会が策定支援を行った再生計画に基づく債権譲渡であること、債権譲渡先が譲渡金融機関自らが出資する官民ファンドであること等から一般の民間ファンドやサービサー等に債権譲渡を行った場合に比して、イグジット時のリファイナンスに取り組みやすい面があるのもメリットといえる。

### (8)　イグジットにおける金融機関のビジネスチャンス

対象企業において再生計画が順調に履行され一定期間が経過すると経常黒字となり債務超過が解消され、要償還債務の償還可能年数が15年程度以内と

なる。それにより債務者区分がおおむね正常先（または正常先に近い要注意先）となる程度まで対象企業の業況が改善されることが想定される。

こうした状況で官民ファンドがイグジットするケースでは、譲渡金融機関を含む関係金融機関にとりさまざまなビジネスチャンスが生じることとなる。

デット投資案件では金融機関がリファイナンスを行い金融機関との正常取引が復活することが最も一般的なイグジットとなるが、これは金融機関にとり正常先等に対する新規融資を行うビジネスチャンスといえる。

あるいは、再生計画の履行により事業価値が向上しスポンサーによる事業引受け等が期待できる状況に至った場合には、事業引受けの対価により官民ファンドに対する債務を弁済しイグジットすることも想定される。この場合、関係金融機関はスポンサーによる事業引受け（M&A）のアレンジ、スポンサーに対する事業引受資金の融資など、イグジットに関連してビジネスチャンスを得ることが可能となる。

### (9)　リファイナンス

デット型案件において、事業再生ファンドからのイグジット時に債権を譲渡した譲渡金融機関が対象企業に対してリファイナンスを行うことは、官民ファンド案件を含めすでに多くの案件で実績があり、最も一般的な形である。過去に金融支援を行った先に対してあらためて新規融資を行い取引を復活することについては金融機関によって対応姿勢に温度差はあるが、今後もデット型案件のイグジット時にリファイナンスが利用されるケースが主流となるだろう。

## 5　サービサー

### (1)　サービサーとバルクセール

債権回収会社（以下「サービサー」という）とは、金融機関等から委託を受けまたは債権を譲り受けて、特定金銭債権の管理回収を行う法務大臣の許可を得た民間の債権管理回収専門業者である。

日本では弁護士法により弁護士または弁護士法人以外がこの業務を行うこ

とは禁じられていたが、バブル経済崩壊後の不良債権の処理等を促進するために「債権管理回収業に関する特別措置法（サービサー法）」が施行され、弁護士法の特例として法務大臣の許可を受けて債権回収を行うことができる会社である。

　特定金銭債権とは、サービサー法で規定される金銭債権であり、主なものは金融機関等が有する貸付債権、リース・クレジット債権、資産の流動化に関する金銭債権、ファクタリング業者が有する金銭債権、法的倒産手続中の者が有する金銭債権、保証契約に基づく債権、その他政令で定める債権である。

　サービサーはいままではバルクセールにより金融機関から不良債権の譲渡を受け、その回収を行うことを主な業務としていた。バルクセールとは、金融機関が不良債権をサービサーなどに束ねて（バルク）売る（セール）ことである。金融機関にとっては、不良債権最終処理としてバランスシートからオフバランスする効果があり、多くの金融機関でいままではルーチンワークとなっている。

　バルクセールは数社のサービサー等を集めて入札方式で行うのが一般的である。なぜなら債権売却価格の妥当性を担保するには入札が一番と考えられるからである。

　また、その入札の一形態にチェリーピック（さくらんぼをつまむように選ぶ）方式があり、これは売却する個別債権ごとに入札を行うため、束ねて売るより金融機関としては高い価格での取引が期待できる。担保付不良債権はチェリーピック方式で売却するケースが多い。

　金融機関がバルクセールで不良債権を売却する選定基準として以下があげられる。

　　○　今後の想定管理コストと売却損・償却益との比較
　　○　現在の回収の進捗状況
　　○　担保評価の将来下落と担保処分に要する時間との比較
　　○　再生の可能性と地場産業、雇用など地域に与える影響の考慮
　上記を総合的に判断して、バルクセールの可否を判断する。

238　第4章　事業再生支援

## ⑵ サービサーによる事業（企業）再生

　金融庁2021年７月発表のコロナ禍に対応した「金融仲介機能の発揮に向けたプログレスレポート」において、債権回収会社（サービサー）における事業再生支援機能がうたわれた。これによりサービサーは、アフターコロナで過剰債務に悩む中小企業の事業再生・再チャレンジ支援の役割を果たすことが求められる。

　プログレスレポートでは、金融機関および事業者からみたサービサーを利用する利点や課題等について図表４－９のように整理している。

　事業（企業）再生目的の債権売却では相対（金融機関とサービサー等が当初から１対１の取引で債権売却を行う）方式が行われることがある。企業再生案件では、売却価格が高すぎると再生可能性が低くなるというトレードオフの関係になるため、その課題を解決するために相対方式で行うケースがあるが、その譲渡にあたっては譲渡価格の客観性を担保する必要が生じる。

　では、具体的にどのようにサービサーが事業再生支援をしていくかを図表４－10で確認する。

　サービサーによる事業再生支援は、次の①〜⑦の流れになる。

　　①　コロナ禍による業績不振と過剰債務で金融機関へ融資の返済ができなくなる。

　　②　Ａ金融機関は、不良債権となった融資債権をサービサーに譲渡す

図表４－９　サービサーの利用に係る利点と課題等

|  | 利点 | 課題等 |
|---|---|---|
| 金融機関<br>（債権者） | ・無税償却の実施<br>・債権管理コストの削減<br>・債権回収ノウハウ不足の補完 | ・与信関係費用への影響の大きさ<br>・債権者間の不公平が生じる |
| 事業者<br>（債務者） | ・（サービサーの債権放棄による）過剰債務の解消<br>・複数債権者との交渉負担の軽減等 | ・決算書の借入先欄や登記簿謄本の債権者欄に「○○債権回収」と記載される |

（出所）　金融庁「金融仲介機能の発揮に向けたプログレスレポート（令和３年７月）」

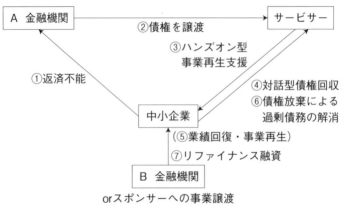

図表4-10 アフターコロナでのサービサーによる事業再生

（出所）筆者作成

る。
③ サービサーは、ハンズオン型事業再生支援（経営コンサルティング）を行う。
④ サービサーは、中小企業と対話を行い、金融機関からの申送事項を守りながら、徐々に債権回収を行う。
⑤ サービサーによる事業者との対話等によって業績回復・事業再生が実現する。
⑥ サービサーは、債権放棄による過剰債務の解消を検討する。
⑦ B金融機関のリファイナンス融資やスポンサーへの事業譲渡等でサービサーは債権回収を行い、中小企業は完全な事業再生を果たす。

このようにアフターコロナの事業（企業）再生には、サービサーが大きな使命を担うことになる。バブル崩壊後の不良債権処理、またリーマンショック後の不良債権処理の現場において「もっと早く対処していれば、この企業は再生できたのに」と苦い経験をした行職員も多いと思う。アフターコロナの事業（企業）再生ではそうした過去の経験を糧にして、コロナ禍で苦しんだものの再生の芽がある先についてはサービサーを活用して早期の再生を果たすことが可能となる。

| 第 **3** 節 | 事業再生に関するガイドライン |

## 1 私的整理ガイドライン

### (1) 私的整理ガイドラインとは何か

私的整理ガイドライン（正式名称は「私的整理に関するガイドライン」）とは、私的整理に関して念頭に置くべき基本的な考え方などをまとめたガイドラインである。政府が設置した「私的整理に関するガイドライン研究会」によって2001年に策定・公表された。

私的整理とは、支払不能や債務超過のおそれが生じた企業を対象として、裁判所を通さずにリスケジュールや債務カットなどを行い、事業再建を促す債務整理手続の一種である。

私的整理ガイドラインにおける私的整理は、会社更生法や民事再生法などの手続によらずに債権者と債務者の合意に基づき主として金融債務について猶予・減免などをすることにより経営困難な状況にある企業を再建するためのものであり、私的整理の全部を対象としていない限定的なものである。

私的整理に関する基本的な考え方を整理し、関係者間の調整手続・対象企業の選定基準・再建計画の要件等を定めたものであり、私的整理に関して適用されるべき模範的なルールとして位置づけられている。

ただし、私的整理ガイドラインは法令とは異なり法的拘束力がなく、債権者に対して強制的に適用されるものではない。私的整理ガイドラインに基づく債務整理に応じるかどうかは債権者の自由な判断に委ねられることになる。

しかし、私的整理ガイドラインは、金融界と産業界を代表する者が、中立公平な学識経験者などと協議を重ねることで策定されたもの、いわば真に再

第3節 事業再生に関するガイドライン　241

建に値する企業の私的整理に関する金融界・産業界の経営者間の一般的コンセンサスであり、私的整理を公正に実施するうえで有益と考えられる内容が多く含まれている。私的整理ガイドラインは事業再生の黎明期に活用されたもので、現在ではほとんど利用されていない。しかし、その考え方は事業再生の規範となり、2007年に発足した事業再生ADRに実質的に移行された。そこから私的整理がさらに拡大していき、現在では中小企業事業再生ガイドラインに引き継がれている。

## (2)　私的整理ガイドラインの対象となる企業の要件

私的整理ガイドラインは、債務者と多数の金融機関などの債権者とがかかわって進める再生型の私的整理手続であり、当初は債権者が十数社以上のケースが想定されていた。

私的整理ガイドラインの適用を受けようとする企業は以下のすべての要件を満たさなければならない。

① 過剰債務を主因として経営困難な状況に陥っており、自力による再建が困難であること

　　私的整理を通じて債権者に対してリスケや債権放棄を求める際には、過剰債務を主因として経営困難な状況に陥っており、自力による再生が困難であることが前提となる。

② 事業価値があり（技術・ブランド・商圏・人材などの事業基盤があり、その事業に収益性や将来性があること）、重要な事業部門で営業利益を計上しているなど債権者の支援により再建の可能性があること

　　私的整理ガイドラインに基づく私的整理は対象企業の事業再建を目指す手続であるため、再建できる可能性が客観的に認められることが必要である。

　　再建の可能性があることを債権者に理解してもらうには計画期間終了後に競争力のある通常の財務体質の企業となることができるような再建計画を策定することが重要である。

③ 会社更生法や民事再生法などの法的整理を申し立てることにより当該債務者の信用力が低下し、事業価値が著しく毀損されるなど、事業

再建に支障が生じるおそれがあること

　私的整理ガイドラインに基づく私的整理は法的整理手続である会社
更生や民事再生の代替としてとらえられているため、これらの法的整
理手続の開始要件を満たす程度の経営危機が発生していることが要求
される。また会社更生法や民事再生法などの手続によるのが本来であ
るが、これらの手続によったのでは事業価値が著しく毀損されて再建
に支障が生じるおそれがあり、私的整理によったほうが債権者と債務
者双方にとって経済的に合理性がある場合のみ、このガイドラインに
よる私的整理が限定的に行われるものである。

　具体的には、法的整理になると、納入業者まで債権カットなどの対
象となるため、競争力のある商品の納入を拒まれてしまう、法的整理
によって倒産のレッテルを貼られたり、ブランドイメージが低下した
りした結果、ユーザーが商品の購入等を回避し、清算に向かわざるを
えなくなる場合などである。

④　私的整理により再建するときは、破産的清算はもとより、会社更生
法や民事再生法などの手続によるよりも多い回収を得られる見込みが
確実であるなど、債権者にとっても経済的な合理性が期待できること

　私的整理ガイドラインに基づく私的整理に応じるかどうかは債権者
の任意であることから、法的整理と比べて債権者にとってのメリット
があることが必要となる。すなわち、破産・会社更生・民事再生によ
る債権回収額よりも私的整理ガイドラインに基づく私的整理を通じた
ほうが債権回収見込額が上回るということである。

### (3)　私的整理ガイドラインを活用した事業再生のメリット・デメリット

### a　私的整理ガイドラインを活用した事業再生のメリット

　私的整理ガイドラインに基づく事業再生には、柔軟な調整により会社の事
業基盤に与えるダメージを最小限に抑えつつ手続の透明性・公平性を確保で
きるというメリットがある。

(a) **事業基盤へのダメージを最小限に抑えられる**

私的整理ガイドラインに基づく事業再生は官報公告等の対象にならないため、社会的に大規模な報道の対象になる可能性が低くなっている。また、事業上の取引先等のみを債権カットの対象外とすることで事業継続への悪影響を最小限に抑えることができる。

(b) **債権放棄の割合等を柔軟に調整できる**

会社更生・民事再生などの法的整理手続では債権放棄の割合等は基本的に債権額に応じて定めなければならないが、私的整理ガイドラインに基づく事業再生では債権放棄の割合等を債権者と債務者との間の個別合意によって柔軟に定めることができる。

(c) **私的整理手続の透明性・公平性を確保できる**

私的整理の内容は任意の協議で決定されるものの私的整理ガイドラインが守るべきルールとして機能するので、手続の透明性・公平性が確保できる。

b **私的整理ガイドラインを活用した事業再生のデメリット**

私的整理ガイドラインに基づく事業再生を行うと支配株主・経営陣は影響力を失う結果となる。また、あくまでも私的整理であるため債権者全員の足並みがそろわなければ活用できない。

(a) **支配株主・経営陣は影響力を失う**

私的整理ガイドラインでは、債権者による債権放棄に伴い支配株主の権利を消滅させること、および既存株主の割合的地位を減少または消滅させることを原則とする旨が定められている。また、債権放棄を受ける企業の経営者は退任が原則である。しかしながら、たとえば経営悪化に伴って旧経営陣はすでに退任しており、新しいスポンサーや主力の金融機関から新たに派遣された経営者が新経営体制のもとで再建計画を策定し、債権放棄の申出を行うなどのケースまで退任を必須としているわけではなく、その場合は個別に対応する。

(b) **債権者の足並みがそろわなければ利用できない**

債権放棄が必要と考えられる債権者全員が同意しなければ私的整理ガイドラインに基づく事業再生を利用できないが、ほとんどすべての債権者が同意

したにもかかわらず、ごく一部の債権者の同意が得られない場合において、その債権者を対象債権者から除外しても再建計画上大きな影響が出ない場合は、同意しない債権者を除外して再建計画を成立させることも可能である。

## 2　中小企業事業再生ガイドライン

### (1)　中小企業事業再生ガイドラインとは何か

中小企業事業再生ガイドライン（正式名称は「中小企業の事業再生等に関するガイドライン」）とは、経営改善に取り組む中小企業者が難局を乗り切り、持続的成長に向けて踏み出していくためには、債務者である中小企業者と債権者である金融機関等が、お互いの立場をよく理解し、共通の認識のもとで一体となって事業再生等に向けた取組みを進めていくことが重要であり、それらの取組みに関する方向性を取りまとめたものである。

金融庁による公表文は以下のとおり。

---

　一般社団法人全国銀行協会を事務局とする「中小企業の事業再生等に関する研究会」（座長：小林信明（長島・大野・常松法律事務所弁護士））は、2021年6月に公表された「成長戦略実行計画」を受け、中小企業の事業再生等に関するガイドラインを策定するために、同年11月から、精力的に検討を行ってきた結果、2022年3月、検討の成果として「中小企業の事業再生等に関するガイドライン」（以下、「ガイドライン」という。）を取りまとめた。

　本ガイドラインは、中小企業者の「平時」や「有事」の各段階において、中小企業者・金融機関それぞれが果たすべき役割を明確化し、事業再生等に関する基本的な考え方を示すとともに、より迅速に中小企業者が事業再生等に取り組めるよう、新たな準則型私的整理手続である「中小企業の事業再生等のための私的整理手続」を定めている。本ガイドラインが、中小企業者の維持・発展や事業再生等を後押しし、日本経済・地域経済の活性化に資するものとなることが期待される。

---

第3節　事業再生に関するガイドライン　245

図表 4 −11　中小企業事業再生ガイドラインのパンフレット（1面目のみ）

## 中小企業の事業再生等に関するガイドライン
### をご存じですか

「中小企業の事業再生等に関するガイドライン」は、中小企業者の「平時」、「有事」、「事業再生計画成立後のフォローアップ」、各々の段階における中小企業者・金融機関それぞれが果たすべき役割を明確化する「中小企業の事業再生等に関する基本的な考え方」、およびより迅速かつ柔軟に事業再生等に取り組むための手続である「中小企業版私的整理手続」を定めています。

ガイドラインには法的拘束力はありませんが、中小企業者・金融機関等が自発的に尊重し、遵守することが期待されています。

- ●事業再生等にどのように取組めばよいの?（Q1）
- ●中小企業版私的整理手続を利用するためには、どうすればよいの?（Q2）
- ●どのような専門家に依頼すればよいの?依頼にあたって注意すべき点はあるの?（Q3）

こうしたお悩み・ご相談がありましたら、お取引をしている金融機関や、地元の中小企業活性化協議会、中小企業の関係団体等へお問い合わせください。

### 中小企業活性化協議会・中小企業の関係団体の相談窓口

| 中小企業活性化協議会 | 商工会議所 | 商工会 | 中小企業団体中央会 | 全国商店街振興組合連合会 |

なお、ガイドラインに関する照会については全国銀行協会、下記の相談窓口で受け付けています。

### 金融機関や金融機関等の関係団体の相談窓口

| | | |
|---|---|---|
| 全国銀行協会　全国銀行協会相談室 | | ☎ 0570-017-227 |
| 全国信用金庫協会　全国しんきん相談所 | | ☎ 03-3517-5825 |
| 全国信用組合中央協会　しんくみ相談所 | | ☎ 03-3567-2456 |
| 日本政策金融公庫　事業資金相談ダイヤル | | ☎ 0120-154-505 |
| 商工組合中央金庫 | | QRコード↓ |
| (注) お取引がある場合は取引店、お取引がない場合はQRコードから最寄りの支店を検索しご連絡下さい | | |
| JAバンク　全国JAバンク相談所 | | QRコード↓ |
| (注)各都道府県にJAバンク相談所(https://www.jabank.org/support/soudan/ichiran/)があります | | |
| JFマリンバンク　全国JFマリンバンク相談所 | | QRコード↓ |
| (注)各都道府県にJFマリンバンク相談所(https://www.jfmbk.org/support/soudan/)があります | | |
| 日本貸金業協会　貸金業相談・紛争解決センター | | ☎ 03-5739-3861 |
| 全国サービサー協会　苦情受付・相談センター | | ☎ 03-3221-6711 |
| リース事業協会　リース相談窓口 | | ☎ 03-3595-2801 |

「中小企業の事業再生等に関するガイドライン」の本文・Q&Aは右の全国銀行協会のQRコードをご覧ください

全国銀行協会

商工組合中央金庫　JAバンク相談所　JFマリンバンク相談所

（出所）　全国銀行協会ウェブサイト（https://www.zenginkyo.or.jp/ fileadmin/res/abstract/adr/sme/sme-guideline_leaf.pdf）

その活用実績は、金融庁・中小企業庁にて確認されたところによると、2023年度は銀行・信用金庫・信用組合・日本公庫・商工中金の官民金融機関において再生型（債務減免を含む）45件、再生型（債務減免を含まない）30件、廃業型58件の計133件の事業再生計画・弁済計画について合意がなされたということである。

## (2) 中小企業事業再生ガイドラインの内容

中小企業事業再生ガイドラインは3部構成になっている。

第一部は「本ガイドラインの目的等」であり「はじめに」「目的」「本ガイドラインの対象企業・対象金融機関等」の構成になっている。

第二部は「中小企業の事業再生等に関する基本的な考え方」であり「平時における中小企業者と金融機関の対応」「有事における中小企業者と金融機関の対応」「私的整理検討時の留意点」「事業再生計画成立後のフォローアップ」の構成になっている。

第三部は「中小企業の事業再生等のための私的整理手続」であり、「対象となる私的整理」「本手続の基本的な考え方」「本手続の適用対象となる中小企業者」「再生型私的整理手続」「廃業型私的整理手続」の構成となっている。

## (3) 中小企業事業再生ガイドラインの目的

第一部では同ガイドラインの目的が2点あげられている。重要な部分であるので要約でなく全文を引用しておく。

> 一点目の目的は、中小企業者の「平時」、「有事」、「事業再生計画成立後のフォローアップ」、各々の段階において、中小企業者、金融機関それぞれが果たすべき役割を明確化し、中小企業者の事業再生等に関する基本的な考え方を示すことである。本ガイドラインと経営者保証に関するガイドラインの活用等を通じて、中小企業者と金融機関の間における継続的かつ良好な信頼関係の構築・強化、中小企業金融の円滑化及び中小企業者のライフステージ（創業、成長・発展、事業再構築、早期の事業再生や事業清算への着手、円滑な事業承継、新たな事業の開始等をい

う。）における中小企業者の取組み意欲の増進を図り、中小企業者の活力が一層引き出されることを目的としている。本ガイドラインの第二部がこれに該当し、法的拘束力はないものの、債務者である中小企業者、債権者である金融機関等及びその他の利害関係人によって、自発的に尊重され遵守されることが期待されている。

　二点目の目的は、令和２年以降に世界的に拡大した新型コロナウイルス感染症による影響からの脱却も念頭に置きつつ、より迅速かつ柔軟に中小企業者が事業再生等に取り組めるよう、新たな準則型私的整理手続、即ち「中小企業の事業再生等のための私的整理手続」を定めることである。当該手続は、第三者の支援専門家が、中立かつ公正・公平な立場から、中小企業者がする事業再生計画や弁済計画の相当性や経済合理性等を検証すること等を通じて、中小企業者や金融機関等による迅速かつ円滑な私的整理手続を可能とすることを目的としている。本ガイドラインの第三部がこれに該当し、当該手続は、中小企業者、金融機関等に対して準則型私的整理手続の新たな選択肢を提供するものである。

　なお、第二部と第三部は中小企業者の事業再生等の実現という共通の理念を有するものの、第三部が準則型私的整理手続という債務整理実施のための手続として独立した性質を持つことに鑑み、第二部が、第三部の手続利用にあたっての前提条件とはなっていないことを念のため付言する。

　一つ目の目的は、事業再生を「平時」「有事」「事業再生計画成立後のフォローアップ」の三つの段階に分けて、それぞれの段階で中小企業と金融機関との双方の役割を明確に定めることである。経営危機が発生した「有事」だけではなく経営危機が発生する前の「平時」の段階の対応について着目している点が大きな特徴である。

　二つ目の目的は、中小企業が私的整理を実施にするにあたって、準拠すべきルールを定めたことである。ガイドラインは中小企業が主体的に金融機関等に対して支援を求めるものであることが大きな特徴で、そこに中立的で公

正・公平な第三者の支援専門家を介在させることによって、中小企業や金融機関が迅速で円滑な私的整理手続を進められるように定めている。

### ⑷　中小企業事業再生ガイドラインにおける具体的な事業再生の取組み

第二部では「事業再生への取組み方の基本的な考え方」が示されている。まず同ガイドラインにおいては「平時」と「有事」とを区別している点に特徴がある。「平時」とはなんらかの要因で「有事」に移行する前の段階であり、「有事」とは収益力の低下、過剰債務等による財務内容の悪化、資金繰りの悪化等が生じたため、経営に支障が生じ、または生じるおそれがある場合である。

平時における中小企業者の対応は、①収益力の向上と財務基盤の強化、②適時適切な情報開示等による経営の透明性確保、③法人と経営者の資産等の分別管理、④予防的対応、⑤実務専門家の活用である。

一方、有事における中小企業者の対応は、①経営状況と財務状況の適時適切な開示等、②本源的な収益力の回復に向けた取組み、③事業再生計画の策定、④有事における段階的対応である。

平時における債権者である金融機関の対応は、①経営課題の把握・分析等、②最適なソリューションの提案、③中小企業者に対する誠実な対応、④予兆管理である。

一方、有事における債権者である金融機関の対応は、①事業再生計画の策定支援、②専門家を活用した支援、③有事における段階的対応である。

また、私的整理検討時の留意点として、保証債務の整理、各種手続の選択ならびに手続間の移行をあげている。さらに事業再生計画のフォローアップを求めるのは当然として、計画と実績との乖離が大きい場合の対応として事業再生計画実行開始年度から起算しておおむね３事業年度を経過するまでに、中小企業者と金融機関等は事業再生計画の達成状況を確認することが望ましいとした。そして達成状況を確認した結果、事業再生計画と過年度実績との乖離が大きい場合、中小企業者と金融機関は相互に協力して乖離の真因分析を行い、計画を達成するための対策について誠実に協議し、その協議の

第3節　事業再生に関するガイドライン　249

うえ当初計画の達成が困難と見込まれる場合は、経営規律の確保やモラルハザードの回避といった点をふまえ、抜本的再生を含む計画の変更や法的整理、廃業等への移行を行うことが望ましいとしている。

### (5) 第三部「中小企業の事業再生等のための私的整理手続（中小企業版私的整理手続）」

#### a 私的整理手続を利用できる条件

中小企業事業再生ガイドラインによる私的整理手続とは、法的手続によらずに、中小企業と金融機関との間の合意に基づき債務について返済猶予、債務減免等を受けることにより、中小企業者の円滑な事業再生や廃業を行うことを目的とするものである。

再生型の私的整理手続を利用できる条件は、次の3項目すべてを満たすことである。

① 収益力の低下、過剰債務等による財務内容の悪化、資金繰りの悪化等で経営困難な状況に陥っており、自助努力のみによる事業再生が困難であること

② 対象債権者に対して経営状況や財産状況に関する経営情報等を適時適切かつ誠実に開示していること

③ 中小企業者および中小企業者の主たる債務を保証する保証人が反社会的勢力またはそれと関係のある者ではなく、そのおそれもないこと

#### b 具体的な手続の流れ

##### (a) 再生型私的整理手続の開始

###### ア 外部専門家の選定

中小企業者は事業再生計画案の策定等の支援を行う公認会計士、税理士、中小企業診断士、弁護士、不動産鑑定士、その他の専門家等を選定する。

###### イ 第三者支援専門家の選定

中小企業者は独立・公平な立場から事業再生計画案の調査報告等を行う第三者支援専門家を選定する。第三者支援専門家は中小企業者および対象債権者との間に利害関係を有しない者でなければならず、主要債権者全員から同意を得る必要がある。

主要債権者とは、保全の有無（担保により保全されている債権者であるか否か）を問わず、金融債権額のシェアが最上位の対象債権者から順番にそのシェアの合計額が50％以上に達するまで積み上げた際の単独または複数の対象債権者である。また、主要債権者は手続の初期段階から潜在的な債権者である信用保証協会と緊密に連携・協力することとされている。

第三者支援専門家は弁護士、公認会計士等の専門家であり、かつ、再生型私的整理手続を遂行する適格性を有し、その適格認定を得たものとされており、該当する専門家については中小企業活性化全国本部および事業再生実務家協会がそれぞれ候補者リストを公表している。

ウ　主要債権者への手続利用検討の申出

中小企業者は再生型私的整理手続の対象となる債権者のうち主要債権者に対し、再生型私的整理手続の利用を検討している旨を申し出る。

(b)　一時停止の要請

中小企業者は支援開始の決定後のいずれかのタイミングで資金繰りの安定化のために必要があるときは、対象債権者に対して書面により一定期間の元金の返済猶予等を内容とする一時停止の要請を行うことができる。

(c)　事業再生計画案の立案

中小企業者は外部専門家の支援を受け事業再生計画案を立案する。事業再生計画案に含むべき内容の詳細についてはガイドラインを参照されたい。

(d)　事業再生計画案の調査報告

第三者支援専門家は独立・公平な立場から事業再生計画案の内容の相当性および実行可能性等について調査し、調査報告書を作成する。

(e)　債権者会議の開催と事業再生計画の成立

中小企業者により事業再生計画案が策定された後、原則としてすべての対象債権者による債権者会議が開催される。債権者会議では、中小企業者による事業再生計画案の説明および第三者支援専門家による調査報告の説明が行われるとともに質疑応答・意見交換が行われ、対象債権者が事業再生計画案に対する同意・不同意の意見を表明する期限を定める。

すべての対象債権者が事業再生計画案について同意し、第三者支援専門家

第3節　事業再生に関するガイドライン　251

がその旨を文書等により確認した時点で事業再生計画は成立し、中小企業者は事業再生計画を実行する義務を負担し、対象債権者の権利は、成立した事業再生計画の定めによって変更され、対象債権者は、金融支援など事業再生計画の定めに従った処理をする。

　事業再生計画案についてすべての対象債権者から同意を得ることができないことが明確となった場合は、第三者支援専門家は本手続を終了させるものとする。なお、本手続が終了したとき対象債権者は一時停止を終了することができる。

　事業再生計画案に対して不同意とする対象債権者はすみやかにその理由を第三者支援専門家に対し誠実に説明するものとされ、その際、可能な範囲で、不同意とするにあたっての数値基準などの客観的な指標やその理由について具体的な事実をもって説明することが望ましいとされている。

### (f)　保証債務の整理

　中小企業者の債務について再生型私的整理手続（債務減免等の要請を含む事業再生計画に限る）を実施する場合において当該債務にかかる保証人が保証債務の整理を図るときは、保証人は誠実に資産開示をするとともに原則として経営者保証に関するガイドラインを活用する等して、当該主債務と保証債務の一体整理を図るよう努める。

### (g)　事業再生計画の実行・モニタリング

　事業再生計画の成立後、中小企業者は同計画を実行する義務を負う。外部専門家や主要債権者は事業再生計画成立後の中小企業者の事業再生計画達成状況等について定期的にモニタリングを行う。モニタリングの期間は原則として事業再生計画が成立してからおおむね3事業年度（事業再生計画成立年度を含む）をメドとする。

### (h)　廃業型私的整理手続との関係

　再生型私的整理手続を検討する過程において、第三者支援専門家や主要債権者が事業の継続可能性が見込まれないと判断し、かつ、中小企業者からも廃業の申出があった場合は、中小企業者、第三者支援専門家、主要債権者は協力のうえ、次の廃業型私的整理手続の適用も含めて、可能な対応を行う。

廃業型私的整理手続の概要は第6章第1節5⑴を参照されたい。

## ⑹　中小企業事業再生ガイドライン事例集

金融庁では「中小企業の事業再生等に関するガイドライン」の金融機関による積極的な活用に向けた取組みを促しており、その一環として、2022年度に実際に本ガイドラインを活用した事例を収集し公表した。

事例集には、まだ初期段階であるもののガイドラインを活用した事例が多く記載されており、その内容は私的整理もここまで来ているかと思わせるものもある。時代は確実に貸出先支援の一歩先に向かっていると感じさせる事例集である。

事例集による特徴的なガイドライン活用ポイントを場面ごとにあげる。

事業再生手続における活用ポイントは以下のとおり。

- ○　他の私的整理手続と同様、債権者・債務者双方の立場における円滑な債権・債務整理の精神・考え方等を確保しつつ、他の手続よりもより柔軟な対応や案件組立が可能、かつスピード感を有する整理手続が可能。

- ○　スポンサー決定から事業譲渡まで約3カ月と、他の私的整理手続と比較して短期間でクロージングできた。

- ○　過去に第二会社方式による債務減免（金融支援）を行っておりさらに踏み込んだ対応がむずかしいケースや、債務減免はないもののスポンサー支援が必要なケースにおいても対応可能。

- ○　民事再生手続と比較し、予納金などの負担が不要。

- ○　財務諸表上の課題が多く、中小企業活性化協議会等の手法による対応は困難であり、また、資金繰りが逼迫していてスピード感をもって対応する必要があったため、ガイドラインの活用を着手。

- ○　手続について公にならず、事業者等の信用棄損を最小限に抑えられる。

- ○　政府の経営改善計画策定支援事業により、財務デューディリジェンス等に要した費用のうち3分の2を負担してくれるため、事業者の負担も軽減。

第3節　事業再生に関するガイドライン　253

**図表 4 −12　中小企業事業再生ガイドラインによる事例**

| Case 4 | 第二会社方式による事業再生支援 | 再生型 | 債務減免あり | 廃業型 |
|---|---|---|---|---|
| | | | 債務減免なし | |

### 会社概要

| 業種 | 介護事業<br>（デイ・ショート） | 従業員数 | 51名 |
|---|---|---|---|
| 支援手法 | 第二会社方式（スポンサー型） | | |
| 取引金融機関 | 地域銀行、政府系金融機関 | | |

### 借入金の状況

| 借入金額 | 625百万円 |
|---|---|
| 借入内訳 | A地域銀行　600百万円<br>B政府系金融機関　25百万円 |

### 経営者保証の状況

**保証の状況**：保証人（社長）は全ての借入に対し経営者保証を提供
**資産の状況**：預金70万円、保険・有価証券90万円（保有不動産は無し）

### 窮境要因

・競合施設の進出や看護師退職による医療サービスの停止を要因として、2017年以降、稼働率が低下し資金繰りが逼迫。2018年1月に元本弁済停止による金融支援を実施。その後も稼働率が回復せず、<u>2020年6月期に債務超過へ転落</u>。
・これを受け、A地域銀行の関与の下、新たな設備導入等の収益改善策を骨子とする経営改善計画を策定したが、新型コロナウイルスの影響により施設利用者がさらに減少し、経常赤字が拡大。
・現状の業績で推移した場合、2023年4月上旬には資金ショートが想定される状況となった。

### ガイドライン活用の経緯

・倒産した場合の施設利用者への影響も踏まえ、<u>A地域銀行は社長に対しスポンサー型の事業再生を検討する必要性を提言</u>。
・A地域銀行からの事業再生の提案を受け、<u>社長は自力での再建を断念</u>。事業継続に向けスポンサー型の事業再生を進める意向を表明した。

・資金繰りの時限性によりスピード感を持って対応する必要があったことに加え、取引金融機関数も少なかったことから、ガイドラインの活用に着手。

### クロージングまでのスケジュール

| 2022年10月 | FAを選定のうえ、スポンサー探索に着手 |
|---|---|
| 2023年1月 | C社と事業譲渡契約を締結<br>外部専門家・第三者支援専門家の選定<br>補助金利用申請 |
| 2023年2月 | 事業再生計画案の策定 |
| 2023年3月 | 事業再生計画に対象債権者が合意<br>C社へ事業譲渡を実行 |
| 2023年9月 | 旧会社について特別清算手続を申立予定 |

### 第三者支援専門家等の選定

・A地域銀行が他案件で連携実績のあった専門家を紹介し第三者支援専門家として選定。（同県には第三者支援専門家が不在であったため、<u>県外の第三者支援専門家（弁護士）を選定</u>）
・<u>補佐人として同県に所在する再生案件での知見のある公認会計士を選定</u>。
・外部専門家として、A地域銀行が他の再生案件で実績のある会計士を紹介し、起用。

### 再生計画の概要

**計画概要**：第二会社方式：債務者の事業をスポンサーに譲渡、その後旧会社は清算するスキーム
**金融支援額**：スポンサーからの譲渡対価や不動産等の担保処分による弁済後の非保全金額440百万円について債権放棄を実施

254　第4章　事業再生支援

### 経済合理性の判断
・破産した場合の清算配当率０％と比較し、再生計画における非保全債権配当率は8.9％となり、経済合理性ありと判断。

### 案件におけるネック事項
・社会保険料の長期未払に伴う差押リスクが懸念されたが、A地域銀行が同社に同席のうえ、都度、年金事務所へ進捗状況を共有した結果、C社からの譲渡対価受領後の一括納付が認められ、差押リスクを回避することができた。

### 経営者責任
・社長と取締役（社長妻）は特別清算によりその地位を失うため妥当と判断。なお、スポンサーの要請により、両名ともに当面は従業員として勤務を継続。

### 保証人の保証債務整理
・保証人は保有資産160万円のうち、140万円を残存資産としたうえで、20万円を弁済に充当し、残額を免除した。
・残存資産は早期にガイドラインを利用した私的整理手続きを行ったことによる経済合理性の範囲内であり、妥当と判断した。

### 再生支援による効果・成果
・非公表のまま全事業と全従業員がスポンサーへ承継され、施設利用者も従来通りの利用が可能となった。

### メイン行としての関与
・外部専門家と連携して管理を行うとともに、他金融機関に対し随時進捗状況を共有し、金融調整の支援を実施。
・第三者支援専門家の選定支援を実施。
・早期の再生計画策定に向け、介護事業のM&A実績が豊富なFAを紹介のうえ、候補先の選定協議に加わるとともに、外部専門家に当社概要や窮境要因分析、業績推移資料を共有するなど、側面支援を実施。
・社会保険料（長期未払）の一括納付交渉にかかる支援や、譲渡実行までの資金繰り管理、FAとの連携による従業員・取引業者等への対応を実施。

### ガイドライン活用のポイント
・ガイドラインの活用により、スポンサーとの譲渡契約締結から譲渡実行まで3ヶ月と、短期間で取引金融機関の合意形成と譲渡実行を完了できた。
・同県には第三者支援専門家（弁護士）が不在であったが、他の事業再生案件で連携実績のある県外の外部専門家を選定し、再生計画案と調査報告書の作成を円滑に進めることができた。
・本件を通じた外部専門家との連携実績を活かし、A地域銀行では、2023年8月末時点でガイドラインを活用した事業再生案件を新たに3件取組済。

### スキーム図

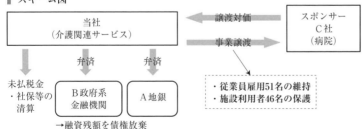

（出所） 金融庁「中小企業の事業再生に関するガイドライン事例集（令和5年10月）」12・13頁（https://www.fsa.go.jp/news/r5/ginkou/20231017/jigyosaiseigl-jirei.pdf）

○　資金繰りが逼迫し時間的猶予がないなかで、連携実績のある外部専門家および当該外部専門家と連携実績がある第三者支援専門家の関与でガイドラインを活用することにより、債権放棄を伴う準則型私的整理手続の合意形成をスピーディーに行うことができた。

○　事業者側・金融機関側で第三者支援専門家を「選任できる」ことで、形式的ではない積極的な金融交渉が可能。

○　円満・平穏に閉店を迎えたいという債務者の希望をかなえつつ、適正価格での在庫処分ときめ細かい売掛債権回収交渉により、債権者にとっても弁済財源の拡大が実現。

保証債務の整理における活用ポイントは以下のとおり。

○　保証人（代表者）の保証債務については、経営者保証に関するガイドラインを活用し、主債務と一体整理したことで、経済合理性の範囲内で生計費を含む金額を残存資産とすることができた。

○　華美でない自宅および親族の療養費含む生活費を保証人に残すことができ、保証人の再スタートに向けた生活基盤を確保できた。

○　保証人は保有資産7百万円のうち、自由財産および一定期間の生計費として認められる範囲内の金融資産と、華美ではない住宅として7百万円を残余財産とした（ゼロ円弁済）。

## 第4節　事業再生の手法

## 1　資本性借入金（DDS）

　平成時代の中小企業金融円滑化法の考え方とコロナ関連融資により破綻懸念先がリスケを延々と繰り返すことによって、いわゆるゾンビ企業（本来であれば倒産により市場から退出しているはずだが、リスケにより生き残っている企業）が多くみられる。そうした企業のなかで社会的価値が見出せる債務者は本来、抜本的な事業（企業）再生によって生まれ変わるのが経済社会の新陳代謝といえる。

　コロナ禍が収束した現在で、資本性借入金（DDS）や第二会社方式による債権放棄などの抜本的な事業（企業）再生時代が再びやってくることが想定される。

### ⑴　資本性借入金（DDS）とは何か

　資本性借入金（DDS：デット・デット・スワップ）とは、企業の借入金を他の債務を返済した後にしか弁済を受けられない劣後ローンにすることである。

　金融庁の定義では、DDSとは金融機関が中小企業等の財務状況等を判断するにあたって負債ではなく資本とみなすことができる借入金のことである。2004年2月改訂の「金融検査マニュアル別冊〔中小企業融資編〕」で認知された。

　DDSは、金融庁が2011年11月に資本性借入金とみなす場合の条件を、償還期間が5年超であること、金利設定は「事務コスト相当の金利」の設定も可能であること、劣後条件として必ずしも担保の解除は要しないことなどを明確化したことから、活用がしやすくなった。

第4節　事業再生の手法　257

## 図表 4 −13 DDSを活用した事例

事例 2 ．既存借入を返済順位の低い借入に転換するDDSの活用、新規融資と資本性劣後ローンの調達により財務内容を改善し、リニューアル工事を実行した事例

### 事例概要

**会社内容**：客室数15室。売上高4500万円。従業員約20名。団体嗜好から少人数旅行への顧客ニーズの変化に対応できず業績は低調推移しており返済能力も漸減傾向。

**コロナによる影響**：2019年度に比して2020年度売上高は約40％減少。

**現況**：競合施設が新規出店やリニューアルをする中、当社は最低限の修繕しか実施できず、設備の老朽化が目立ち低単価販売を余儀なくされ、設備故障リスクも抱えている。

### 再生におけるポイント

・総額7000万円の設備投資計画。設備故障に備えた修繕の実施とともに、不稼働となっている宴会場を客室としてリニューアル（＋ 5 室）することで売上増加を図る。

・経営管理部署を設置し、経営改善、アフターコロナに向けた対応策の実行を担う。また、専門家の伴走支援による施策の定着を図る。

### 金融支援の内容

・既存借入 2 億円の内、 1 億円について民間金融機関プロパーによりDDSに振替。残額 1 億円については 5 年間程度の元金返済猶予。以後、返済原資の80％相当額を返済に充当。

・メイン行による1500万円の新規融資（長期運転資金）。また、政府系金融機関による資本性劣後ローンの新規融資（設備資金3000万円、運転資金1000万円）。

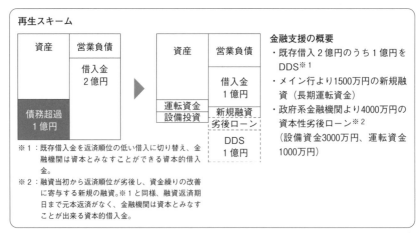

（出所） 中小企業庁・中小企業活性化全国本部「中小企業活性化協議会における宿泊業の支援事例」 3 頁（https://www.chusho.meti.go.jp/keiei/saisei/2022/support_case.pdf）

## ⑵ 前提としての経営改善計画策定

資本性借入金はこうした直接的な条件のほかに経営改善の見通しが不可欠となるため、あわせて経営改善計画（合実計画）を策定する必要がある。

また、中小企業活性化協議会などの公正な第三者の関与のもとで綿密な経営改善計画を策定するケースが多い。

経営改善計画の内容は、①会社概要・事業内容、②財産の状況（損益の推移・財産の推移・窮境の状況）、③会社の課題（窮境に至った原因・窮境原因の除去可能性）、④事業再生計画（当社の事業再生の意義・事業再生計画の基本方針・基本方針に基づく具体的内容・経営責任・金融支援事項）、⑤数値計画（全体計画・個別計画）といった項目等でまとめられ、3カ月から6カ月のサイクルで計画の進捗状況をモニタリングする。

## ⑶ 資本性借入金の効果

資本性借入金による金融支援を受けた債務者は、劣後ローン部分の元金返済は棚上げされ、金利も低くなることで毎月の返済負担が減り、劇的に資金繰りが改善する。その間に経営改善計画に基づいて腰を落ち着けた事業再生をすることになる。

ただし、資本性借入金は融資であることに変わりなく、期日には返済義務がある。また、金融支援の一環であるので、社長の私財提供や経営責任を問われるケースもある。

既存の融資の一部を資本性借入金に変更することによりその部分を資本とみなすことができるため、債務者は金融検査上ではあるものの、純資産の増加により債務超過が解消となり、債務者区分をその他要注意先へと格上げができる。その結果として、新規融資が可能となるレベルの債務者となり、積んでいた貸倒引当金を戻すこともできる。

ただし、資本性借入金はあくまでも金融検査上借入金を資本とみなすだけのものであり、抜本的に企業の財務状況が改善するものではないことに注意しなければならない。

## ⑷ DES

DESは、デット・エクイティ・スワップの略で「債務の株式化」と訳され

る。再生企業にとっては、借入金である債務を資本に振り替えてもらうことであり、これにより有利子負債の削減が図れ、同時に資本が増強となり、債務超過が解消になるといったメリットがある。

　一方、金融機関等債権者にとっては、将来支援企業が再生を果たし上場した場合は、株式から利益を享受することになる。安易な債権放棄をするよりも、DESという形をとったほうがステークホルダーから理解を得られやすいという一面もある。

## 2　第二会社方式

### (1)　私的整理と債権放棄

　金融機関が企業を抜本的に再生させる方法として私的整理がある。大企業や中堅企業を念頭に法制面での抜本的な対応が検討された結果、2001年9月に公表された私的整理ガイドラインがその礎を築き、その後、事業再生ADR、地域経済活性化支援機構（REVIC）、中小企業活性化協議会のなかで活用されてきた。その基本は一般債権者（通常の商取引の債権者）には内密で事業再生を行い、金融債権者だけが債権放棄などを実行し一般債権者を保護することによって連鎖倒産の防止、雇用確保を行うことで経済を守っている。このように債権放棄は抜本的な企業再生における最適なソリューションの一つといえる。

　債権放棄とは、債権の全部または一部について弁済義務を免除することである。これは、法的には金融機関の一方的な意思表示で有効となるものの、金融機関としてはモラルハザードの問題や寄付金課税のリスクを伴うため、事業再生ADR、地域経済活性化支援機構（REVIC）、中小企業活性化協議会など公平な第三者機関と協働するのが一般的である。

　債権放棄には、金融機関が直接債権放棄する方法と会社分割などを利用し第二会社に事業を引き継がせ、従前の会社を清算させることで実質的に債権放棄をする方法がある。またその他の債権放棄の方法として、債権を企業再生ファンドに売却する、もしくはバルクセールの方法でサービサー等に売却し、その後債権の買戻しの際に売却先が債権放棄をするケースもある。

260　第4章　事業再生支援

過剰設備投資や本業以外の資産への投資（たとえばバブル期の不動産・株式・絵画投資等）またはコロナ関連融資による過剰債務によって借入金が膨大な金額となり本業の収益のみでは絶対に弁済できないようなケースでは、債権放棄等金融債権者の支援により適正な水準まで借入金を圧縮すること等が必要になる。

金融機関から直接債権放棄を受けることが最も簡単な手法であるが、一般的に金融機関の同意を得ることはむずかしく、対象企業においても債権放棄額に対し債務免除益課税が生じる等の問題がある。債務免除益課税とは、債権放棄を得て負債を圧縮したにもかかわらず債権放棄額が税務上の益金とみなされ、税金が課されることである。

したがって、債権放棄をする場合、このような問題点を回避する観点から、多くの事例において第二会社方式というスキームが広く活用される。

## (2) 第二会社方式による債権放棄

第二会社方式ではまず、債務者のバランスシートをGoodの部分とBadの部分とに分離する。そしてあらかじめつくっておいた同じ社名の第二会社に、Goodの部分の資産とそれに見合う負債を移す。

その結果、旧会社にはBadの部分の資産と負債が残る。最終的に旧会社の社名をまったく関係のない社名に変更したうえで、特別清算もしくは破産により清算する。それにより金融機関は実質的に債権放棄をしたことになる。

第二会社はGoodの部分だけで事業継続することで一般債権者に知られずに企業再生を図ることができる。この手法は、債務者・金融機関・中立の第三者である前記協議会などの機関と協働して行うのが一般的である。第三者機関などが間に入るのは、債権放棄が寄付金課税されないようにするためである。

この方式の特徴は、債権放棄を行うのは金融機関だけで、商売上の一般債権者にはなんら通知することもなく商取引債権はすべて守られ、通常どおりの商取引が継続されるところにある。

金融機関が債権放棄に応じるには、主に次の５点を検討することがポイントとなる。

① 再生計画に妥当性があること

② 経済合理性（債務者が破産・民事再生となったときより多額の回収が見込まれる）があること

③ 社会的妥当性（債権放棄によって企業が再生した場合、雇用の確保が図れ、取引先の連鎖倒産が防げる）があること

④ 株主責任（旧会社が清算することで果たされる）・経営責任（経営者保証のガイドラインに従って保証債務の整理をする）が果たされること

⑤ 公正中立な第三者の関与があること

　たとえば協議会の関与する債権放棄では、専門家アドバイザーとして弁護士が「事業再生計画書」について調査・検討した報告書が提出されることによりその公正性が担保される。その内容は、事業再生の意義、事業再生スキーム・金融支援の必要性・妥当性、経営責任・株主責任・保証人責任の妥当性、営業権（のれん）の評価、再生計画の実行可能性、衡平性、債権者における経済合理性、スポンサー選定の合理性などあらゆる面に及び、利害関係のない弁護士の意見が付されるため債権放棄の合理性が担保されることになる。

　筆者は債権放棄型の企業再生の絵を描く前提として、社長の考えをまずもって聞くことにしている。すなわち、経営者に「自分はどうなってもよいので、事業、従業員、取引先を守ってくれないか」という利他の精神があれば企業再生の手伝いをし、そうでない場合は債権放棄に応じるべきではないと考えている。

### (3) 第二会社方式のメリット・デメリット

#### a 第二会社方式のメリット

　移転対象事業を新会社に移転する際に新会社が承継する資産・負債が特定されることから、新会社が簿外債務を負うリスクを極小化することが期待される。

　金融機関は債権放棄手続が不要であり、また、（直接債権放棄に比して）現会社の清算手続（特別清算・破産）に基づき損失計上を行うほうが税務上

の手続も容易になる。

直接債権放棄等を受けた債務者が資金調達を行う場合に比べ、リファイナンスを受けやすい。

スポンサー型の場合、対象となる事業を新会社に切り出す第二会社方式は、事業スポンサーにとってもスキームの弾力性があり支援しやすい。

b　第二会社方式のデメリット

旧会社から新会社への資産の移転等を伴うことから不動産の所有権や担保権の移転等に伴う諸費用が発生する。

法務、税務会計等、さまざまな面で精査を要するため、専門家に関する費用が発生する。

業種に応じて（旅館業における旅館営業の許可や食品衛生法上の許可、建設業における一般建設業や特定建設業の許可等）、いろいろな許認可や資格を取得・保有することが求められる。

### (4)　経営者の交代と保証債務の整理

従前の債権放棄を伴う企業再生の場面では経営者に対して経営者の交代と保証債務の履行を強く求め、最終的に破産をして保証債務の責任をとってもらうケースがあったが、現在は経営者保証に関するガイドラインに沿って保証債務の整理等を行うのが一般的である。

a　経営者の交代

経営者の交代について同ガイドラインでは、結果的に私的整理に至った事実のみをもって一律かつ形式的に経営者の交代を求めてはならないとしている。

経営者を引き続き経営させるかの判断は次の4点を考慮しながら総合的に勘案し、一定の経済合理性が認められる場合はこれを許容することとしている。

① 　主たる債務者の窮境原因および窮境原因に対する経営者の帰責性

② 　経営者および後継予定者の経営資質、信頼性

③ 　経営者の交代が主たる債務者の事業の再生計画等に与える影響

④ 　準則型私的整理手続（中小企業活性化協議会等の一定の手続準則を

第4節　事業再生の手法　263

示した機関の関与のもとで進める手続）における対象債権者による金融支援の内容

b　保証債務の整理

　同ガイドラインでは保証債務の整理の大きな特徴として保証人の手元にある程度の資産を残してもよいという考え方を示している。

　具体的には、残存資産の考え方において、保証人が表明保証（資力に関する情報を誠実に開示し、その内容の正確性を保証すること）を行い、代理人弁護士、顧問税理士などの支援専門家の適正性についての確認がある場合、金融機関は残存資産の範囲について、以下の点などに基づき総合的に判断して決定する。

　　①　保証履行能力や従前の保証履行状況
　　②　債務不履行に至った責任の度合い
　　③　経営者たる保証人の経営資質、信頼性
　　④　事業再生計画等に与える影響
　　⑤　破産手続における自由財産（債務整理後取得した財産、生活に欠くことのできない家財道具等、現金99万円など）の考え方や民事執行法に定める標準的な世帯の必要生計費（1月当り33万円）の考え方との整合

　また、保証人が安定した事業継続等のために必要な一定期間（雇用保険の給付期間90〜330日を参考）の生計費に相当する額や華美でない自宅等について残存資産に含めることを希望した場合、対象債権者は真摯かつ柔軟に検討する。

　これにより、経営者は手元に400万円あまりの現金と華美でない自宅を残せる可能性があり、破産をする必要はなくなる。そして、このガイドラインによる債務整理を行った保証人について信用情報登録機関に報告、登録はなされない。

## 3 事業再生型の特定調停スキーム

### (1) 事業再生型の特定調停スキームが運用されるに至った経緯

特定調停は、2000年2月に施行された特定調停法（特定債務等の調整の促進のための特定調停に関する法律）に基づく特別な民事調停である。支払不能に陥るおそれのある債務者等の経済的更生に資するために（特定調停法1条）、裁判所から選任された調停委員が債務者と債権者との間に入って利害関係を調整する。裁判ではなく話合いで解決する点で、裁判所が主催していても「裁判外」紛争解決手続の一種といえる。特定調停は当初、いわゆる多重債務者救済策として多用されてきた手続であるが、企業再生に利用することも可能である。

特定調停は裁判所が主催するため中立性・公正性の点で優れている。法律に従って手続が進行する点で手続の透明性も確保でき、費用も比較的安価である。もちろん「話合いによる解決」であるから、私的手続一般に共通するように、債権者の同意が得られなければ調停は不調に終わることになる。

私的整理による事業再生のニーズが高まっていたことを契機として、最高裁判所、日本弁護士連合会、中小企業庁等の関係団体の調整を経て、2013年12月、中規模以下の中小企業の再生を図るため、特定調停の事業再生型運用（以下「事業再生型特定調停スキーム」という）が開始された。

### (2) 事業再生型特定調停スキームの特徴

#### a 事業価値の毀損が生じにくい私的整理

規模の大きくない貸出先の事業再生手続としては、金融機関のみを相手とした事業価値の毀損が生じにくい私的整理が望ましいといえる。事業再生型特定調停スキームは、金融機関のみを対象とする準則型私的整理の一つといえるので、事業価値の毀損が生じにくい。

#### b 調停委員の関与があり、公正かつ妥当な解決ができる

事業再生型特定調停スキームは裁判官や事業再生の専門的知識・経験を有する調停委員という公正中立の第三者の仲介を受けることから、公正かつ妥当な解決が可能となる。

第4節　事業再生の手法　265

c　17条決定

　民事調停法17条は、裁判所が民事調停委員の意見を聴き当事者双方のための公平に考慮しいっさいの事情をみて、職権にて当事者双方の申立ての趣旨に反しない程度で事件の解決のために必要な決定をすることができると規定している。この決定の告知から2週間以内に異議がなければ当該調停条項は裁判上の和解と同一の効力を生ずる。

　また、調停条項は債務名義になるので、返済を怠った場合は金融機関は裁判所の判決を得ずに強制執行できる。

d　金融機関だけでなく貸出先からも申立てが可能

　信用保証協会の求償権債権やサービサーに譲渡された債権でも、債務者企業および代理人弁護士が主導して再生計画を提示することも可能である。

　また、貸出先が個人事業主であっても申立てが可能であり、保証債務の整理も行うことができる。

### (3)　事業再生型特定調停スキームの手続

　事業再生型特定調停スキームの手続については、日本弁護士連合会が「金融円滑化法終了への対応策としての特定調停スキーム利用の手引き」を策定し、申立書や添付資料・調停条項案などの書式とともに公表している（https://www.nichibenren.or.jp/activity/resolution/chusho/tokutei_chotei.html）。

## 4　事業再生と貸倒引当金

　貸倒引当金とは、貸出先の倒産により貸出金が返済されない場合などを想定して、その予想される損失について事前に認識し、負債（資産のマイナス項目）として計上する引当金のことである。

　金融機関では貸倒引当金は一般貸倒引当金、個別貸倒引当金に分けられる。一般貸倒引当金は貸倒実績率に基づいて引当が行われ、個別貸倒引当金は債務者区分が破綻懸念先以下の回収が危ぶまれる貸出金などに対して、それぞれの状況に応じて引当が行われる。

　その基準は金融機関ごとに異なること、債務者区分の決定基準も異なることから、一部の金融機関が引当を積んでいないことで、企業の抜本再生が協

調してできないケースが事業再生の現場では起きることがある。

　このように貸出先に対して抜本的な事業再生を行う場合は引当を積んでいないと債権放棄を伴う事業再生はむずかしい。

　地域金融機関では近年、貸倒引当金の計上方法に関する見直しが続いている。具体的には算定期間の変更や算定期間数の変更、DCF（Discounted Cash Flow）法適用範囲の拡大といった金融検査マニュアル廃止以前からある従来型の見直しのほか、ある特定の貸出先群に独自の引当率を算定するグループ引当や地域経済の見通しなど将来予測に基づいて引当金を計上するFL（フォワードルッキング）引当を導入・検討する金融機関もある。過去の不良債権処理額を基準に引当額を決める従来の手法と異なり、景気悪化を見越してあらかじめ備えを厚くすることができる。

# 第 5 章

# 事業承継支援

## 第 **1** 節 「事業承継ガイドライン」

### 1 「事業承継ガイドライン」とは何か

「事業承継ガイドライン」（https://www.chusho.meti.go.jp/zaimu/shoukei/download/shoukei_guideline.pdf）とは、中小企業や小規模事業者の経営者を対象として策定された、円滑な事業承継を実現するためのガイドラインである。

多くの中小企業において課題となっている後継者不在問題や、それに伴う事業承継を円滑に進めるために、中小企業庁が2006年に策定した。

その後、2016年、2022年と二度にわたり改訂が行われている。

### 2 「事業承継ガイドライン」策定の背景・目的

現在の日本において中小企業は全企業数の99.7%を占め、社会において重要な役目を担っている。一方で多くの中小企業では、経営者の高齢化や後継者不在といった課題を抱えている。

このような状況下で中小企業が将来にわたって活力を維持するためには、円滑な事業承継を行い事業を活性化させることが不可欠である。

また、経営環境の変化により事業承継の形態が多様化しており、従来行われてきた親族内承継に限らず、従業員承継や第三者承継（M&A）が増加傾向にある。

このような事業承継における状況を背景に、中小企業や小規模事業者の経営者に事業承継の課題を周知し、活用してもらうために事業承継ガイドラインは策定された。

2022年、中小企業庁は「事業承継ガイドライン」を改訂し、2016年度改訂

270　第5章　事業承継支援

時以降に事業承継に関連して生じた変化や新たに認識された課題と対応策等を反映した。

改訂の趣旨は次のとおりである。

---

「事業承継ガイドライン」が平成28年度に改訂されてから約5年が経過した。この間、後継者不在率が改善傾向にあるなど事業承継は徐々に進みつつあるが、経営者の高齢化に歯止めがかからないなど事業承継の取組は道半ばと言える。特に足下で長期化している新型コロナウイルス感染症の影響もあり、事業承継を後回しにする事業者も少なくない。

こうした状況も踏まえて円滑な事業承継をより一層推進するため、「事業承継ガイドライン」を改訂し、前回改訂時以降に事業承継に関連して生じた変化や、新たに認識された課題と対応策等を反映した。

---

## 3 改訂の主なポイント

ポイントは掲載データや施策等が更新されたことである。

事業承継に関連する状況の変化等を明らかにするため、掲載データが更新され、この間に新設・拡充等された施策等が反映された。

法人版事業承継税制、個人版事業承継税制、所在不明株主の整理に係る特例等の支援措置についての詳細な説明が更新、追加された。

増加しつつある「従業員承継」や「第三者承継（M&A）」に関する説明が充実された。従業員承継については、事業者ヒアリング等が行われ、後継者の選定・育成プロセス（後継者候補との対話、後継者教育、関係者の理解・協力等）等の内容が充実された。第三者承継（M&A）については2020年3月に策定された「中小M&Aガイドライン」等の内容が反映された。現経営者目線に立った説明だけでなく、事業を引き継ぐ後継者の目線に立った説明も充実された。

また、事業承継に関する支援策一覧が別冊で新たに用意され、使い勝手のよいものになっている。

貸出先にはこのガイドラインを事業承継のマニュアルとして提供するとともに、貸出先への事業相談業務の知識吸収として活用できる。

　参考までに、「中小PMIガイドライン」の策定について付言する。事業承継ガイドラインの改訂とあわせ、中小企業におけるM&A後の統合作業の「型」を取りまとめた「中小PMIガイドライン」が新たに策定されている。本ガイドラインは第三者承継（M&A）の譲受側等を主な読み手として想定しているが、親族内承継や従業員承継の後継者にとっても有用と考えられる。

## 第2節 「経営者のための事業承継マニュアル」

　中小企業庁が2017年3月に策定した「経営者のための事業承継マニュアル」（https://www.chusho.meti.go.jp/zaimu/shoukei/2017/170410shoukei.pdf）は、事業承継ガイドラインに沿って、経営者が事業承継を進めるうえでのポイントとして、事業承継計画の立て方や後継者教育、税負担や経営権の分散リスク、資金調達といった具体的な課題への対策など、事業承継を進めるうえでの基本的な事柄が把握できるように構成されている。

　貸出先の経営者が円滑な事業承継を実現し価値ある事業が次世代にわたって受け継がれていくうえでのマニュアルとして提供したい資料である。

## 第 **3** 節 ｜「中小企業経営者のための事業承継対策」

　中小企業基盤整備機構による「中小企業経営者のための事業承継対策」
（https://www.smrj.go.jp/sme/succession/succession/supporter/）は、中小
企業経営者が事業承継についての理解を深め、円滑な事業承継を行っていく
ための資料である。

　事業承継の現状と計画的な事業承継対策の必要性、事業承継対策の種類と
進め方、事業承継に関する支援施策が紹介されている。

　　○　「中小企業経営者のための事業承継対策」

　　○　事業承継計画表記入様式

　　○　事業承継計画書（骨子）記入様式

　上記の資料の一部は、原則として１機関当り年間50部までインターネット
により請求できる。

## 第4節　事業承継時に焦点を当てた「経営者保証に関するガイドライン」の特則

中小企業・小規模事業者を取り巻く状況において、経営者の高齢化が一段と進んでおり、それに伴って休廃業・解散件数が年々増加傾向にある。さらにはその予備軍ともいえる後継者未定企業も多数存在し、このまま後継者不在により事業承継を断念し、廃業する企業が一段と増加すれば、地域経済の持続的な発展にとって支障をきたすことになりかねない。事業承継に際しては、経営者保証を理由に後継者候補が承継を拒否するケースが一定程度あることが指摘されており、その解消が事業承継時の最大の課題といえる。

日本商工会議所と一般社団法人全国銀行協会を事務局とする「経営者保証に関するガイドライン研究会」が2019年12月24日、「事業承継に焦点を当てた「経営者保証に関するガイドライン」の特則」（以下「特則」という）を公表した（https://www.zenginkyo.or.jp/fileadmin/res/abstract/adr/sme/guideline_sp.pdf）。

本特則は「成長戦略実行計画」（2019年6月21日閣議決定）において、中小企業・小規模事業者の生産性を高め地域経済にも貢献するという好循環を促すための施策として、経営者保証が事業承継の阻害要因とならないよう原則として前経営者、後継者の双方からの二重徴求を行わないことを盛り込んだ特則策定が明記されたことを受けて、中小企業団体および金融機関団体の関係者等によるワーキンググループを中心に精力的に検討が行われてきたものである。

本特則のポイントは、①前経営者、後継者の双方からの二重徴求の原則禁止、②後継者との保証契約は、事業承継の阻害要因となりうることを考慮し、柔軟に判断、③前経営者との保証契約の適切な見直し、④金融機関における内部規定等の整備や職員への周知徹底による債務者への具体的な説明の

必要性、⑤事業承継を控える事業者におけるガイドライン要件の充足に向けた主体的な取組みの必要性である。

## 1 前経営者、後継者の双方からの二重徴求の原則禁止

特に、①の原則として前経営者、後継者の双方から二重には保証を求めないことについては、例外的に二重徴求が許容される事例を四つあげた。

ⓐ 前経営者が死亡し、相続確定までの間、亡くなった前経営者の保証を解除せずに後継者から保証を求める場合など、事務手続完了後に前経営者等の保証解除が予定されているなかで一時的に二重徴求となる場合

ⓑ 前経営者が引退等により経営権・支配権を有しなくなり、本特則第2項(2)に基づいて後継者に経営者保証を求めることがやむをえないと判断された場合において、法人から前経営者に対する多額の貸付金等の債権が残存しており、当該債権が返済されない場合に法人の債務返済能力を著しく毀損するなど、前経営者に対する保証を解除することが著しく公平性を欠くことを理由として、後継者が前経営者の保証を解除しないことを求めている場合

ⓒ 金融支援（主たる債務者にとって有利な条件変更を伴うもの）を実施している先、または元金等の返済が事実上延滞している先であって、前経営者から後継者への多額の資産等の移転が行われている、または法人から前経営者と後継者の双方に対し多額の貸付金等の債権が残存しているなどの特段の理由により、当初見込んでいた経営者保証の効果が大きく損なわれるために、前経営者と後継者の双方から保証を求めなければ、金融支援を継続することが困難となる場合

ⓓ 前経営者、後継者の双方から、もっぱら自らの事情により保証提供の申出があり、本特則上の二重徴求の取扱いを十分説明したものの、申出の意向が変わらない場合（自署・押印された書面の提出を受けるなどにより、対象債権者から要求されたものではないことが必要）

この例外以外は二重保証をとらないこととなり、特則が金融機関において

276 第5章 事業承継支援

遵守されたことで、事業承継時における経営者保証の二重徴求の割合は、2017年度の36.9％から2023年度2.8％まで改善され、事業承継時に二重保証をとることはほとんどなくなった。

## 2　後継者との保証契約

特則では、後継者に対し経営者保証を求めることは事業承継の阻害要因になりうることから後継者に当然に保証を引き継がせるのではなく、必要な情報開示を得たうえで保証契約の必要性をあらためて検討するとともに、事業承継に与える影響も十分考慮し慎重に判断することが求められるとした。

具体的には、経営者保証を求めることにより事業承継が頓挫する可能性やこれによる地域経済の持続的な発展、金融機関自身の経営基盤への影響などを考慮し、経営者保証なしの要件の多くを満たしていない場合でも総合的な判断として経営者保証を求めない対応ができないか真摯かつ柔軟に検討することが求められる。

また、こうした判断を行う際には、以下の点もふまえて検討を行うことが求められるとした。

○　主たる債務者との継続的なリレーションとそれに基づく事業性評価や、事業承継に向けて主たる債務者が策定する事業承継計画や事業計画の内容、成長可能性を考慮すること

○　規律づけの観点から対象債権者に対する報告義務等を条件とする停止条件付保証契約等の代替的な融資手法を活用すること

○　外部専門家や公的支援機関による検証や支援を受け、ガイドラインの要件充足に向けて改善に取り組んでいる主たる債務者については、検証結果や改善計画の内容と実現見通しを考慮すること

○　中小企業活性化協議会によるガイドラインをふまえた確認を受けた中小企業については、その確認結果を十分にふまえること

こうした検討を行った結果、後継者に経営者保証を求めることがやむをえないと判断された場合、以下の対応について検討を行うことが求められるとした。

○　資金使途に応じて保証の必要性や適切な保証金額の設定を検討すること（たとえば正常運転資金や保全が効いた設備投資資金を除いた資金に限定した保証金額の設定等）

○　規律づけの観点から、財務状況が改善した場合に保証債務の効力を失うこと等を条件とする解除条件付保証契約等の代替的な融資手法を活用すること

○　主たる債務者の意向をふまえ、事業承継の段階において、一定の要件を満たす中小企業については、その経営者を含めて保証人を徴求しない信用保証制度を活用すること

○　主たる債務者が事業承継時に経営者保証を不要とする政府系金融機関の融資制度の利用を要望する場合には、その意向を尊重して、真摯に対応すること

## 3　前経営者との保証契約

前経営者は、実質的な経営権・支配権を保有しているといった特別の事情がない限り、いわゆる第三者に該当する可能性がある。2020年4月1日からの改正民法の施行により第三者保証の利用が制限されることや、金融機関においては経営者以外の第三者保証を求めないことを原則とする融資慣行の確立が求められていることをふまえて、保証契約の適切な見直しを検討することが求められる。

保証契約の見直しを検討したうえで前経営者に対して引き続き保証契約を求める場合には、前経営者の株式保有状況（議決権の過半数を保有しているか等）、代表権の有無、実質的な経営権・支配権の有無、既存債権の保全状況、法人の資産・収益力による借入返済能力等を勘案して、保証の必要性を慎重に検討することが必要となる。特に、取締役等の役員ではなく、議決権の過半数を有する株主等でもない前経営者に対し、やむをえず保証の継続を求める場合には、より慎重な検討が求められる。

また、本特則のとおり具体的に「どの部分が十分でないために保証契約が必要なのか、どのような改善を図れば保証契約の変更・解除の可能性が高ま

278　第5章　事業承継支援

るか」について説明することが必要であるほか、前経営者の経営関与の状況等、個別の背景等を考慮し一定期間ごとまたはその背景等に応じた必要なタイミングで保証契約の見直しを行うことが求められる（根保証契約についても同様）。

## 4　貸出先への説明内容

主たる債務者への説明にあたっては、対象債権者が制定する基準等をふまえ、ガイドラインの各要件に掲げられている要素（外部専門家や中小企業活性化協議会の検証・確認結果を得ている場合はその内容を含む）のどの部分が十分ではないために保証契約が必要なのか、どのような改善を図れば保証契約の変更・解除の可能性が高まるかなど、事業承継を契機とする保証解除に向けた必要な取組みについて、主たる債務者の状況に応じて個別・具体的に説明することが求められる。特に法人の資産・収益力については、可能な限り定量的な目線を示すことが望ましいといえる。

また、金融仲介機能の発揮の観点から、事業承継を控えた主たる債務者に対して早期に経営者保証の提供有無を含めた対応を検討するよう促すことで、円滑な事業承継を支援することが望ましい。

さらに、保証債務を整理する場合であっても、ガイドラインに基づくと一定期間の生計費に相当する額や華美ではない自宅等について保証債務履行時の残存資産に含めることが可能であることについても説明することが求められる。

第 **5** 節 | 事業承継特別保証制度

## 1　事業承継特別保証制度とは何か

　事業承継特別保証制度とは、金融機関によるさらなる経営者保証の解除を後押しし、中小企業の事業承継をさらに促進させることを目的とし、2020年4月から開始されている保証制度である。

　事業承継前の個人保証を提供している借入金の借換えも含め経営者保証を不要とし、また専門家（中小企業活性化協議会および事業承継・引継ぎ支援センター）の確認を受けることで信用保証料率の割引を受けることができる保証制度である。

　あらかじめ定められた要件さえ満たせば、後継者は事業承継時の大きな障害となる経営者保証を徴求されることがなくなり、躊躇なく事業を引き継げる。

　金融機関も自行庫のみならず他行庫の借入れを一本化でき、経営者保証に頼らない融資を推進できる。

　このように債務者および金融機関両方にメリットがあり、事業承継が声高に叫ばれる現在において非常に有益な信用保証制度であり、事業承継をこれから行うもしくは行って時があまり経っていない貸出先には、この事業承継特別保証を活用して円滑な事業承継を支援したい。

## 2　事業承継特別保証の特徴および申込資格要件

　事業承継特別保証の特徴は、保証限度額が2億8,000万円であること、経営者保証が不要であること、ニューマネーおよび既存借入金（他行庫も含む）の借換えもできること、保証期間は一括返済の場合が1年以内、分割返

済の場合が10年以内（据置期間１年以内を含む）であることである。

あらかじめ定められた申込資格要件は、次の①または②に該当し、かつ③に該当する中小企業者（法人に限る）となっている。

① 保証申込受付日から３年以内に事業承継を予定する法人

② 令和２年１月１日から令和７年３月31日までに事業承継を実施した法人であって、事業承継日から３年を経過していないもの

③ 次の@〜@の要件をすべて満たす法人

  @ 資産超過であること

  @ EBITDA有利子負債倍率（（借入金・社債－現預金）÷（営業利益＋減価償却費））が15倍以内であること

  @ 法人・個人の分離がなされていること

  @ 返済緩和している借入金がないこと（令和２年１月31日以降のコロナを原因とした一時的な措置を除く）

添付書類として事業承継計画書、財務要件等確認書、借換債務等確認書（既往借入金を借り換える場合）、他行借換依頼書兼確認書（既往借入金を借り換える場合で、申込金融機関以外からの借入金を含む場合）、事業承継時判断材料チェックシート（中小企業活性化協議会および事業承継・引継ぎ支援センターによる確認を受け、軽減信用保証料率の適用を受ける場合）が必要となる。

このように事業承継計画とあわせて経営計画を策定し、資産超過のうえで事業承継特別保証制度を活用すれば、借換えにより個人保証を解除することが可能となるだけでなく、事業性評価融資の案件組成にもつなげることができる。

## 3　事業承継特別保証制度の推進方法

金融機関の推進方法としては、2020年度に事業承継特別保証制度の取扱いで全国トップとなる64件（年間利用額45億円）もの実績をあげた岐阜市信用保証協会の取組みが参考となる。

同保証協会は、岐阜市内に店舗を置く５金融機関との連携で営業担当者向

けの個別勉強会を50回以上実施し、申込資格要件に合致する信用保証協会利用先を抽出した。そして取引のある金融機関店舗を通じて400社分のアンケートを送付し、45%に当たる182社から得た回答をもとに対応した。

　各金融機関は申込要件にあう取引先をリストアップし、信用保証協会と協同して取引先に事業承継特別保証制度の活用を促した。

　取引先の事業承継とあわせて、リスクの小さい経営者保証のない付保融資が推進できる、まさしくいまの時代にあった時流に乗った融資であり、引き続き積極的な推進が望まれる制度である。

## 第 **6** 節 | 事業承継の諸問題

### 1 複数の後継者に事業承継できるか

　複数の後継者候補がいるということは望ましいことだが、その場合どのように後継者を選んでもらうかをアドバイスするのは、なかなかむずかしい。ここでは従業員への承継と親族への承継に分けて考える。

　後継者を従業員のなかから選ぶときに、複数の後継者候補がいてなかなか1人に絞れないというケースがある。その資質に甲乙つけがたい場合にどうすればよいかという悩みである。

　後継者候補の資質に大きな差がない場合は、それぞれの候補者が社長になった場合に、会社のステークホルダーがどのような反応をするかを考えるとよい。親族、金融機関、株主、取引先、従業員の納得が得られるか、これらの視点からステークホルダーの反応を想像する。こうして最もステークホルダーが納得しそうな後継者、承継後に社内が混乱しない後継者を選ぶというのが一つの基準となるだろう。

　次に、親族に承継する場合を考える。後継者として従業員よりも親族、特に子を選ぶことは一般的である。たとえ子らが後継者の資質を備えていないとしても、親族に承継することはステークホルダーの理解を得られやすく支持を得られやすいので、うまくいくケースも多い。もし、社長がその承継を親族か従業員かで迷っている場合は、前記のような理由により親族への承継を勧めるのが無難である。次に、同じ資質の複数の兄弟姉妹がいる場合にだれを後継者にするかが問題となる。だれに承継するかの第一の基準は、事業に深くタッチしているかどうかであろう。そして、同じ程度タッチしている場合は、中小企業では長兄に引き継ぐのが無難である。いまだ家長制度の考

第6節　事業承継の諸問題　283

え方はステークホルダーに根強く支持されるからである。

　複数の後継者に事業承継したい場合、たとえば社長が自分の子に継がせるが兄弟姉妹2人の両方に継がせたいというときは、会社分割という方法がある。一つの会社をその事業の柱となる部門別に分け、それぞれ会社を独立させるのである。そして株式は、それぞれの会社を継ぐ後継者に集中させる。決してそれぞれに会社の株式を半分ずつ渡すことはしてはならない。会社の方針を決める決定権をもつためには発行済株式数の半数より多く株式を保有する必要があるからである。

　この会社分割は、後日に争いにならないよう、現社長が存命中にする必要がある。そして一度実行すると元に戻すことは困難となるので、よく考えたうえで準備をしなければならない。

## 2　後継者教育とは何か

　後継者教育とは、後継者を決定したうえで、きたるべき承継に備えて十分な準備をするための社内および社外において行う教育のことである。後継者教育は次の視点で大変重要である。社長にしてみれば、自分の会社への思い入れなどさまざまなDNAを引き継いでもらいたいと思うであろうし、後継者にしてみれば何の準備もなく経営という荒海に放り出されるのは不安である。したがって、お互い十分な時間をもって後継者教育をしていく必要がある。

　後継者教育は社内で行うもの、社外で行うものに分かれるが、社内教育では、社長自らが後継者に直接指導することで会社のDNAを引き継がせたり、会社内の各部門をローテーションさせることにより経営の重要な要素である経験と知識を積ませたり、あわせて社員とのコミュニケーションを図ったりすることを行う。また、経営幹部など責任ある地位につけてリーダーシップを発揮させる機会をもたせたり、権限移譲を行い重要な意思決定ができるための訓練をさせたりするなどのことを行う。現社長には、適当な時期がきたら社長が社内外に後継者をはっきりと表明することをアドバイスしよう。社内外にその影響力を広めることも後継者教育の一つのポイントとなるからで

ある。

社外教育としては、たとえば子供を自分の会社に入れる前に他社での勤務を経験させることにより自社の枠にとらわれない考え方を身につける、人脈を形成する、新しい経営手法を習得することがあげられる。また、各種のセミナーの活用として、公的機関やコンサル会社による後継者教育セミナーに参加すること、金融機関の二世の会に入会し二世経営者の横のつながりをつくるなどがある。

後継者教育は、特に現社長に後継者教育の取組みの経験がない場合はなかなかむずかしいものであるから、金融機関としてはしっかりしたサポートが重要となる。そのためには、現社長と後継者との双方からヒアリングを行い、どんな後継者教育のニーズがあるかを確認しよう。そのうえで事業承継や後継者教育に明るい本部担当者を活用し、個社別のヒアリングから後継者教育ミーティングを行い、さらなるニーズの把握から対応までサポートするのが望ましい。こうしたニーズは中長期にわたることから営業店・本部が一体となって継続的にサポートすることが重要である。具体的には、本部担当者が各支店の担当者とともに若手後継者の経営に役立つ知識や情報をタイムリーに提供することや、社長業や企業経営を学ぶビジネススクール（次世代経営塾など）を提供することである。

## 3　自行庫の「次世代経営塾」の活用方法

企業による後継者教育の遅れ、後継者の経営能力が経営に与える大きな影響の考慮、事業承継に関するさまざまな多面的な知識・知恵の重要性を背景として、自行庫において「次世代経営塾」をつくっている金融機関も多いだろう。「次世代経営塾」は取引先企業の次世代を担う経営者が経営全般を体系的に学ぶ場であり、経営者として必要な経営戦略、組織、リーダーシップなどをケーススタディなどで体系的に学習するには最適な場であろう。また塾生相互の交流の場、お互いの悩みを共有できる場、塾生同士間のビジネスマッチングの場、事業承継だけでなく経営支援へ結びつけていく場でもある。

この「次世代経営塾」は、一般的に経営コンサルティング企業に委託する場合が多い。ここで気をつけたいのが、外部機関への丸投げにするのではなく自行庫も積極的にかかわっていくという姿勢である。外部機関による講義形式による知識の詰込みだけの次世代経営塾では意味がない。ここでいくつかその活用の方法をあげる。

○　企業には、企業ごとに異なる課題がある。そこで自行庫の当該企業の担当行職員が次世代経営者からヒアリングすることで、事業承継の課題を共有する。

○　懇親会に工夫を凝らし、塾生同士の親睦をより深めるようにする。

○　本音で語り合い、経営上の悩みを共有できる場の提供というスタンスで臨ませる。

○　講義と実習によるバラエティに富むカリキュラムを組む。

○　地域企業の実情を反映させるための、自行庫独自の企画を考える。

○　相互のコミュニケーションを重視し、より実効的にするために少人数制を採用する。

○　企業見学会などを行い、学んだことを実際の現場で確認することで自社経営のヒントにしてもらう。

○　次世代経営者自身たちによる講演会を開き、双方向のスキルアップを図る。

○　場合によっては思い切って海外視察研修を取り入れる。

○　塾生OBとの交流を図る。

「次世代経営塾」には、現社長とのリレーションだけでなく次世代社長とのリレーションを深めていくことにより長期的な取引関係につながるというメリットがある。後継者との深いつながりをもつことができ、将来の会社の成長戦略等を把握することができ、融資などの金融面だけでなくその他の観点からの支援もできるようになる。自行庫の行職員も参加することで今後の地域をリードしていく次世代経営者と交流することができ、リレーションシップの場にもなる。このような視点で「次世代経営塾」を活用してもらいたい。

286　第5章　事業承継支援

# 4　どうしても後継者が見つからない場合

　小規模事業者が事業の引継ぎを検討するために必要な支援や解決策は「後継者の確保」と「本業の強化・業績改善」である。「本業の強化・業績改善」は金融機関としてある程度の支援は可能であるが、「後継者の確保」を相談されても困るというのが実感である。そうした場合は、外部機関の活用をアドバイスしよう。小規模事業者の場合は事業承継・引継ぎ支援センターの紹介が妥当である。

　事業承継・引継ぎ支援センターとは国が運営するM&A・事業承継の公的窓口で、中小企業経営者のサポート事業を行っている。特に第三者への会社（事業）の譲渡についての相談を得意としており、具体的には登録民間支援機関やマッチングコーディネーターと連携してM&Aなどの円滑な事業のバトンタッチの支援をしている。公的窓口なので会社の規模により断られることもなく全国47都道府県に設置されているので、取引先からのこうした相談には同行してみるのもいいだろう。

　後継者の確保の視点からは、事業承継・引継ぎ支援センターには後継者のいない事業主と起業を志す起業家とをマッチングする後継者人材バンクの制度がある。後継者不在の中小企業を将来にわたって存続させることを目的として、創業に対する熱い思いと強い志をもっている起業家とのマッチングを行う公的事業である。後継者人材バンクによる事業引継ぎは、既存事業としての販売先・仕入先・技術・人材など多くの経営資源を引き継げるとともに、投資コストが低いため、経営上のリスクが少ないという特徴がある。

　また外部人材の登用で事業承継に備える方法もある。株式会社地域経済活性化支援機構（REVIC）の子会社として設立された株式会社日本人材機構では、地方創生を目的として大都市で活躍する経営人材と地域に根づいた地方企業を結び、経営幹部人材の紹介を行っている。そうした人材のなかから実際に雇用をしたうえで適性を見極め、将来の後継者を考えてみるのも一つの方法である。

　内閣府のプロフェッショナル人材事業も同様に活用できる。この事業は各

第6節　事業承継の諸問題　287

道府県にプロフェッショナル人材戦略拠点を設置し、地域の関係機関等と連携しながら地域企業の「攻めの経営」への転身を後押しするとともに、それを実践していくプロフェッショナル人材の活用について経営者の意欲を喚起し、民間人材ビジネス事業者等を通じてマッチングの実現をサポートするものであり、そうして採用した人材を将来の後継者として育てるのも一つの方法である。

# 第**7**節 事業承継・引継ぎ支援センター

## 1 事業承継・引継ぎ支援センターとは何か

　事業承継・引継ぎ支援センターは、2021年4月、親族内支援を行う「事業承継ネットワーク」とM&A支援を行う「事業引継ぎ支援センター」とが統合されて「事業承継・引継ぎ支援センター」に改組されたもので、法令に基づく認定機関として全国47都道府県に設置されている。事業承継とM&A支援をワンストップで行う体制を整備している。

## 2 主な五つの支援業務内容

### (1) M&Aよろず相談

　第三者への承継（M&A）について、幅広く相談を受ける。具体的には以下のような相談を受ける。

- ○ 事業承継のためM&Aを考えているが、譲渡できる可能性はあるのか
- ○ M&Aをする際、自社の評価額はいくらぐらいになりそうか
- ○ どのような点がM&Aに取り組んだ際の課題になりそうか
- ○ 知り合いの会社にM&Aの話を持ちかけられたが、どのように判断すればよいか、交渉時にどのような点に留意すべきか、当事者同士で会社（事業）の売買について合意したが、進め方や手続についてアドバイスがほしい
- ○ M&A仲介会社に依頼しようと思うが、不安がありセカンドオピニオンがほしい

## ⑵　小規模案件相談、セカンドオピニオン取得

　民間機関では取り組めないような小規模な案件の相談をしたり、M&Aを実行する際のセカンドオピニオンを取得したりすることでも利用できる。

　中小企業がM&Aを行う際、アドバイスをする人間の経験度合いよっては間違った手順を踏んで取り返しがつかない状況に陥ったり、強引に間違った進め方をして、最悪トラブルに巻き込まれてしまうことも起こりうる。そういったことが極力なくなるようセンターでM&Aのセカンドオピニオンの役割を担う。

## ⑶　従業員承継のアドバイス

　小規模な会社であればあるほど第三者ではなく従業員が承継するケースが今後は増えていく。中小企業経営者が自力で承継相手を探すに際し、最も身近で事業のことを理解しているのが従業員だからである。

　従業員のほうも会社清算から失業といった最悪の流れは避けたいので、社長が会社清算を考えているという話をすると従業員のなかからも引き継ぎたいという人が出てくることがある。

　このようにセンターではオーナー経営者サイドからの相談はもちろん、引き継ぐ側の役員・社員からの相談についても受ける。

　従業員承継についてはセンターの登録専門家（弁護士、司法書士、会計士、税理士）と連携しながらサポートする。なお、各専門家に契約書作成、株価算定、税務上のアドバイスなど実際の実務を依頼する場合は一定の費用がかかる。

## ⑷　相手が決まっている際のアドバイス

　子、従業員も会社を継がないとなると、第三者への承継（M&A）を考えるが、実際にM&Aを手がける金融機関、M&A仲介会社等にはある程度の手数料（最低500万〜1,000万円程度）が必要となってくる。

　株式や事業の譲渡価格がそれほど大きくなりにくい小規模企業については、そういった仲介機関に依頼して相手先を探すのが費用的にもあわないケースが多く見受けられる。

　そこで、自身で相手先を見つけてきて相手先の意思確認もすでにできてい

るケースでは、譲渡までの一連の手続に関する助言をセンターのアドバイザーや登録専門家（弁護士、司法書士、会計士、税理士）から受け、企業価値評価や譲渡契約書の作成等の必要に応じた支援のみを受けることも可能となる。

### ⑸　候補先の紹介

　小規模で民間のM&A仲介会社の支援を受けることがむずかしい企業向けに、希望があればセンターに寄せられている譲受ニーズのなかから情報のマッチングを行い、承継候補先を紹介することも可能である。

　全国47都道府県の事業承継・引継ぎ支援センターとの情報共有を図っており、遠隔地間のマッチングにも取り組んでいる。

　M&Aプラットフォーマーとの連携も推進しており、効率的な候補先とのマッチングを支援している。

## 第8節 | M&A

### 1 M&Aとは何か

　M&Aとは「Mergers（合併）and Acquisitions（買収）」の略で、企業の合併、買収のことである。

　中小企業のM&Aを仲介する多くの専門会社の出現で対象企業の規模のバーが下がってきているとはいえ、ほとんどが株式譲渡の方法で行われるため、相応の規模感がないとM&Aの成立はむずかしい。しかし、コア・コンピタンス（企業の中核的な能力）が見出される中小企業においてM&Aの対象企業になることは、もはや一般的である。その規模感であるが、企業のコア・コンピタンスが明確であり一定の収益・資産を確保していれば、従業員10人程度の小規模企業でも活用できるようになった。留意点としては、高度な専門性、機密性が要求されるため、中小金融機関においては専門のM&A仲介会社に任せたほうが安心である。金融機関としてはビジネスマッチング業務の一環としてM&A仲介・紹介業務を行うのが一般的である。

　M&Aのメリット、デメリットであるが、貸出先にとっては身近に後継者に適任な者がいない場合でも広く候補者を外部に求めることができる、企業の存続と社員の雇用が確保できる、現経営者が会社売却の利益を享受できるといったメリットがある。

　一方で希望の条件（従業員の雇用、価格等）を満たす買い手を見つけるのが困難、経営の一体性を保つのが困難などのデメリットもある。

　M&Aの譲渡される側の手続は、中小企業庁「事業引継ぎハンドブック」によると「①仲介者等の選択→②マッチング候補先を探す→③事業評価→④マッチング開始→⑤トップ会談→⑥交渉→⑦基本合意書の締結→⑧デュー

292　第5章　事業承継支援

ディリジェンス→⑨最終契約の締結」の流れで進んでいく。

　最近は小規模のM&Aも数多く行われるようになってきた。その方法は株式譲渡という方法ではなく事業譲渡という方法で行われる。事業譲渡とは、会社まるごとではなく会社の一部分、必要な事業のみを切り離して売買する方法である。最近ではインターネットを活用して、円滑な事業承継や廃業を希望する小規模企業とさらなる成長をしたい中小・中堅企業とを擬似M&Aのような形で結びつける会社があるので、小規模の貸出先には登録を促してみるのもよい。

　M&A専門会社では高額の手数料が必要となるが、事業譲渡方式のM&Aではデューディリジェンスの作業を簡素化・形式化することでその費用を抑えることができ、なおかつ売却を希望する小規模企業からは手数料をとらないというビジネスモデルもある。

## 2　「中小M&Aガイドライン」

　中小企業庁では2015年3月に、M&Aの手続や手続ごとの利用者の役割・留意点、トラブル発生時の対応等を記載した「事業引継ぎガイドライン」を策定、その後2020年3月には、後継者不在の中小企業のM&Aを通じた第三者への事業の引継ぎを促進するために、同ガイドラインを全面改訂した「中小M&Aガイドライン―第三者への円滑な事業引継ぎに向けて―」を策定した（図表5－1）。

　2023年9月に初版が改訂され、「中小M&Aガイドライン（第2版）―第三者への円滑な事業引継ぎに向けて―」が策定された（図表5－2）。

　第2版の策定にあたっては、初版の策定・公表から3年が経過し、中小企業を当事者とするM&Aの市場が拡大し、マッチング支援やM&Aの手続進行に関する総合的な支援を専門に行うM&A専門業者（主に仲介者やフィナンシャル・アドバイザー（FA））が顕著に増加するなかで、M&A専門業者の契約内容や手数料のわかりにくさ、支援内容への不満等が課題となっていることに着目し、支援の質の確保・向上に向けた取組み、依頼者との仲介契約・FA契約前の書面交付による重要事項説明等のM&A専門業者向けの基

第8節　M&A　293

図表５－１　中小M&Aガイドライン

１．中小M&Aガイドラインの策定

● M&A業者の数は年々増加（※）しているが、中小企業にとって、適切な
　M&A支援の判別が困難であり、M&Aを躊躇する原因の１つとなっている。
　※2009年 177社→2019年 313社（レコフデータ）
● 中小M&Aガイドラインにより、M&Aの基本的な事項や手数料の目安を示す
　とともに、M&A業者等に対して、適切なM&Aのための行動指針を提示する。

### 中小企業がM&Aを躊躇する要因

| ①M&Aに関する知見がなく、進め方が分からない | ②M&A業務の手数料等の目安が見極めにくい | ③M&A支援に対する不信感 |
|---|---|---|

### 中小M&Aガイドライン

#### 後継者不在の中小企業向けの手引き

◆ 約20の中小M&A事例を提示　①
　し、M&Aを中小企業にとって
　より身近なものに。
◆ 中小M&Aのプロセスごとに確
　認すべき事項や、適切な契約書
　のひな形を提示。

◆ 仲介手数料（着手金／月額　②
　報酬／中間金／成功報酬）の考
　え方や、具体的事例の提示によ
　り、手数料を客観的に判断する
　基準を示す。
◆ 支援内容に関するセカンド・オ
　ピニオンを推奨。

#### 支援機関向けの基本事項

◆ 支援機関の基本姿勢として、事業者の利益の最大化と支援機関同士の　③
　連携の重要性を提示。
◆ M&A専門業者に対しては、適正な業務遂行のため、
　①売り手と買い手双方の１者による仲介は「利益相反」となり得る旨明記し、
　　不利益情報（両者から手数料を徴収している等）の開示の徹底等、そのリス
　　クを最小化する措置を講じる
　②他のM&A支援機関へのセカンドオピニオンを求めることを許容する契約とす
　　る
　③契約期間終了後も手数料を取得する契約（テール条項）を限定的な運用とす
　　る　といった行動指針を策定
◆ 金融機関、士業等専門家、商工団体、プラットフォーマーに対し、求め
　られる具体的な支援内容や留意点を提示。

（出所）　中小企業庁ウェブサイト（https://www.chusho.meti.go.jp/koukai/shingikai/sou
　　　kai /2020/download/200327HS07_01.pdf）

**図表5－2　中小M&Aガイドラインの改訂（第2版）**

- 中小M&Aガイドライン（初版）策定から約3年が経過。この間、中小M&Aに関する行政・民間の取組にも一定の進展がみられ、中小M&Aは定着してきた。
- 他方で、特に仲介・FA（フィナンシャル・アドバイザー）に関して、**契約のわかりにくさ**や、**担当者による支援の質のばらつき**、**手数料体系のわかりにくさ（最低手数料の適用）**等の課題が見受けられるようになった。当該課題に対応するため、中小M&Aガイドライン（第2版）においては、特に**M&A専門業者向けの基本事項**※を拡充するとともに、中小企業向けの手引きとして**仲介者・FAへの依頼における留意点等を拡充した**。また、行政・民間における取組についても修正。

※M&A専門業者は、マッチング支援やM&Aの手続進行に関する総合的な支援（マッチング支援等）を専門に行う民間業者（主に仲介者・FA）。金融機関、士業等専門家やM&Aプラットフォーマー等がマッチング支援等を行う場合にも、業務の性質・内容が共通する限りにおいて、準拠した対応を想定。

| 「後継者不在の中小企業向けの手引き」等における改訂箇所 | 「支援機関向けの基本事項」における改訂箇所 |
|---|---|
| ①仲介者・FAの選定<br>◆仲介業務・FA業務の特徴等の見直し<br>②仲介契約・FA契約の内容<br>◆直接交渉の制限に関する条項等、説明すべき重要事項の追加<br>③セカンド・オピニオン<br>◆類型の整理、セカンド・オピニオンの利点と留意点<br>④マッチングにおける支援機関の活用<br>◆依頼先の支援機関が単独／複数の場合の比較<br>◆適切な候補先の紹介を受けられない場合の対応　等<br>⑤仲介者・FAの手数料の整理<br>◆最低手数料に関する事例の追加　等 | ①支援の質の確保・向上に向けた取組<br>◆契約に基づく義務の履行・職業倫理の遵守の必要性の明記<br>◆質の確保・向上のため個々の支援機関・業界に求められる取組<br>②仲介契約・FA契約締結前の書面交付しての重要事項の説明<br>◆書面に記載して説明すべき重要事項の項目の見直し<br>◆説明の相手方・説明者・説明後の十分な検討時間の確保　等<br>③直接交渉の制限に関する条項の留意点 |

| 行政・民間における取組の推進 | |
|---|---|
| ①行政の取組<br>◆M&A支援機関登録制度・情報提供受付窓口の開始<br>◆事業承継・引継ぎ支援センターへの発展的改組　等 | ②民間の取組<br>◆自主規制団体であるM&A仲介協会による苦情相談窓口の開始<br>◆表明保証保険　等 |

（出所）　中小企業庁ウェブサイト（https://www.meti.go.jp/press/2023/09/20230922004/20230922004-a.pdf）

本事項を拡充し、さらなる規律の浸透を促すものとなった。

　また、仲介者・FAの手数料についてはレーマン方式によるものが多いが、「基準となる価額」にはさまざまな考え方があり採用される考え方によって報酬額が大きく変動しうるため、「基準となる価額」の考え方・金額の目安や報酬額の目安を確認しておくことが重要である点などの留意点を記載している。さらに、最低手数料を設定する仲介者・FAが多いことから手数料についてレーマン方式と最低手数料を併記し、最低手数料の分布や最低手数料が適用される事例を紹介している。

　2024年8月には第2版が改訂され「中小M&Aガイドライン（第3版）―

第8節　M&A　295

図表 5 － 3　中小M&Aガイドラインの改訂（第 3 版）の概要

- ●第 3 版改訂では、**手数料も踏まえつつ、質の高い仲介者・FAが選ばれる環境を促すため、手数料・提供業務に関する事項を追記。**
- ●加えて、前回第 2 版改訂時と同様にM&A支援機関の支援の質を確保する観点から、**仲介者・FAが実施する営業・広告に係る規律や仲介者において禁止される利益相反事項等の具体化を図っている。**
- ●さらに、**譲り渡し側・譲り受け側の当事者間におけるトラブルに関し、最終契約後にトラブルに発展するリスク、その対応策について解説するとともに、仲介者・FAに対して求める対応**や最終契約の不履行を意図的に生じさせるような**不適切な譲り受け側を市場から排除するための対応**についても追記している。

**①仲介・FA の手数料・提供業務に関する事項**

【中小企業向け】手数料と業務内容・質等の確認の重要性⇒（納得できない場合）他の仲介者・FAへの依頼、手数料の交渉の検討

【仲介者・FA向け】手数料（仲介者の場合、相手方の手数料を含む。）の詳細、プロセスごとの提供業務の具体的説明、担当者の保有資格、経験年数・成約実績の説明。手数料の交渉を受けた際の誠実な対応の検討。

**②広告・営業の禁止事項の明記**

【仲介者・FA向け】広告・営業先が希望しない場合の広告・営業の停止、M&Aの成立可能性や条件等について誤解を与える広告・営業等の禁止。

**③利益相反に係る禁止事項の具体化**

【仲介者向け】追加手数料を支払う者やリピーターへの優遇（当事者のニーズに反したマッチングの優先実施、譲渡額の誘導等）の禁止、情報の扱いに係る禁止事項の明確化⇒これらの禁止事項は仲介契約書に仲介者の義務として定める必要。

**④ネームクリア・テール条項に関する規律**

【仲介者・FA向け】譲り渡し側の名称の譲り受け側への開示（ネームクリア）前の、譲り渡し側の同意の取得、譲り受け側との秘密保持契約の締結の徹底。テール条項の対象の限定範囲の具体化・専任条項がない場合の扱いについての限定。

**⑤最終契約後の当事者間のリスク事項について**

【中小企業向け】最終契約・クロージング後に当事者間でのトラブルとなりうるリスク事項の解説⇒専門家の支援を受けつつ、自らも確認することの重要性。

【仲介者・FA向け】リスクの認識時、最終契約締結前等に、当事者間でのリスク事項についての依頼者に対する具体的説明。

**⑥譲り渡し側の経営者保証の扱いについて**

【中小企業向け】士業等専門家、事業承継・引継ぎ支援センターへの相談＊や経営者保証の提供先の金融機関等へのM&A成立前の相談＊の検討。

【仲介者・FA向け】上記＊の相談が選択肢となる旨の説明・相談する場合の対応、最終契約における経営者保証の扱いの調整。

【金融機関向け】M&Aの成立前又は成立後に経営者保証の解除又は移行について相談を受けた場合の「経営者保証に関するガイドライン」に基づく対応。

**⑦不適切な事業者の排除について**

【仲介者・FA、M&Aプラットフォーマー向け】譲り受け側に対する調査の実施、調査の概要・結果の依頼者への報告。不適切な行為に係る情報を取得した際の慎重な対応の検討。業界内での情報共有の仕組みの構築の必要性、当該仕組みへの参加有無の説明。

（出所）　中小企業庁ウェブサイト（https://www.meti.go.jp/press/2024/08/20240830002/20240830002-ar.pdf）

第三者への円滑な事業引継ぎに向けて―」が策定された（図表5－3）。

第3版改訂では、提供する業務の内容・質とその対価となる手数料の額（相手方の手数料を含む）について、中小企業向けに確認すべき事項を解説するとともに、仲介者・FAに求められる説明について追記している。

また、第2版改訂時と同様にM&A専門業者の支援の質を確保する観点から、仲介者・FAが実施する営業・広告に係る規律の明記や仲介者において禁止される利益相反事項の具体化を図っている。

さらに、譲渡し側・譲受け側の当事者間において、最終契約に定めた事項の不履行等のトラブルも発生している。特に、譲渡し側の経営者保証の扱いについては、譲渡し側の経営者保証を譲受け側に移行させる想定であったにもかかわらず移行しない等の行為を行う譲受け側の存在も指摘されている。これらをふまえ、最終契約（株式譲渡契約等）において当事者間でトラブルに発展する可能性があるリスク、その対応策について解説するとともに、仲介者・FAに求められる対応について追記している。加えて、最終契約の不履行を意図的に生じさせるような不適切な譲受け側を市場から排除するために、仲介者・FAに求められる対応についても追記している。

このように中小M&Aガイドラインは、事業引継ぎハンドブックから発展させて版を重ね充実したものになっており、金融機関職員と貸出先にとってM&Aを学ぶ格好の教材である。

## 3　M&A支援機関登録制度

中小企業庁では、2021年8月にM&A支援機関登録制度を創設した。登録制度への登録を希望するM&A支援機関に対して「中小M&Aガイドライン」の遵守宣言を求めることや、事業承継・引継ぎ補助金（専門家活用型）において登録制度に登録されたM&A支援機関を活用することを登録要件としている。

また、登録制度のホームページでは、同制度に登録された仲介業務またはFA業務を行う支援機関のデータベースを提供しており、登録支援機関の種類（専門業者、金融機関等の別）、M&A支援業務の開始時期、専従者や所

第8節　M&A　297

在地、また手数料の算定基準（最低手数料の水準や報酬基準額の種類等）等を確認・検索することができ、貸出先が仲介者・FAを選定する際の情報手段として有用である。

## 4　中小PMIガイドライン

PMIとはPost Merger Integrationの略で、主にM&A成立後に行われる統合に向けた作業であり、M&Aの目的を実現させ、統合の効果を最大化するために必要なプロセスのことである。

中小企業庁は、2020年3月に「中小M&Aガイドライン」を策定し、これを支援機関において徹底するため、2021年8月にM&A支援機関登録制度を創設してきた。しかし、譲受け側がM&Aの目的を実現させその効果を最大化するうえでは、M&Aにおける最終契約の締結・決済はスタートラインにすぎず、その後の統合等に係る取組みが重要であるが、そのPMIの重要性についての理解が中小企業には十分に浸透しておらず、PMIの取組みを支援する支援機関も十分に存在していない状況であった。

「中小PMIガイドライン」（https://www.chusho.meti.go.jp/zaimu/shoukei/download/pmi_guideline.pdf）は、中小企業のM&AにおけるPMIの成功事例や失敗事例を分析するなど、譲受け側が取り組むべきと考えられるPMIの取組みを整理し取りまとめたものである。

「中小PMIガイドライン」は、経営資源に制約のある比較的小規模な中小企業であっても対応できるように、また、必要に応じてより高度な取組みにも挑戦できるように、基礎編と発展編とで構成されている。

# 第6章

# 廃業支援

## 第 1 節 廃業への対応

### 1 廃業の状況

　貸出先の廃業の状況を知るには、帝国データバンクなどの調査機関のレポートを参考にする。帝国データバンクによる「全国企業「休廃業・解散」動向調査（2023）」（https://www.tdb-college.com/column/up_img/1705041868-719365_p1.pdf）には以下の記載がある。

> 　2023年に全国で休業・廃業、解散を行った企業（個人事業主を含む、以下「休廃業」）は5万9105件となった。年間で4.03％の企業が市場から退出・消滅した計算になる。23年初旬まで減少傾向が続いた休廃業は夏以降に急増し、16年以降で最少だった22年（5万3426件）からは10.6％の急増となったほか、4年ぶりに前年を上回った。
>
> （中略）
>
> 　2023年に休廃業した企業のうち、「資産超過型休廃業」は62.3％を占めた。また、休廃業する直前期の決算で当期純損益が「黒字」だった割合は51.9％となり、半数超が黒字休廃業だったものの、その割合は過去最低を更新した。この結果、「資産超過」かつ「黒字」状態での休廃業が判明した企業の割合は全体の16.1％となり、16年以降で最も高かったコロナ禍直後の20年（17.0％）に次いで過去5年間で2番目に高い水準だった。総じて23年の休廃業動向は、特に直近の損益が大幅に悪化した企業が多い点が特徴となる。

300　第6章　廃業支援

## 2　清算・廃業への対応

　貸出先支援というと前向きな取組みに目がいきがちだが、廃業の状況にあるように、実際は清算・廃業に導かざるをえない債務者も数多く存在する。

　このような清算・廃業の相談を受けた場合に必要な知識とアドバイス法を解説する。

### ⑴　清算・廃業に至る社長の気持ちを汲んで対応する

　「2017年版中小企業白書」には廃業に関する検討状況および課題が示されている。まず「廃業の意向は、個人事業者で最も高く26.0％に上り、小規模法人が7.9％と、小規模事業者（小規模法人と個人事業者）ほど廃業する意向を持っている割合が高い傾向にある」とあり、個人事業者の４人に１人が廃業の意向があることがわかる。

　小規模法人の廃業を考える理由のトップ５は「業績が厳しい」「後継者を確保できない」「会社に将来性がない」「もともと自分の代限りでやめるつもりだった」「高齢のため（体力・判断力の低下）」である。そして、個人事業者では「もともと自分の代限りでやめるつもりだった」が２位にきている。

　このことから、個人事業者に清算・廃業の話をする場合はストレートに聞くのではなく、「もともと自分の代限りでやめるつもりだった」といわざるをえない社長の気持ちを汲み取って展開することが重要なポイントとなる。

　廃業を考えている貸出先を思いやる気持ちをもつことができれば、話題を問わず信頼関係が築きやすくなる。

　小規模法人が実際に廃業するうえで問題になりそうなこととしてあげたトップ３が、「廃業後の生活費の確保」「借入れなどの負債の整理」「商店街など地元の活力低下」であるのに対し、個人事業者では「廃業後の生活費の確保」「廃業後の自分の生きがい」「借入れなどの負債の整理」となっている。

　一方で、廃業意向の相談相手として、「取引金融機関」は小規模法人での４位、個人事業者で５位と下位にある。ここから「金融機関には廃業の相談がしにくい、敷居が高い」との実感があることがみてとれる。貸出先から廃

業の相談をもちかけられたら、それは社長の「意を決しての相談」であり、精一杯の対応をする必要がある。金融機関以外の主な相談相手は、「商工会・商工会議所」「親族、友人・知人」「顧問の公認会計士・税理士」「他社の経営者」「取引先の経営者」となっている。

### ⑵ 継続・承継の可能性も探り外部機関の活用を検討する

清算・廃業のニーズがあったとしても、まず求められるものは、可能であれば事業の継続、もしくは円滑な事業の引継ぎである。東京商工リサーチの調査によると、2023年の休廃業企業の損益（最終利益）は赤字企業率が47.6％であり、約半数の企業が黒字である。黒字の企業であれば、廃業を口に出している経営者であっても、事業の継続や引継ぎの可能性があるならそちらを選択するケースがあることを示唆している。

廃業見込みの貸出先が事業の引継ぎを検討するために必要な支援や解決策は「後継者の確保」「本業の強化・業績改善」である。この点が解決されれば清算・廃業に向かわなくても円滑な承継が可能となる。

「本業の強化・業績改善」であれば、金融機関として外部機関・外部専門家を活用しながらある程度の支援は可能である。しかし「後継者の確保」は、REVICareerなどの施策はあるものの、小規模企業では困難である。

小規模事業者であれば、「事業承継・引継ぎ支援センター」の紹介が妥当である。同センターは、国が運営するM&A・事業承継の公的窓口で、中小企業経営者のサポート事業を行っている団体である。特に第三者への会社（事業）の譲渡についての相談を得意としており、円滑な事業のバトンタッチの支援をしている。公的窓口なので企業規模で線引きされることなく利用可能である。全国47都道府県に設置されているので、小規模事業者からのこうした相談においては同行してみるのもよい。

## 3 パターンにより異なる清算・廃業への対応

清算・廃業には以下の3パターンがある。
　① 会社の財産ですべての債務弁済ができる
　② 会社と個人の財産ですべての債務弁済ができる

③　会社と個人の財産を処分してもすべての債務弁済ができない

このうち大きくは、会社・個人の資産をすべて売却して借入金や買掛金などの負債を全額返済できるか、できないかでアドバイス内容が違ってくる。

また、債務弁済をするには資産を現金に変えなければならない。しかし、たとえば決算書上、現金・預金は簿価どおりでも商品・製品・半製品・仕掛品などの在庫、建物・土地などの不動産、機械などの設備などを簿価どおりに現金化するのは困難である。したがって、簿価ではなく、実質かつ実態ベースで判断する必要がある。その意味では、決算書など表面上の財務内容に相当な余裕がなければ、円満な清算・廃業は困難である。

## 4　会社と個人財産ですべての債務弁済ができる場合

すべての債務弁済ができる事業者への対応として、清算・廃業のための融資を検討する。自主廃業に向けては支払が先行するので、その資金を調達する必要が出てくる。そうした先には買掛金決済資金、退職金などの人件費支払資金の融資を検討する。

ただし、融資取引があり経営状況がしっかり把握できている取引先でないとそのハードルは高いといえる。また、その要件は、直近の決算書・試算表で債務超過（簿価ではなく実態（実質）バランスでみる）でないこと、つまり清算時に資産超過が見込まれることである。

清算・廃業を希望する旧知の取引先で、実態ベースで最終的に資産超過が見込まれるようなら、清算・廃業のための融資を検討してもよいだろう。そこでは外部専門家との連携による、廃業を前提とした経営支援もあわせて行いたいものである。

こうした先には、清算・廃業後の生活への備えについてもアドバイスする。

小規模事業者として実際に廃業するうえで問題となるのが廃業後の生活費の確保である。その清算・廃業後の生活を支える制度として「小規模企業共済制度」がある。これは小規模事業経営者を対象にした、老後や事業停止時に備える積立制度で、掛け金の全額が所得控除となり、事業廃止時に受け取

る共済金は退職所得扱いになるなど税務上のメリットが多いため、加入している事業者も多い。

　将来、清算・廃業を検討している小規模事業者がいたら、清算・廃業後の生活の備えとして加入検討をアドバイスする。

## 5　会社と個人の財産を処分してもすべての債務弁済ができない場合

### ⑴　中小企業の事業再生等に関するガイドラインの活用

　すべての債務弁済ができない事業者への対応では、中小企業の事業再生等に関するガイドラインの活用を検討する。

### a　廃業型私的整理の開始

　中小企業事業再生ガイドラインの第三部には「廃業型私的整理手続」が記載されている。以下、同手続について概説する。

① 　中小企業者は外部専門家とともに主要債権者に対して廃業型私的整理手続を検討している旨を申し出ることができる。

② 　外部専門家は、主要債権者の意向をふまえて中小企業者の資産・負債および損益の状況の調査・検証や弁済計画策定の支援等を開始する。

③ 　中小企業者および外部専門家は必要に応じて、上記②以降のタイミングで主要債権者全員からの同意を得た場合（ただし、すでに第三者支援専門家が選任されている場合は当該第三者支援専門家が主要債権者の意向をふまえて判断すれば足りる）、一時停止の要請を行うことができ、対象債権者は以下のすべての要件を充足する場合は一時停止要請に誠実に対応するものとする。なお、対象債権者が一時停止に応じた場合、中小企業者および外部専門家は、相当の期間内に弁済計画案を策定し対象債権者に提示するものとし、これが適切になされない場合や弁済計画案の策定状況について対象債権者からの求めに応じた適切な経過報告がなされない場合は、対象債権者は一時停止を終了することができる。

304　第6章　廃業支援

ⓐ　一時停止要請が書面によるものであり（ただし、すべての対象債権者の同意がある場合はこの限りではない）、かつ、すべての対象債権者に対して同時に行われていること

ⓑ　中小企業者が手続開始前から債務の弁済や経営状況・財務情報の開示等に誠実に対応し、対象債権者との間で良好な取引関係が構築されていること

b　弁済計画案の立案

　中小企業者は、自らまたは外部専門家から支援を受ける等して、相当の期間内に廃業に向けて資産の換価等必要な対策を立案し、弁済計画案を作成する。中小企業者、外部専門家および主要債権者は経営・財務および事業の状況に関する調査・分析や弁済計画案作成の進捗状況に応じて適宜協議・検討を行う。この協議・検討には必要に応じて主要債権者以外の対象債権者も参加させることができる。

　中小企業者は、廃業型私的整理においてスポンサーに対する事業譲渡等を前提とする手続利用を予定している場合は、弁済計画案の作成前に第三者支援専門家を選定し支援を申し出ることとする。第三者支援専門家は主要債権者の意向もふまえ「廃業型私的整理手続」を適用することが相当であると判断した場合は、中小企業者の資産・負債および損益の状況の調査・検証や弁済計画策定の支援等を行う。

c　弁済計画案の内容

　弁済計画案は、次の内容を含むものとする。

①　自助努力が十分に反映されたものであるとともに、以下の内容を含むものとする。

○　企業の概況

○　財務状況（資産・負債・純資産・損益）の推移・保証人がいる場合はその資産と負債の状況

○　実態貸借対照表

○　資産の換価および処分の方針ならびに金融債務以外の債務の弁済計画、対象債権者に対する金融債務の弁済計画

第1節　廃業への対応　305

○　債務減免等を要請する場合はその内容

②　弁済計画案における権利関係の調整は対象債権者間で平等であることを旨とし、債権者間の負担割合については衡平性の観点から個別に検討する。

③　破産手続で保障されるべき清算価値よりも多くの回収を得られる見込みがある等、対象債権者にとって経済合理性があることとする。

④　必要に応じて、破産手続によるよりも当該中小企業者の取引先の連鎖倒産を回避することができる等、地域経済に与える影響も鑑みた内容とする。

#### d　弁済計画案の調査報告

　中小企業者は外部専門家とともに第三者支援専門家の候補者を公表されたリストから選定する。

　中小企業者は、第三者支援専門家の選任について主要債権者全員からの同意を得る（なお、第三者支援専門家は、中小企業者および対象債権者との間に利害関係を有しない者とする）。なお、上記にかかわらず対象債権者全員から同意を得た場合は、リストにない第三者支援専門家を選定することも可とする。

　中小企業者は第三者支援専門家に支援を申し出ることができ、第三者支援専門家は中小企業者からの申出に対して誠実に対応する。第三者支援専門家は債務者である中小企業者および対象債権者から独立して公平な立場で弁済計画案の内容の相当性および実行可能性等について調査し、調査報告書を作成のうえ、対象債権者に提出し報告する。なお、債務減免等を要請する内容を含む弁済計画案の場合、第三者支援専門家には弁護士が必ず含まれるものとする。

　調査対象は次の内容を含むものとする。また、弁済計画案に記載がある場合は、⑦を含むものとする。

①　廃業の相当性

②　弁済計画案の内容の相当性

③　弁済計画案の実行可能性

306　第6章　廃業支援

④　債務減免等の必要性

⑤　債務減免等の内容の相当性と衡平性

⑥　破産手続で保障されるべき清算価値と比較した場合の経済合理性
（私的整理を行うことの経済合理性）

⑦　地域経済への影響

## e　債権者会議の開催と弁済計画の成立

中小企業者により弁済計画案が作成された後、中小企業者、主要債権者および第三者支援専門家が協力のうえ、原則としてすべての対象債権者による債権者会議を開催する。債権者会議では対象債権者全員に対して弁済計画案を説明し、第三者支援専門家は弁済計画案の調査結果を報告するとともに、質疑応答および意見交換を行い、対象債権者が弁済計画案に対する同意・不同意の意見を表明する期限を定める。なお、債権者会議を開催せず、弁済計画案の説明等を持ち回りにより実施することは妨げない。

弁済計画案に対して不同意とする対象債権者はすみやかにその理由を第三者支援専門家に対し誠実に説明するものとする。

すべての対象債権者が弁済計画案について同意し、第三者支援専門家がその旨を文書等により確認した時点で弁済計画は成立し、中小企業者は弁済計画を実行する義務を負担し、対象債権者の権利は成立した弁済計画の定めによって変更され、対象債権者は債務減免等など弁済計画の定めに従った処理をする。

弁済計画案についてすべての対象債権者から同意を得ることができないことが明確となった場合、第三者支援専門家は本手続を終了させるものとする。なお、本手続が終了したときは、対象債権者は一時停止を終了することができる。

## f　保証債務の整理

中小企業者の債務について廃業型私的整理手続を実施する場合において、当該債務にかかる保証人が保証債務の整理を図るときは、誠実に資産開示をするとともに、原則として経営者保証に関するガイドラインを活用する等して、当該主債務と保証債務の一体整理を図るよう努めることとする。

### g　弁済計画成立後のモニタリング

　外部専門家と主要債権者は、弁済計画成立後の中小企業者による計画達成状況等について、モニタリングを行う。

### h　廃業型私的整理の事例

　参考までにガイドライン事例集の廃業の事例を掲載する（図表6－1）。

### (2)　特定調停スキームの活用

　次に特定調停スキームの利用も考える。日本弁護士連合会では廃業支援として特定調停（裁判所での調停）スキームを提案している。

　「事業者の廃業・清算を支援する手法としての特定調停スキーム利用の手引き」によると、本スキームは事業の継続が困難な事業者を円滑に清算・廃業させる制度である。

　具体的には、金融機関に過大な債務を負っている事業者の主たる債務および保証人の保証債務を一体として、特定調停手続および保証債務について経営者保証ガイドラインを利用し、債務免除を含めた債務の抜本的な整理を図るものとされている。

　債務者および保証人のメリットは以下のとおり。

- ○　取引先を巻き込まないようにできる
- ○　実質的に債権者平等の計画など柔軟な計画策定ができる
- ○　手続コストが低廉である
- ○　一体的に保証債務の整理ができる
- ○　残存資産や信用情報機関への登録免除により、保証人の経済的更生を図りやすい
- ○　特別清算と異なり、株式会社以外の法人も対象となるなど対象範囲が広い
- ○　信用情報機関に登録されない

金融機関にとってのメリットは以下のとおり。

- ○　経済合理性が確保されている
- ○　裁判所が関与する
- ○　資産調査や事前協議が実施される

図表6－1　中小企業事業再生ガイドラインによる廃業支援事例

| Case 3 | ガイドラインを活用した円滑な廃業支援 | 再生型 | 債務減免あり | 廃業型 |
| | | | 債務減免なし | |

## 会社概要

| 業種 | 製造業 | 従業員数 | 1名 |
| 支援手法 | 廃業 | | |
| 取引金融機関 | 信用金庫、銀行 | | |

## 借入金の状況

| 借入金額 | 150百万円 |
| | （うち信用保証協会90百万円） |
| 借入内訳 | A信用金庫　55百万円 |
| | （同、50百万円） |
| | B信用金庫　40百万円 |
| | （同、20百万円） |
| | C銀行　25百万円 |
| | （同、10百万円） |
| | D銀行　5百万円 |
| | （同、5百万円）ほか |

## 経営者保証の状況

**保証の状況**：保証人（社長）は全ての借入に対し経営者保証を提供
**資産の状況**：現預金50万円、保険解約返戻金250万円、計300万円

## 窮境要因

・主要販売先の製品の仕様変更等による受注減により、売上が減少。
・新製品開発のための研究開発費用や借入の負担が重く、**長年、債務超過が継続していた。**
・加えて、コロナ影響により、原材料の調達に困難をきたし、業績改善に見通しが立たない状況となった。

## ガイドライン活用の経緯

・金融機関からの借入は条件変更を継続し、不足の資金については代表者借入等によって賄うなど、資金繰りを維持してきたものの、**業績改善に見通しが立たなくなったことから代表者は廃業を検討。**事業引継ぎ支援センター等に相談を実施したものの、買い手がなかな

か現れなかったことから代理人弁護士に相談。
・代理人弁護士を通じて金融機関に対しガイドラインを利用し、廃業型での私的整理を行う旨の申し出があり着手。

## クロージングまでのスケジュール

| 2022年4月 | 外部専門家選定、補助金申請 |
| 2022年5月 | 当社より事業再生ガイドラインによる廃業を表明 |
| 2022年6月 | 第三者支援専門家選定 |
| 2022年9月 | 弁済計画案について全行合意 |
| 2023年3月 | 解散手続き実施 |
| 2023年6月 | 特別清算 |

## 第三者支援専門家等の選定

・中小企業活性化協議会に相談した経緯もあり、**同協議会から紹介を受けた弁護士を第三者支援専門家として選定。**

## 弁済計画の概要

**計画概要**
・**特許権譲渡による換価処分等**により、返済原資を確保。
・保証人については保険解約等による資金化により弁済を実施。
**金融支援額**
・換価処分等による弁済後の140百万円について債務免除を実施。

## 経済合理性の判断

・現時点で破産した場合の清算配当率0％と比較し、弁済計画における非保全債権配当率は5％となり、経済合理性ありと判断。

## 保証人の保証債務整理

・保証人は保有資産300万円のうち、50万円を残存資産とし、250万円を弁済に充当し、残額を免除。
・廃業が遅れた場合の赤字補填は推定250万円

第1節　廃業への対応　309

とされ、早期にガイドラインを利用した私的
整理手続きを行ったことによる弁済充当を実
現。
・保証人は保有資産の開示を行い、その正確性
を表明保証。代理人弁護士が開示内容の正確
性を確認。

▌ 案件におけるネック事項

・事業譲渡を前提とした計画立案は譲受先が現
れず、実現しなかった。
・破産した場合では、事業譲渡の実現が更に困
難となる可能性が高かった。

> **ガイドライン活用のポイント**
>
> ・迅速、かつ、柔軟な対応により、**特許権
> に限定した外部譲渡が実現し弁済資金を
> 増やすことができた。**
> ・経営者は各所に債務整理の相談をしてい
> たが、**ガイドラインの活用により廃業支
> 援と経営者保証の債務整理を実現するこ
> とができた。**
> ・私的整理ながら、外部専門家や第三者支
> 援専門家の支援により、透明性と公平性
> が担保され、大きな問題がなく取引金融
> 機関の合意形成が図られた。

（出所）　金融庁「中小企業の事業再生に関するガイドライン事例集（令和5年10月）」
37・38頁（https://www.fsa.go.jp/news/r5/ginkou/20231017/jigyosaiseigl-jirei.pdf)
をもとに筆者作成。


　　○　債権放棄額を貸倒損失として損金算入できる

## (3)　サービサーの利用

　サービサーは、弁護士法の特例として、債権管理・回収を業として行うこ
とができる国に認められた債権回収会社である。金融機関から不良債権を購
入し、その円滑な処理を業としている。

　金融機関は、債務者が清算・廃業となって融資金が残りその回収が見込め
ない場合、サービサーにその債権を売却するケースがある。サービサーは金
融機関から譲渡を受けた債権者となり請求をするが、そこには実質的に債務
免除となるシステムが存在している。知識として、サービサーに債権を売却
された債務者がサービサーによってどのように現実的に処理されていくか、
知っておくことも重要である。

　たとえばある清算・廃業した債務者に1,000万円の融資があり、回収が見
込めなくなったことを理由に、その債権をサービサーに売却したとする。
サービサーが購入する金額は当然その不良債権の現在の時価（回収想定金
額）をさらに割り引いた低い価格となる。まして担保処分がすんで、その会
社や保証人に返済能力がない場合の売却価格は備忘価格となる。債務者は一
時的にはサービサーからその債務の全額返済を迫られるが、やがて、サービ

310　第6章　廃業支援

サーに対していくら返済したら債務を免除してもらえるのか、いくら払って債権を買い戻せるかの交渉ができることを知る。サービサーも資産や収入がない人には無理な回収は行わない。債務者はサービサーと交渉し、いくらかを支払い、残額を免除してもらうことになる。だれにも知られることなく債務整理ができるのである。

## 第2節 倒　産

　貸出先支援をしていても不幸にして倒産するケースもある。貸出先支援を
していて気をつけなければならない倒産は、社会保険料倒産とコンプライア
ンス違反倒産である。

### 1　社会保険料倒産

　経済が有事から平時に戻ったことで、税金や社会保険料など公租公課の延
納対応が厳しくなっている。大きな経済変動下での納付猶予期間が終わり、
社会保険料の支払ができない貸出先が増えている。

　社会保険料は企業が赤字でも毎月支払わなくてはならず、納付猶予期間終
了後は、猶予期間支払分に毎月支払分が加わるため、支払額が多額となり支
払がより滞るケースが多い。

　こうした社会保険料の滞納や未納により貸出先の預金口座や資産が差し押
さえられ、経営に行き詰まるのが社会保険料倒産である。

　筆者もよろず支援拠点において、年金事務所から預金に差押えが来て従業
員の給料が支払えなくなるばかりか期限の利益が喪失され、金融機関から一
括返済を求められているという相談を立て続けに受けている。

　以前から社会保険庁の対応は他の公租公課に比べて厳しく、その強硬な対
応から倒産した企業を多くみてきたが、これはいまも昔も変わらない。

　年金事務所の対応は担当者や地域によって大きく異なり、属人的な対応に
なっていると感じる。運悪く、分割納付には応じず、すぐに強行的な差押え
をする担当者にめぐりあうと貸出先は倒産の憂き目にあう。

　特に事業再生支援の現場で健康保険や厚生年金などの社会保険料の滞納が
問題になっていると感じる。筆者は、事業再生の見込みがある事業者には、

312　第6章　廃業支援

社会保険料の滞納だけは絶対に行わないよう指導をしている。

このように社会保険料滞納による強硬な差押えは、事業者の本業再生支援の障害になっており、国には省庁の垣根を越えた対応をしてもらいたいものである。

## 2　コンプライアンス違反倒産

### (1)　粉飾決算の増加

帝国データバンクによると2023年の「粉飾」や「業法違反」ほか、取材により判明した企業の「コンプライアンス違反」倒産は342件（前年比25.7％増）、2年連続で前年を上回り、比較可能な2016年以降で初めて300件を超え、違反類型別でみると「業法違反」が90件（構成比26.3％）で最も多く、次いで「粉飾」79件（同23.1％）と続いたとのことである。

企業や経営者はなぜ粉飾決算をするのだろうか。それは「金融機関からお金を借りやすくするため」「金融機関が決算書の内容が悪くなると途端に態度を変えるため」「仕入先との取引を続けるため」「税金を少なくしたいから」「公共工事を受注できるように経営事項審査の評点を上げるため」などさまざまな理由がある。融資の管理・回収業務に携わっていると、そうした企業ほど倒産が多いと感じる。

粉飾は大企業から中小企業までさまざまなケースで行われる。金融機関も取引先の決算書を精査するものの、最初から取引先を疑ってかかることはないので、企業が倒産しその原因調査の過程で粉飾決算がわかり愕然とするケースが多い。

倒産してからわかる粉飾は巧妙に仕掛けられ、蓋を開けてみてびっくりといったケースが多く、循環取引（複数の会社で同じ商品の売買取引を何度も繰り返し、売上と利益の水増しをする取引）や架空在庫（在庫を水増しして期末在庫を過大に計上することで、利益を多くみせる）など、その手口はさまざまである。

金融機関の融資判断力低下がコンプライアンス違反倒産の原因であるという騒ぎ方をする批評家もいるが、融資先全体からみればコンプライアンス違

第2節　倒　産　313

反倒産の数は少なく、どれだけ審査を重ねても巧妙なものはほとんど見破ることはできないことから、金融機関の経営的発想からすればリスクの範囲内ととらえても仕方がないかもしれない。

しかし、貸出先が粉飾をしているかどうかは何かしらの兆候でキャッチできる場合もある。たとえば次のような兆候である。

## ⑵ 決算書を渡す前に自身で念入りに確認する

筆者の過去の経験では、取引先が税務署用・金融機関用・取引先用の三つの決算書を作成していたケースがあった。なぜそれが判明したかというと、取り受けた決算書が前期の決算との継続性がないことに気づき取引先に確認したところ、いつもは金融機関用の決算書を渡していたのが間違って取引先用の決算書を渡してしまったのであった。ここから粉飾が判明したというわけである。

決算書を渡す前に自身で念入りに確認する行動をしている取引先は、渡す決算書がいつも渡している決算書と整合性のある決算書かどうかを確かめないと不安なものである。だから、決算書を渡す直前になっても念入りに確認するという行動をとる。もしそうした気配がみられたら粉飾を疑ってもよい。

## ⑶ 条件変更をするためにバンクミーティングを開きたいといったら拒否された

赤字を隠すために粉飾決算を続けている会社は業況悪化の蓄積により融資の返済が苦しくなる。その場合、融資の条件変更をして支援をするケースがあるが、複数の金融機関と融資取引がある場合、金融機関はすべての取引金融機関と協調して条件変更をしたいと考える。その場合にバンクミーティングを開催することになるが、それを嫌がったり拒否されたりした場合は粉飾決算が疑われる。

最近発覚する粉飾決算の特徴として、①多数の金融機関と取引、②10年以上の長期間にわたる粉飾、③優良企業との取引など業界内の評価を利用などがあげられるが、多数の金融機関に対して長期にわたる粉飾をしていると、金融機関別に決算書を作成して取引をしているケースもみられる。バンク

314　第6章　廃業支援

ミーティングをして金融機関が一堂に集まると粉飾が発覚することになるので拒否するのである。「条件変更は金融機関個別に交渉します」と取引先からいわれたら注意を要する。

　また、業況が悪化傾向にある債務者に対し「405事業で経営改善計画を策定してみませんか」と投げかけて「自身で策定したいと思います」といわれたら、粉飾を疑ってもよい。405事業であれば国が経営改善計画をつくる費用の3分の2を補てんすることから、中小企業として断る理由がないにもかかわらずなぜ嫌がるのかを考えると粉飾につながっていく。中小企業活性化協議会や認定経営革新等支援機関などの第三者が関与すると粉飾が発覚する可能性が高まるから拒否するのである。

　このように粉飾は、バンクミーティングなどでヒアリングを始めたときや金融機関に借入返済のリスケ要請をする段階で発覚するケースが目立つといえる。

第2節　倒　　産　315

〈新金融実務手引選書〉

## 貸出先支援の手引

2025年3月12日　第1刷発行

著　者　黒　木　正　人
発行者　加　藤　一　浩

〒160-8519　東京都新宿区南元町19
発　行　所　一般社団法人 金融財政事情研究会
出　版　部　TEL 03(3355)2251　FAX 03(3357)7416
販売受付　TEL 03(3358)2891　FAX 03(3358)0037
URL https://www.kinzai.jp/

校正：株式会社友人社／印刷：株式会社光邦

・本書の内容の一部あるいは全部を無断で複写・複製・転訳載すること、および
磁気または光記録媒体、コンピュータネットワーク上等へ入力することは、法
律で認められた場合を除き、著作者および出版社の権利の侵害となります。
・落丁・乱丁本はお取替えいたします。定価はカバーに表示してあります。

ISBN978-4-322-14477-2